システム複合時代の法

瀬川信久 編
グンター・トイブナー

システム複合時代の法

解題　尾﨑一郎・毛利康俊

訳　尾﨑一郎・綾部六郎・楜澤能生・毛利康俊・藤原正則

信山社

はしがき

　本書に収めるのは，2010年8月末から9月初めに北海道大学・早稲田大学・明治大学・京都大学（開催順）において開催したグンター・トイブナー教授の講演（Ⅰ～Ⅴ論文）と，同教授の理論を検討した2011年12月の研究会における尾﨑一郎教授と毛利康俊教授の報告である（Ⅵ・Ⅶ論文）*。

　トイブナー教授の一連の講演は，北海道大学法学研究科グローバルCOE「多元分散型統御を目指す法政策学」の事業の一環として企画された。グローバル化が国家法中心のヒエラルヒー的な法構造を変容させている現象を，ルーマンの社会システム理論を借りながら，社会全体の分立化と分立したものの自立化としてとらえるトイブナー理論が，「多元分散型統御」の解明に大きな意味を持つと考えたからである。ところで，同教授は，その社会理論・法社会学によって国際的に著名であるが，論文の中ではしばしば実際の法律問題・法解釈論を論じ，教育では民法の授業を担当されている。そこで今回の招聘講演では，同教授の抽象的な社会理論と具体的な法律論・法解釈論をつないだ形で受け止め検討することを考えた。

　同教授の研究全体とこのようなコンセプトで本書に収めた諸講演の意義については，尾﨑一郎教授と毛利康俊教授の解題論文（Ⅵ・Ⅶ論文）が鋭い分析と包括的な考察を行っている。両論文は，トイブナーがルーマンの社会理論をどのように変容させたかを中心に，法社会学・法哲学の観点からトイブナー理論の特徴と性格を明らかにしている。考えてみれば，法律学がそれまでの法律論を革新しようとするときに，形成途上の社会理論を改変しつつ基礎にすることはしばしばみられるところである。近くの例では，トイブナー教授によるシステム論の変容の他にも，「生活世界」観念の変容がある。「生活世界」は，もともとフッサールの現象学では，自然科学的・実証主義的・客観的な世界観に対する根源的・究極的な意識としての世界であったが，ハーバーマスでは，システムの強制命法に対抗する・理性のための・言語的対話から成り立つ合意形成の場という意味に改変され，さらにわが国の法律学では，家庭・地域共同体・学校など言語によるコミュニケーションの具体的基盤を指すものとして用いられている。おそらく，社会理論と法律学のそれぞれの目的と性格から，両者の

v

はしがき

連携は法律学が社会理論をそのまま受け入れるという形では成り立たないのであろう。本書に収めた5つの論文と2つの解題論文は，今日の問題に取り組むときに社会理論と法律学がどのような形で連携できるのか連携すべきかを考えるときに多くの示唆を与えている。

　本書は，Ⅰ・Ⅱ・Ⅲ論文でマクロな問題を論ずるだけでなく，Ⅳ・Ⅴ論文では，フランチャイズ契約・専門家責任というわが国でも裁判例が増大し議論が盛んになっている民事法の解釈問題を論じている。契約法の新しい動きの中で言えば，Ⅳ論文は複合契約，アンバンドリングの問題であり，Ⅴ論文は，取引相手方・転得者などの市場参加者に対する事業者の付随義務の拡大 —— 裏から言うと消費者保護の拡大 —— の問題であり，ともに，グローバル化の中での市場構造の変化に起因するものである。そして，トイブナー教授は，フランチャイズのようなネットワークを，企業の内部調整の困難さに対応するためにシステムと外部環境を結合する範型だと考え，そこから関係者間の権利義務関係を根拠づける。また，専門家による情報提供（鑑定）を，制度化された学問システムとそれ以外の社会システムとの構造的カップリングととらえ，そのあり方に応じて関係者間の権利義務関係を説明する。これらの論文は，今日の契約法の動きの社会的意味を明らかにし，その解決を探るとき視点を豊富に提供している。

　トイブナー教授招聘の成果を本書のような形でまとめることができたのは，一連の研究会の開催にご協力下さった上記各大学の関係者の方々のお陰である。早稲田大学の後藤巻則教授，楜澤能生教授，明治大学の円谷峻教授，亀田浩一郎教授，京都大学の服部高宏教授，松岡久和教授に，この場を借りて心よりお礼申し上げる。また，村上淳一教授にはトイブナー教授の招聘につき格段のご配慮をいただき，また，同教授と小川浩三教授には，北海道大学での研究会で貴重なコメントをいただいたことに心より厚くお礼申し上げる。最後に，通訳に加えて綿密な翻訳作業を担当下さり，また，解題論文を執筆下さった諸先生，出版事情が厳しい中で本書の刊行をお引き受け下さった信山社に，深謝の意を表したい。

　　2012年10月20日

瀬 川 信 久

はしがき

* 各論文の講演は，Ⅰ・Ⅳ・Ⅴは北海道大学，Ⅱは早稲田大学，Ⅲは京都大学，Ⅳは明治大学において開催された。北海道大学で講演されたⅠ・Ⅳ・Ⅴは新世代法政策学研究10号（2011年）に掲載され，本書のⅠ・Ⅳ・Ⅴはそれを改稿したものである。Ⅱ・ⅢとⅥ・Ⅶの解題論文は本書で初めて公刊される。

　Ⅰ・Ⅱ・Ⅲは，トイブナー教授が公刊論文をもとに講演用に作成された原稿の翻訳であるが，訳者の判断で，もとになった公刊論文から，参考文献等を脚注として補充した。以上に対し，Ⅳ・Ⅴの講演は公刊論文の要点を通訳する形でなされ，講演用の原稿がなかったので，もとの公刊論文を翻訳した。したがって，Ⅳ・Ⅴの脚注はもとの公刊論文の脚注である。なお，いずれの論文についても，もとになった公刊論文のタイトル・出典等は各論文末尾の〔訳者付記〕に記載してある。

目　　次

はしがき……………………………………………………瀬川信久…v

I　二値編成複合性の立憲化
―― 国民国家を超えた社会的立憲主義について ――
………………………………………尾崎一郎・綾部六郎 訳…3

1　新たなる憲法問題 (3)

2　現在の議論における誤った前提 (7)

（1）第1の誤った前提：グローバル化の帰結としての社会的立憲主義？ (7)

（2）第2の誤った前提：トランスナショナルなものにおける憲法の不在？ (9)

（3）第3の誤った前提：トランスナショナルなガバナンスを政治システムに縮減してしまうこと？ (10)

（4）第4の誤った前提：基本権の横方向への効果を，諸国家からなる共同体の配慮義務に縮減してしまうこと？ (12)

（5）第5の誤った前提：単一のグローバル憲法？ (12)

3　立憲化なき自己構成的システム？ (13)

4　世界社会におけるセクター別の憲法？ (15)

5　動的不均衡における立憲化 (19)

II　越境する企業の自己立憲化
―― 企業行動指針の私的性格と国家的性格の結合について ――
……………………………………………………棚澤能生 訳…27

1　第1テーゼ：憲法機能：構成規定と制限規定 (30)

企業の自律性の構成 (30)

2　第2テーゼ：憲法構造：二重の自省と二値のメタ・コード化 (32)

（1）自省メカニズムの構造上のカップリング (32)

（2）企業憲法の二元値のメタ・コード化 (35)

目　次

　3　第 3 テーゼ：憲法制度：私的企業コードと国家的企業コードの超循環結合 (37)

　　（1）ハイパーサイクルとウルトラサイクル (40)
　　（2）学習強制：外的強制による内的変化 (42)

Ⅲ　「わたしがベルゼブルの力で悪霊を追い出すのなら，…」
　　── ネットワーク機能不全の悪魔学 ── ………… 毛利康俊 訳 … 47

　1　ネットワーク社会の諸限界 (47)

　2　ネットワークの機会構造と法の概念的装備 (51)
　　（1）統合ポテンシャルⅠ：自生的な秩序形成 ── 局所的な接触，包括的なつながり (52)
　　（2）統合ポテンシャルⅡ：小さな世界たち ── 緊密なカップリングとゆるいカップリングの二元論 (55)
　　（3）統合ポテンシャルⅢ：ネットワークにおける決定の反復 (57)
　　（4）統合ポテンシャルⅣ：集合体なき集合体志向 (59)

　3　不確実性とのかかわりかたについて：縮減，変形，増大？ (63)

Ⅳ　社会制度としての鑑定〔専門家意見〕
　　── 第三者の契約内部化 ── ………………………… 藤原正則 訳 … 69

　1　第三者に対する専門家責任 ── 契約責任の問題か？ (69)

　2　交換の 3 つの黙示の局面 (74)
　　（1）双方的相互作用の関係 (78)
　　（2）経済的関係 (79)
　　（3）社会的関係 (82)

　3　制度としての鑑定 (86)

　4　プロジェクトに関係した専門家の鑑定：幾つかの法的問題 (94)
　　（1）法的構成 (94)
　　（2）保護される人間の範囲 (97)
　　（3）責任の排除と契約上の抗弁 (101)

目　次

V　結合義務としての利益の分配？
　　── フランチャイズ・システムでのネット利益の再分配 ──
　　……………………………………………………藤原正則 訳 … 105

　1　「アポロ」（105）

　2　構造の矛盾：双務的交換 vs. 多角的結合（110）

　3　結合義務の基準としてのネットワーク（112）

　4　強化された忠実義務としての結合義務（115）

　5　結合義務としての利益の分配？（119）

＊　＊　＊

VI　トイブナーの社会理論と法律学 ………………… 尾﨑一郎 … 129

　1　トイブナー理論の特徴（129）

　2　本書の要約（131）

　3　トイブナーの法社会学 ── アクチュアリティと法の優位 ──（134）

　　（1）柔軟なシステム概念（134）

　　（2）法の優越性（139）

　4　トイブナーの社会学的法律学 ── 不可能を可能にする ──（146）

VII　時代と格闘する G. トイブナー
　　── ノイズからの法律学 ── ……………………… 毛利康俊 … 155

はじめに（155）

　1　出会いと別れを重ねて
　　── G. トイブナーの主要業績と理論的諸源泉（156）

　2　野暮も時には
　　── G. トイブナーはどういう意味でシステム論者なのか（162）

　3　すれ違うエスカレーター
　　── 理論における抽象性コントロールの問題（168）

システム複合時代の法

I 二値編成複合性[1]の立憲化
―― 国民国家を超えた社会的立憲主義について ――

尾﨑一郎・綾部六郎　訳

1　新たなる憲法問題
2　現在の議論における誤った前提
　(1) 第1の誤った前提：グローバル化の帰結としての社会的立憲主義？
　(2) 第2の誤った前提：トランスナショナルなものにおける憲法の不在？
　(3) 第3の誤った前提：トランスナショナルなガバナンスを政治システムに縮減してしまうこと？
　(4) 第4の誤った前提：基本権の横方向への効果を，諸国家からなる共同体の配慮義務に縮減してしまうこと？
　(5) 第5の誤った前提：単一のグローバル憲法？
3　立憲化なき自己構成的システム？
4　世界社会におけるセクター別の憲法？
5　動的不均衡における立憲化

1　新たなる憲法問題[2]

---

1) 原語は "Polycontexturality" であるが，村上淳一「『ポリコンテクスチュラリティー』とはなにか？」日本學士院紀要63巻1号35-47頁（2008年）における訳語に従ったものである。なお，ハンス・ペーター・マルチュケ＝村上淳一編『グローバル化と法――〈日本におけるドイツ年〉法学研究集会』（信山社，2006年）に収録されている各翻訳や社会システム理論関係の翻訳書も，本訳稿を作成する上で参考にした。
2) 本稿でトイブナー教授が提示しようとしている，constitution（憲法）ないし constitutionalization（立憲化）とは，国民国家の法治体制におけるそれ（ましてや国家における憲法典）に限定されるものではなく，宗教，経済，科学といった，ほかの機能的社会システムと並立する一システムとしての法システムの枠を超えて，各機能システムのメタ・レベルにおいて創発し，それらのシステムすべてに関わる，新しい hybrid meta-code（coding）のことを意味している（後掲注10）参照）。したがって，それらに「憲法」や「立憲化」という訳語を不用意に充てるのは，国民国家をイメージさせたり，法システムのみに関わ

I 二値編成複合性の立憲化

　過去数年にわたる一連の政治的な事件によって，「新たなる憲法問題」が提起されている。多国籍企業が人権を侵害した。WTOはグローバルな自由貿易〔の推進〕という大義名分の下に，環境と人類の健康を脅かす決定をした。インターネットにおける私的事業者が言論の自由を危険に晒した。そして近年，とくにインパクトを与えたのは，グローバルな資本市場によって，カタストロ

る（経済などのほかのシステムとは無関係な）問題であると誤認させたりするという意味で，ミスリーディングである。「憲法」という訳語の選択に問題があることは，村上淳一教授からも指摘された。
　他方，サブ・レベルでのコーディングに対してメタ・レベルで（二値的な，かつ規範的な）コーディングを施すという点で，ここでいうconstitutionが，法学者が想定する「憲法」の機制との類推で提示されている概念であることも明らかである。また，トイブナー教授自身，constitutionやconstitutionalizationといった言葉を，あえてそのまま用いている。したがって，本稿では，以上のような含意（それを明らかにするため，トイブナー教授は，「グローバル・レジーム」における「社会的立憲主義(societal constitutionalism)の問題，といった表現も用いている）をここに注記したうえで，憲法(的)，立憲化といった訳語を用いることにした。
　なお，訳注としての本分を逸脱するが，あえて記すなら，トイブナー教授がこのようなemerging hybrid meta-coding（としてのconstitution）というものを，近代社会において分出した，法，経済，宗教，政治，科学といった相互に自律的な機能システムのメタ・レベルにおいて構想するのは，本稿がまさに語るように，各システム（とりわけ経済システム）の拡大・暴走・自己破壊に対して，ほかのシステム（とりわけ法システム）が直接的に介入・統御できないからである。そして，その問題はグローバル化によって一層深刻となっている。作動上の閉鎖性を有する各機能システム（オートポイエーシス・システム）への分化というルーマンのシステム理論の想定をひとたび受け入れたとき，社会全体（本稿では世界社会全体）で秩序を維持・再生産する機制があらためて問題とならざるをえない。これについて，トイブナー教授は，constitutionという概念を媒介にして，ルーマン理論よりも，そしておそらく自身が標榜するよりも実体的でシステム超越（架橋？）的な統御メカニズムを（法学者的感性で，しかし明言しているように，国民国家の法治構造をそのまま移植するかのような単一のグローバル憲法(典)の構想などとは一線を画した，ハイブリッドでダイナミックななにかを模索するというかたちで）探求することにより，答えようとしているようにも見える。
　この点，20年ほど前の段階でのトイブナー理論に対しては，ルーマン理論の前提を「破壊」してすべての各社会システムのコミュニケーションを架橋し，システムの相互干渉作用（Interferenzleistung）を可能にする，allgemeingesellschaftliche Kommunikationというシステム間の共通のコミュニケーション媒体（Kommunikationsmedium）の存在を強弁せざるをえなくなっているとして，ハーバーマス教授が痛烈に批判しているが（Jürgen Habermas, Faktizität und Geltung: Beiträge zur Diskurstheorie des Rechts und des demokratischen Rechtsstaats, Suhrkamp (1992), 73-78＝ユルゲン・ハーバーマス，河上倫逸＝耳野健二訳『事実性と妥当性（上）——法と民主的法治国家の討議理論にかんする研究』未來社，2002年，73-78頁），当時から一貫して，トイブナー教授が，ルーマン理論の想定がもたらす如上の問いと格闘し続けていることが窺え，興味深い。

1　新たなる憲法問題

フィーのリスクが解き放たれたことである――これらの諸問題はすべて厳密な意味での憲法問題を惹き起こしている。ここで問題となっているのは，国家的規制をめぐる政策だけではなく，社会のダイナミクスについての根本的なプロセスである。こんにちにおける憲法問題は多様であるが，18世紀や19世紀におけるそれに劣らず重要なものである。当時の関心は，国民国家の内部で政治的権力というエネルギーを解き放つと同時に，法の支配に従って，その権力を効果的に制約するということにあった。新たなる憲法問題〔の時代〕における関心とは，〔それまでとは〕まったく異質な社会的エネルギーを解き放ちつつも，このエネルギーを効果的に制限するということにある。こんにち，このエネルギー――生産的かつ破壊的なものであるが――は，国民国家を超えた社会空間で解き放たれている。こうした事態が意味しているのは，憲法問題がトランスナショナルな政治という国民国家の境界の外部で生じているのと同時に，制度化された政治の外部，すなわち，グローバル社会の「私的」セクターにおいても生じているということである。

　上記の政治的な事件が火付け役となって巻き起こった議論は，近代立憲主義の危機を診断して，その責任をトランスナショナル化と民営化に見い出す。そこではトランスナショナルな立憲主義に対して賛成なのか，あるいは反対なのかということが議論されているが，トランスナショナルな立憲主義の性質――社会理論なのか，憲法に関わる論点なのか，政治的マニフェストなのか，はたまた社会的なユートピアなのか――は不明なままである。一方の陣営は近代立憲主義の凋落を指摘する。彼らの議論によれば，近代立憲主義が歴史上完全に発展した形態をとったのは，国民国家という政治体制においてであった。同時にその基盤は，一方では欧州連合やトランスナショナルなレジームを通じて，他方では政治的権力の私的アクターへの委譲を通じて，侵食され続けていたのである。国家憲法に取って代わるものは，トランスナショナルな空間においては見い出しえない。トランスナショナルな政治が悩まされている慢性的な欠陥――〔政治を担う〕市民（demos），文化的同質性，熟議する公衆，政党が存在しないこと――のゆえに，そのような代替物が成立することは構造的に不可能であるとさえ言われている。立憲主義にまつわる，こうした二重の危機に対してわずかなりとも対抗しうるとすれば，それはせいぜい近代立憲主義を再‐国民国家化・再‐政治化することを通じてでしかない。

　議論の反対側の陣営は，〔近代立憲主義の〕凋落に関する同様のストーリーを，

I 二値編成複合性の立憲化

〔凋落の〕代償として世界社会それ自体を立憲化しようとする要請と併置する。ここでも国民国家の危機は，グローバル化と民営化へと向かうトレンドゆえのこととされ，国民国家における憲法構造の弱体化が断言されている。もしグローバル資本主義のたがの外れたダイナミクスを，立憲化されたグローバルな政体の権力によって馴致することができるのなら，新たなる民主的立憲主義が代償的に機能していると言ってよいだろう。立憲化された国際法，熟議するグローバルな公衆，グローバルな規模における政策形成，集団的アクターの間の交渉をめぐるトランスナショナルなシステム，グローバルな政治による社会的権力の制限。これらの各々が，民主的な立憲制度（democratic constitutionality）の新たなる諸形態を現実化するための可能性を切り拓くものとして言及される。

　だが，憲法とは憲法学者や政治哲学者だけに任せておくにはあまりにも重要なものである。今述べた２つの陣営に対して，第３の立場――それは決して中間的な立場というものではない――が明確に打ち出されるべきである。この３番目の立場は社会理論，法社会学，新しい分野である憲法社会学において形成され，先の２つの立場の前提に疑いを投げかけ，新たなる憲法問題を〔これまでとは〕異なった方法で定式化するものである。最初の２つの立場に頑固に残る国家中心主義は，諸々の社会学的アプローチによって対抗されるが，こうした対抗〔言説について〕はこれまでの憲法論議においてほとんど耳を傾けられることがなかった。こうしたアプローチは，政治と法の間の関係だけではなく，社会全体に対しても，憲法問題を投射するものである。こうすることで問題構成を変えてしまう。すなわち，憲法が国際政治において果たす役割に加えて，世界社会での〔政治とは〕別のセクターにおいて果たす役割も問題〔として扱われるよう〕になる。経済の，メディアの，科学の，保健セクターにおける憲法とは〔なにか〕？　立憲主義は〔自律する機能システムの無際限な拡大を〕制限する機能によって，グローバルな政治システムの拡大主義的な傾向に対してだけではなく，ほかの社会システムの拡大傾向に対しても，それら社会システムが個人的自律，あるいは制度的自律を危険に晒すような場合に，うまく反応するという潜在的能力を有している。グローバル化と民営化へと向かうトレンドが進行するにつれて生じる，こうした問いかけによって，憲法社会学は憲法論議において先の２つの立場が採用している基本的な諸前提に，疑いを投げかける。それらの問いかけは，この〔誤った〕諸前提を別の前提に差し替えるこ

とで,新しい問題構成を同定して,異なった実践的帰結を示唆することを可能にする。

2　現在の議論における誤った前提

(1) 第1の誤った前提：グローバル化の帰結としての社会的立憲主義？

　グローバル資本市場の統御できないダイナミクスや,多国籍企業の明白な権力,法が欠如したグローバルな空間において認識の共同体[3]が行っている野放しの活動。こういった現実を目の当たりにすることで,トランスナショナルな立憲主義に賛成する者も反対する者もともに,トランスナショナルな諸制度に関して発生するさまざまな憲法問題はグローバル化との関係でほとんどの部分が説明されうるのだという誤った思い込みをすることになる。とくにトランスナショナルな関係において政治が正しく機能していないことが,グローバルな社会を支配している無秩序を生み出しているとされる。

　実際に,わたしたちがここで関心を寄せているのは,近代立憲主義の基本的な失敗なのであって,近代立憲主義は国民国家とともに始まった時において,すでに〔以下の〕答えられていない問いに直面していたのであった。すなわち,政治構造は社会における非国家的セクターを取り込むべきなのか否か,そしてどうやってそれを取り込むべきなのか,ということである。経済,科学,教育,医療,その他の社会的活動は,国家憲法の規範的パラメータ[4]に従属すべきなのか？　あるいは,社会的諸制度は自律的に活動してみずからの憲法構造を発展させるべきなのか？　その始まりの時以来,近代立憲主義という実践はこうした2つの極の間を揺れ動いてきた。

　この点においてこそ,社会理論が関わってくる。社会分化というプロセスに関わって,憲法問題の発生源が探求される。社会的立憲主義をめぐる問題構成は,グローバル化によってではなく,むしろもっと以前の,国民国家の最盛期においてすでに進行していた社会全体の分立化と,このようにして分立化したものの自律化とによって惹き起こされた。その後,グローバル化がこの問題を

---

3) 原語の "epistemic communities" とは,「専門家たちによる国境を超えた知的な共同体」のことを指す。
4) さまざまな社会的活動のあり方を国家憲法が規制しているという実態を,「パラメータ」というテクニカル・タームがもつ比喩的な意味を通じて表現したものであろう。

I 二値編成複合性の立憲化

加速させたのである。社会的立憲主義のさまざまな概念を分析することで、国民国家の時代に制度的諸解決が潜伏という特異な状態にとどまっていた〔実行されなかった〕のはなぜなのか、ということも理解しやすくなる。国家と憲法という強烈な光の中で、社会の部分構造（sub-constitution）は、理由はさまざまだが、奇妙な薄明かりの下でつねに〔ぼんやりと〕現れることになる。リベラルな立憲主義は個人権という影によって、この問題を隠してしまった。〔リベラルな立憲主義とは〕鋭い対比をなす20世紀の全体主義的な政治システムは、社会の部分構造の自律性を抹殺しようと試みた。社会生活のあらゆる領域を国家の権威に従属させることによって、自立した社会構造〔の創出〕という問題を隠蔽してしまったのである。同様に、20世紀後半の福祉国家は、自律的な社会の部分構造を公的に承認することは決してなかったが、しかし同時に、政治構造の原理を社会的諸領域に漸次拡大させる国家〔中心的な〕立憲主義と、国家が社会的部分構造〔の存在〕を事実上尊重する立憲的多元主義との間で、独自のバランスを取っていたのであった。

　ゆえに、グローバル化が社会的立憲主義をめぐる問題を生み出したわけではなかった。しかし、グローバル化は当該問題を劇的に変化させた。グローバル化が当該問題の潜伏状態を破壊し〔て、白日の下に前面化させ〕たのである。国民国家に比べるとはるかに弱いトランスナショナルな政治という光の中にあって、〔国家以外の〕グローバルな社会的諸セクターにまつわる深刻な憲法問題が、今や眩いほどの光のうちに現れている。どのような正統化根拠によって、トランスナショナルなレジームは社会的な諸活動の領域全体を、まさに日常生活の細部に至るまで規制するのか？　グローバルな資本市場が実体経済やほかの社会的セクターに及ぼすインパクトにおける限界とはなにか？　基本権や人権は、グローバル経済という国家なき領域における妥当性（validity）、とくにトランスナショナルな組織に対抗する妥当性を主張できるのだろうか？　すなわち、現在なされている議論における前提とは逆で、グローバル経済の出現が憲法上のまったく新しい問題構成をもたらした、ということでは絶対に「ない」のである。それどころか実際には、国民国家の内部においてすでに長きにわたって、社会的立憲主義が現実に存在し続けてきた。しかしこんにち、この社会的立憲主義はグローバリティという状況下において、みずからを変容させなくてはならないのか否か、そしてどうやってみずからを変容させなくてはならないのか、という課題に直面している。ゆえに、〔今問われるべき〕規範的

2　現在の議論における誤った前提

問題とは、どのようにして国民国家における憲法の失敗を補うのか、すなわち、今のところは憲法が存在していない社会的諸領域が立憲化されるのはどのようにしてなのかということでは、もはやないのである。むしろ問題は、グローバリティという本質的に異質な状況下において、社会的立憲主義の諸制度に関する国民国家の経験がいかにして変わりうるのか、ということなのだ。とくにトランスナショナルな下位構造に対する政治の役割は、政治、法、社会的セクターという魔法の三角形の中でいかに定式化されるべきなのか〔ということが問われるだろう〕。放任？　指導？　監視？　補正〔によって〕？

(2) 第2の誤った前提：トランスナショナルなものにおける憲法の不在？

現在の議論は、国民国家の内部での社会的立憲主義についての誤った白紙〔ダブラ・ラーサ〕的想定だけでなく、トランスナショナルな空間にそれが存在していないとするのも、その特徴である。近代立憲主義はほとんどすべての国民国家で根を張ることができた一方で、新しく、かつトランスナショナルな組織・レジーム・ネットワークへと、国民国家から統治責任の委譲がますますなされることにより弱体化してしまった、とも言われている。しかしながら、トランスナショナルなレベルにおいては、憲法の不在という状況が支配的であると考えられている。

私見では、トランスナショナルなものにおいて憲法が存在しておらず、したがってゼロから立憲化しなければならないと考えるのは、間違っている。「新たなる立憲主義」についての社会科学的分析や、現在現れつつあるグローバルな経済構造に関わるエコノミスト・企業法務の専門家たちによる長年にわたる調査が示すのは、正反対の姿である〔からだ〕。こんにち、憲法的な諸制度は、トンランスナショナルな領域において驚くべき密度でもって、すでに確立している。欧州連合がそれ自体独立した憲法構造を有しているということは――欧州憲法をめぐるレファレンダムの失敗にもかかわらず――今ではめったに論争されることはない。それだけでなく、その他の国際機関やトランスナショナル・レジーム、そして両者によるネットワークがこの期間でおおいに法化されたこと、さらには――たとえ完全に分立化されていたとしても――グローバルな憲法秩序の一部になっていることもまた、事実なのである。1940年代に締結された諸協定から生まれたグローバルな諸制度――ハバナ憲章、GATT、ブレトンウッズ体制――や、ワシントン・コンセンサスによる新たなる諸体制――

I　二値編成複合性の立憲化

　IMF，世界銀行，WTO——，そして「グローバルな金融市場制度」をめぐって最近始まった公的な議論，これらはすべて現に存在し，変化の渦中にあるグローバルな社会的立憲主義の言葉で語っているのである。

　したがって，新たなる憲法問題はもう一度再定式化されねばならない。すでに論じたように，社会的部分構造が国民国家の内部ですでに生じていただけではなく，憲法構造がトランスナショナルな領域においても長い間存在してきたということもまた，事実なのである。こう考えると，現在問題となっているのは，憲法なきグローバリティの中で新しい憲法を最初から創り出すことではなく，むしろすでに存在しているトランスナショナルな憲法秩序の変容なのである。こうした変容のプロセスは，安定したバランスに向かうものなのではなく，むしろカール・ポランニーによる二重運動の一般化に従うなら，相矛盾する展開——サブシステムにおける内的運動を自由化〔して促進〕することと，それを制約することと——の間に存在する「動的不均衡」（dynamic disequilibrium）というカオス的なパターンなのである。今までのところ，新しいグローバルな憲法秩序は，大部分がグローバルなレベルで多様なシステム合理性を解き放つことを支援する「構成的ルール」（constitutive rules）からなっている。〔システム合理性の〕危機的な悪影響にまつわる歴史的体験を経てようやく，それへの対抗・運動が生まれつつあり，〔システムの〕自己破壊的傾向に対抗して，社会，人間，自然の各環境にもたらされる損害を抑えるための「制限的ルール」（limitative rules）が定式化されつつある。

（3）第3の誤った前提：トランスナショナルなガバナンスを政治システムに縮減してしまうこと？

　社会的立憲主義のラディカルさを過小評価している現在の議論の根本には，さらに別の誤解が存在している。憲法の必要性は原理的に，グローバル経済の下で生まれつつある政治的「ガバナンス」——それは伝統的な国民国家における統治実践である「政府」とはまったく異なるものとされている——の特定の形態〔の問題〕に帰するというのである。とくに，さまざまな国民国家の専門官僚たちと，グローバル・コミュニティやトランスナショナルな企業，事業者団体，NGO，〔それらの〕ハイブリッドなレジームといった諸アクターとの間のネットワーキングが，グローバル・ガバナンスをめぐる新たなる問題構成となっているのであり，こうした問題構成は今や憲法的制度によって克服されな

2 現在の議論における誤った前提

くてはならないとされる。そこでは，政治権力を憲法で制限するということが前景化してくるが，ここでの特徴はその政治権力が部分的に「民営化」されているという現実にある。

　政治権力の部分的な民営化が，グローバル・ガバナンスの中心的な要素の1つであることは疑いようがない。それにもかかわらず，その分析はまだ十分には行われていない。ここでも，トランスナショナルな関係に関してでさえ，狭い意味での政治現象にしか焦点を当てていないという，政治的・法的な憲法理論の視野の狭さがあらわになっている。これとは対照的に社会学的な観点からは，特定のグローバルな社会的活動領域についての憲法〔という問題〕は，国際政治とそこでの法規範の憲法的役割〔という枠〕を超えて主題化されなくてはならない，ということが示される。厳密な意味における社会的立憲主義にまつわる諸問題は，以下の場合にのみ可視化される。すなわち，社会的な諸アクターは，グローバル・ガバナンスにおける政治権力のプロセスに参画しているだけでなく，制度化された政治という枠を超えて，みずからグローバル・レジームを打ち立てているということが明らかとなった場合である。

　ゆえに，社会的下位構造と政治的構造との間の差異〔という問題〕が前景化してくる。各国の憲法はすでに政治プロセスに関わる私的アクターを組み込んでいる（integrate）のだから，トランスナショナルな政治プロセスの立憲化も，国家憲法との関係で修正すれば足りるのだと考えるのは間違っている。むしろ，グローバルなサブシステム——経済，科学，文化，マス・メディア——をめぐる社会学的な分析は，さらに困難な諸問題［の存在］を明らかにしている。すなわち，こうした文脈において，「構成する権力」(pouvoir constituant) と「構成された権力」(pouvoir constitué) をめぐるダイナミクス，集合体の自己構成 (self-constitution)，諸権力の政治的分立［といった現象］に類するものは存在するのか，ということである。より基本的なレベルでは，「方法論的ナショナリズム」の陥穽を避けるために，政治構造の基本的原理をどの程度まで一般化しなくてはならないのか，ということである。グローバルな領域における社会制度の独自性を前にして，それらの諸原理をどのように再-構成していかねばならないのだろうか？

(4) 第4の誤った前提：基本権の横方向への効果を，諸国家からなる共同体の配慮義務に縮減してしまうこと？

　トランスナショナルな社会領域の内部における基本権の横方向への効果についての議論は，グローバル・ガバナンスについての〔如上の〕議論と同様の欠陥に苦しんでいる。それは私的セクターの内部における基本権を主題化するが，同時に国家に固執し続けている。本稿の冒頭で列挙したさまざまな事件は，トランスナショナルな企業による基本権侵害が惹き起こしたものだが，基本権の横方向への効果をめぐる問題として通常，分析されている。最初は国家に対抗する権利として保障された基本権が，「第三者」—— 私的でトランスナショナルな当事者 —— による侵害に対して有効となるのは，国家からなる国際的な共同体に配慮義務（duty of care）が課されたときである〔という議論がある〕。

　このアプローチは，「私的」なコンテクストにおける基本権をめぐる問題構成を誤解してしまっている。このアプローチは基本権の横方向への効果を，単純に社会内部における政治権力の問題であると考えてしまっており，そのために基本権の横方向的効果の真の任務，すなわち，それは権力という媒質を通じて機能していないものも含めて，各社会サブシステムがもつ「すべての」拡大主義的な傾向を権利という手段で制限するという任務について誤解してしまっているのである。

　したがって，基本権に関する国家の中心性や，個人というアクターのみに基本権を認めるやり方，基本権がもっぱら社会的権力に焦点を当てていること，そして基本権を個人の権利というかたちで保護された自律的領域だとする定義づけを，これ以上保持するのはもはや不可能である。現在なすべき任務は，個人あるいは集団というアクターに対してよりはむしろ社会的コミュニケーション・メディアそれ自体に対して，基本権〔の主張〕が有効となるような，効果的に対抗するためのパースペクティブを開発することである。

(5) 第5の誤った前提：単一のグローバル憲法？

　新しい憲法論議に関する最後の問題は，単一の〔憲法という〕バイアス，すなわち，国家憲法の諸概念を世界社会へと無批判に移植しようとすることによって生じるバイアスである。国際法〔学〕や政治哲学において，国際法の立憲化が世界全体に対しても単一の憲法秩序をもたらしうるだろうという考え方が，たとえばユルゲン・ハーバーマスやデイヴィッド・ヘルドらによって，提

出されている。国際法の立憲化は国民国家における憲法とパラレルなものとして認識されている。すなわち、より下位の法規範と憲法との間にハイアラーキーが存在し、地球全体が1つの法域として、すべての国家、文化、社会の各領域がそこに包摂される。

　社会学的分析によって強調されている、世界社会の顕著な分立化は、まさにこうした単一の立憲化をめぐる現実上の諸問題を惹き起こしているのだ。立憲化〔の適用〕がグローバル社会で分立しているものに制限されなければならないとするなら、単一のグローバル憲法という考えを放棄して、グローバルな「法の抵触」(conflict of laws) という考えを支持する必要がある。トランスナショナルな立憲主義は、二重に分立化した世界社会が突きつける諸要件を満たす必要があるだろう。第1の分立化の結果、近代の自律的でグローバルな社会的セクターは、国民国家の憲法に匹敵するそれ独自の憲法にしがみついている。さらに、グローバル憲法という単一的な基準は、西洋世界とは異なる社会的組織原理に立脚した多様な地域文化への分立化という第2の分立化によっても幻想となる。かりにも「グローバルな憲法」を把握したいと願うのであれば、ありうる唯一の青写真とは、グローバルに分立化しているものの各々——国家、トランスナショナル・レジーム、地域文化——に対応する個々の憲法と、憲法的抵触法 (constitutional conflict of laws) によるそれらの法的相互関係〔関係づけ〕ということになるだろう。

3　立憲化なき自己構成的システム？

　わたしの主張は次のようなものである。世界社会の憲法とは、国際政治における代表制という制度においてのみ生じるものではないし、社会の全領域を覆う単一のグローバル憲法として成立することもありえない。それは世界社会における、多様で自律しているサブシステムの立憲化の過程で少しずつ現れてくる。結局、グローバル化が意味しているのは、機能分化のダイナミクスが今や世界全体を覆いつくそうとしているということである。しかし、世界中ですべてのサブシステムが、同時にかつ同じ度合でグローバル化しているわけではない。宗教、科学、経済はすべてグローバルなシステムとしてうまくできあがったが、政治と法は依然として国民国家に対して、おもに焦点を当てている。国家‐間の政治関係、国家‐間の公法、国家‐間の私法の上に、ゆっくりとトラ

I 二値編成複合性の立憲化

ンス-ナショナルな政治的・法的プロセスが塗布されつつあるだけなのである。

グローバル化のこうしたちぐはぐな（staggered）性質のために、グローバル化されたサブシステムの立憲化への圧力はますます大きなものとなっている。グローバル化の段階における差異が、調整問題を悪化させているのである。諸々の機能システムが、グローバル化して国民国家の政治による支配からみずからを解き放ったときに、システムの遠心的な傾向をチェックしたり、相互のコンフリクトを規制したりする手段は存在しない。しかも、問題はこの〔サブシステム間の〕調整問題にとどまらない。一層重要な問題は、サブシステムが、グローバルなレベルにおいて政治的・法的制度によるサポートなしで、そのうえ国民国家として組織された政治と法による領域妥当性の主張により妨げられさえする中で、いかに自律を達成できるのかということである。ここではグローバル化のちぐはぐな性質は、自己構成的・自律的でグローバルな社会システムと、このシステムの政治的-法的立憲化との間に現れつつある断絶の原因なのである。

国民国家においては、自己構成と政治的-法的立憲化は同時に起こった。政治、経済、社会保障、出版、公衆衛生、さらには科学や宗教に至るまでの、それぞれに関する憲法〔上の規定〕が、国民国家という領域枠組みの中でみずからの妥当性を主張し、同時にその主張を当該枠組みの中に限定してもいた〔当該領域にのみ妥当するものとしていた〕。政治／法／サブシステムの三角形という布置は、国民国家の下では社会的な部分構造（sub-constitutions）を生み出したが、グローバルなコンテクストの下ではそうした布置に対応するものは存在しない。システムの自律性を可能にし、かつ制約するという、このトライアングルの役割はいまだに未達成のままである。国民国家における憲法制定に代わって立憲化を進行させるような、新たなる配置（configurations）は存在するのだろうか？

国民国家において発展した憲法に関して、憲法規範が政治的共同体の創出を包括的に主張する場合にのみ、完全なる意味での憲法について語ることができるということは、たしかに事実である。しかしながら、グローバルに成立した社会サブシステムと、国家-間のレベルで行き詰っている政治との間に存在する矛盾の下で、憲法の完全性はバラバラとなって、一種の「憲法的分立化」（constitutional fragmentation）により溶解してしまうことになる。グローバリティの大洋には、立憲性（constitutionality）の島々が存在するだけなのだ。ルーマ

ンが国民国家という構造のうちに見い出した，政治と法の包括的構造カップリングに相当するものは，世界社会のレベルでは存在しない。社会問題が折々に要求する相応のカップリングによって，上記の包括的構造カップリングは溶解させられている。目先の紛争が憲法的次元に関わっており，憲法的決定を要求するとき，憲法規範がアドホックに発達するのである。〔現在の議論では，〕共同体の創出に関わる包括的・社会的主張は，〔第1節で指摘したように，国民国家を単位とする再政治化か，世界社会における立憲体制の確立かという〕2つのやり方で縮減されている。〔しかし，〕世界社会の政治システムでさえも，包括的憲法など有していない —— 憲法的分立化は，特定のセグメント，すなわち，国連や国際法および行政法の一部分といったようなもの，のために〔そこでの要求に応じて〕進んでいく。ところが，現在ではこれまで以上に，国民国家が実現していたような，ほかの社会的下位領域への，政治的・憲法的な要求の移転は認められにくくなっている。〔結局のところ，〕世界社会の政治システムから発して，ほかのグローバルな社会領域に向けられている憲法的刺激 (constitutional impulses) について，せいぜい語ることができるだけなのである。

4 世界社会におけるセクター別の憲法？

　経済，科学，保健，コミュニケーション・メディアの中で築かれてきたグローバル・ビレッジは，法的・政治的立憲化によってもたらされるサポートなしで，競合的な相互関係のうちに存在することになるのだろうか？　ここで，わたしたちは非常に興味深い新たなる現象 ——「国家なき自己立憲化」—— と直面することになる。世界社会の諸セクターはみずからの憲法的規範を徐々に発展させ始める。自律した諸世界システム〔グローバルに展開した各サブシステム〕の内部で発生する喫緊の社会問題から，社会的コンフリクトが生じて，それ〔そのコンフリクトを解決すること〕が特定の条件の下で憲法的性質を帯びた法規範〔の形成〕に帰着するのである。そして，時と共にこうした規範が集約されて，やがて世界社会におけるセクター別の憲法となる。

　こうした分析は，一時的な観察から生まれる理論的検討の結果にすぎないのではなく，経験的観察に基づくものでもある。法のグローバルな創造についての大規模な経験的研究が，非国家的な諸制度に関する個別研究という方法で，数年間にわたり行われた。プロジェクトのリーダーは，その結果についてほと

I 二値編成複合性の立憲化

んど驚きを隠すことのないまま，以下のように要約している[5]。

> いくつかの点で，世界社会における準 - 法秩序はそれ自体が憲法的性質を示している。〔相〕異なる社会的・生態学的基準と，既存の統制・執行メカニズムとに加えて，上位規範が発展して，どこに決定権があたえられるべきか，違反にどう対処すべきか，どのように第3者を関与させるか，ということを決めているのである。国家憲法のアナロジーを用いて，内規 (private regulations) は，ほかのアクターや領域への侵害を減少させるための自制 (self-restraint) のメカニズムを具体化する。こうして，世界社会は古典的立憲国家の機能的等価物をまさに発展させようとしているのだろうか？ そして，立憲国家は徐々に周縁的なものとなるのだろうか？

　こうした立憲制度への最初の候補となるのは国際組織である。WTOのように国際条約を通じてできた組織か，多国籍企業のように条約に代わる私的秩序づけを通じてできた組織かということにかかわらず，当該組織が創設メンバーの合意から徐々に自由になるにつれて，立憲化が進行するという傾向があらゆるところで観察されている。WTOの場合，こうした立憲的解放 (constitutional emancipation) は，条約の解釈をめぐって加盟国とWTOとの間の紛争を調停するために設立されたパネルに関して，現れてきている。パネルは交渉を通じてのみ［紛争を］調停するものだと，元々は意図されていたが，時を経て広範な意思決定権力を有した真の「裁判所」へと発展していった。直接に法に関わる問題だけではなく，WTOと国民国家の外的関係に関わる憲法問題についても，〔パネルの〕決定がなされている。私的団体としてカリフォルニア州法の下で設立された，インターネット規制団体ICANNは，時が経つにつれて，機能代表・領域代表に関する諸制度や，さまざまな権力分立の仕組み，そしてドメイン名割当ての問題を扱う効率的な管轄制度を発達させてきた。こうした流れの中で，憲法的な重要性を有するガバナンス問題が生じている。インターネット上で基本権に関わる問題が生じているときに，インターネットに関わる各国

---

5) Olaf Dilling, Martin Herberg and Gerd Winter, "Introduction: Private Accountability in a Globalising World," in Olaf Dilling, Martin Herberg and Gerd Winter, eds., *Responsible Business: Self-Governance and Law in Transnational Economic Transactions*, Hart (2008), 8. なお第Ⅱ論文注13）の箇所でも，同じ部分が引用されている。

4　世界社会におけるセクター別の憲法？

のセグメントにおいてだけ妥当するような，それぞれの国の憲法への逆戻り〔それぞれの国ごとに，自国での憲法に従って判断すること〕はされていない。代わって，インターネットに特有の，基本権にまつわる基準が発達して，その基準がグローバルに妥当すると主張されてきたのである。各国の会社法と関わるルールの下で生み出された多国籍企業は，地域組織，社会運動〔団体〕，NGOとの争論を通じて，トランスナショナルなレベルで，各国における基本的な会社法（national corporate constitutions）に相当するような行動規範（codes of conduct）を発達させてきた。ISOのような，グローバルな標準に関わる組織は，国家という対抗相手から解放され，憲法的諸原理を発展させている。国家，専門家，利益団体をめぐる代表制や，デュー・プロセス規範，制度化された言説〔意見表明手続制度〕の規範，重要決定に関する原理，といったものに関するルールを生み出している。そして，レークス・メルカトーリア（the lex mercatoria），すなわち，グローバル経済において自己創出された法においては，規範のハイアラーキーが徐々に成立してきており，その階層の頂点には憲法規範，手続原理，基本権に関する基準が鎮座している。

　こうしたプロセスは機能分化によって始まっているけれども，立憲化のプロセスは主要な機能システムそれ自体へと向いているのではない。すなわち，金融や商品市場がグローバル化され，科学的コミュニケーションがグローバルに展開し，コミュニケーション・メディア，通信社，テレビ，インターネットといった各システムが地球全体にニュースを発信している。しかし，こうした諸々の世界システムは作動上閉じているのにもかかわらず，それぞれのシステムに固有で，統一化されたグローバルな，経済憲法，科学憲法，メディア憲法が生まれる兆候はない。ネオ・コーポラティズム的憲法を有した国民国家が経験したように，これらの機能システムそれ自体には，行動を起こし，組織化を進め，立憲化するという能力が欠落している。グローバルな立憲化に向けたさまざまな試みは，むしろ機能システムの「下での」社会的プロセス，公的組織，そして国民国家の領域的境界とは結びついていない形式化された取引に向けられているのである。

　とはいえ，こうしたものを国際組織における，まさにその内部だけにかかわる憲法であると理解するのは，性急すぎるだろう。私的な，あるいは公的な国際組織における内部の意思決定プロセスだけではなく，それらとさまざまな関連団体（constituencies）との外部的関係もまた，立憲化されているのである。

17

I 二値編成複合性の立憲化

　ICANN による私的な秩序づけを理解するためには，それがカリフォルニア州法の下での私的団体として正式に組織化されたことを考慮するだけでは十分でない。それの外部との関係もまた考慮されなくてはならない。〔複数の〕契約の全体的ネットワークが構築されたことで，ICANN は包括的な規制システムを創設することが可能となった。ICANN とベリサインの契約によって，ベリサインはドメイン管理者として行動することができるようになる。そして今度はベリサインが，各国のドメイン管理者との契約交渉を行うのである。各国のドメイン管理者は，インターネット利用者との標準契約という手段を使ってドメイン名割当ての詳細を規定しているが，この契約は統一ドメイン名紛争処理方針というインターネット規制を参照している。さらに ICANN は，契約関係を通じて諸公共団体と連携しており，そのことによってアメリカ合衆国政府は，こうした連携がなければ私的なガバナンスにとどまることになるこの領域に対して，影響力を及ぼす手段を確保しているのである。すなわち，こうした取決めは契約の複雑な複合と呼べるものであり，1つの正式な組織，あるいは双務契約の総和と同一視することはできない。個々の契約や正式の組織は1つの最重要目的の達成を目指すものであるが，〔複合的に結びつくことで〕規制枠組みを創発させるのである。

　ゆえに，国際組織の立憲化について語るだけでは十分でない。「レジーム憲法」という概念のほうがむしろ適当である。「行為者の予期を所与の問題領域（issue-area）内に収斂させる原理，規範，ルール，意思決定手続セット[6]」として通常は定義されるグローバル・レジームとは，実質的には公式の組織以上のものを包含する概念である。このレジームは，複雑で可変的な，「制度，組織，アクター，関係，規範，ルールの —— 公式で非公式でもある —— 集合体[7]」として適切に言及されている。そのさらにふみこんだ側面は以下の記述によく表れている[8]。

---

6) Stephen D. Krasner, "Structural Causes and Regime Consequences: Regimes as Intervening Variables," in: Stephen D. Krasner, ed., *International Regimes*, Cornell University Press (1983), 1.

7) Edgar Grande, Markus König, Patrick Pfister und Paul Sterzel, "Politische Transnationalisierung: Die Zukunft des Nationalstaats-Transnationale Politikregime im Vergleich," in Stefan Schirm, Hg. Globalisierung: Forschungsstand und Perspektiven, Nomos (2006), 123.

政治的なもの，あるいは形而下のもの (the physical) の内部におけるレジームとは，一連の条件や手段からなり，それらはかならずしも完全に理解，あるいは記述されることはないが，特定の環境に適合して，その下で機能する。レジームというものは，公式・非公式なルール，あるいは明示・黙示の予期やコミットメントを結びつける。それは制度でもあり様式でもある，あるいは「制度をめぐる様式の組合せ」でさえありうる。そして，レジームはその周縁と核との間を柔軟に動き回るために，こうした組合せを用いるのだ。

〔上記の引用文中で述べられている〕レジームの中心とその周縁とを区別するという考え方が役に立つだろう。中心には専門的で核となる権限を有する，1つ（あるいはいくつか）の公式の組織がしばしば存在している。しかし，こうしたレジームはまた，その中心〔的組織〕と関連団体との間の相互作用からなる周縁部分も有する。レジーム憲法は，公式の組織（あるいはそのネットワーク）の内部関係と，関連する環境セクターとの外部関係（公衆との相互作用）とについて，ともに標準を定める (normalise) のである。

5　動的不均衡における立憲化

現在のグローバルなレジームにおいて分立化した憲法は，その規範的性質が顕著に一面的である。その構成的機能 (constitutive function) だけが際立っており，サブシステムの自律性を達成させるための制度的条件を保障することに向けられている。そこで焦点が当てられている問題とは，国民国家という実体が内部分化することで，経済，エコロジー，科学，教育，保健，メディアという諸領域でなされるべき，国の境界を越えたコミュニケーションが阻害されてしまう，ということである。国民国家における政治と法は，国民生産レジーム (national production regimes) という形態で，ほかの機能システムとの堅固な構造カップリングを創り出してきているために，グローバルなレジームは国民生産レジームの廃絶を憲法上の至上命題としているのである。現在，世界大での

---

8) Dirk Baecker, "The Power to Rule the World," in Gralf-Peter Calliess *et al*., Hrsg., Soziologische Jurisprudenz: Festschrift für Gunther Teubner zum 65. Geburtstag, De Gruyter Recht (2009), 673.

I 二値編成複合性の立憲化

　社会的立憲主義には2つの重要な目標がある。機能システムの国境線を開放することと，グローバルな機能特化的コミュニケーションのために必要な程度で〔既存の〕規制構造を廃絶することである。この種の構成的規範は，機能システムの固有のダイナミクスをグローバルなレベルで解放するのに手を貸している。

　すでに述べてきたように，「新たなる立憲主義」の理論家も，グローバルな経済体制をめぐってオルド自由主義を唱道する者もともに，政治的な評価は正反対だが，グローバル・レジームの中に，真のグローバルな憲法秩序を同定する。国際通貨基金と世界銀行というレジームは，国家の資本市場を開放させることを目指す。単一欧州市場，NAFTA，南米南部共同市場（MERCOSUR），アジア太平洋経済協力（APEC）といったレジーム同様，WTOというレジームは，法的に保障された自由な世界貿易体制と，直接投資の促進を目指している。レークス・メルカトリアは，所有権と契約の自由を法的かつグローバルに強制する憲法的規範の層を発展させてきた。世界標準〔の設定〕に関わる国際機関は，公法・私法の法形成を組み合わせることで，各国の定める標準を〔互いに〕調和させようとしている。

　しかしながら，長い目で見れば，社会的立憲主義をその構成的機能だけに一面的に限定することは維持しがたい。自由になったシステムのエネルギーが，ポジティブな効果だけでなく破壊的な帰結を生じさせ，それがはなはだしくなった結果，社会的コンフリクトが発生して，憲法政治の劇的な変化が強く要請されるようになるのは時間の問題である。サブシステムの論理の自律化と制限とを同時に行う「動的不均衡」において，すでに転換点は到来している。求められているのは，もはや構成的な憲法規範ではなくて，今や制限的な憲法規範なのである。

　これはトランスナショナルなレベルで，国民国家的な規制を劇的に廃絶した後で生じる状況である。グローバルな機能特化的コミュニケーションがもはや国民生産レジームによって阻害されることがない一方で，ワシントン・コンセンサスによる構成的な憲法政治は，国民国家が機能システムに課してきた多くの制約を覆してきたのであった。国民国家による制約という重しが取り払われたことで，システムは今ではなんの制限もなくグローバルに，みずからの部分的合理性を最大化するプログラムに従事している。見解の多くの相違にもかかわらず，カール・マルクス，マックス・ヴェーバー，ニクラス・ルーマンを継

5　動的不均衡における立憲化

承する社会学的分析は，いずれもこの診断結果に同意する。資本の運動法則，社会的行為の諸領域の合理化，あるいは機能分化のダイナミクス——これらはすべてみな，一面的に社会的セクターの機能を最大化することによって生み出された破壊的なエネルギーを同定するものである。

　国民生産レジームを廃止することで，グローバルなシステムにおける破壊的なダイナミクスがもたらされることになった。すなわち，ある社会セクターにおける一面的な合理性の最大化が，他の社会セクターにおける合理性の最大化と衝突するようになったのである。国民国家による対抗的プログラムによっておおいに妨げられることがないので，グローバル化した各機能システムは今や，「完全な分化，専門化，〔それぞれに〕高度な達成を志向していること，がもたらす諸問題[9]」という深刻な負荷を，みずからや社会，〔システム〕環境に対して，かける〔事態〕に至っている。一連の次々と続く危機は非合理的な行動の結果ではない。むしろ逆に，2008年の金融危機という典型的事例が示したように，金融システムはそれ自体の合理性による犠牲者なのであった。3つの衝突領域を特定することができるだろう。すなわち，(1)特定の部分合理性（sub-rationality）とその他の部分合理性との衝突，(2)〔特定の部分合理性と〕世界社会の包括的合理性との衝突，そして(3)機能最大化と［システムの］自己再生産との衝突，というものである。これら3つの衝突の進化的ダイナミクスが，社会のカタストロフィーをもたらす可能性を有しているのはたしかである。だが，カール・マルクスが言うように必然的に崩壊するわけでも，マックス・ヴェーバーが説くように必然的に近代という「鉄の檻」に閉じ込められることになるわけでもない。ニクラス・ルーマン〔の主張〕のほうが妥当である。すなわち，カタストロフィーが起こるかどうかは条件次第だという主張である。カタストロフィーが生じるか否かは，ポジティブ・フィードバックによって，その進行を阻止する対抗的な構造が，〔最後の最後にかろうじて〕発生するかどうかによるのである。もしそれができた場合は，そのカタストロフィー［すれすれまで行った］という不慮の体験は，〔Bruce Ackermanの言う〕「憲法的モメント」として見なしうるかもしれない。これは構造的に課された自己破壊のダイナミクスが，崩壊の抽象的な危険性を現出させるモメント——こうした

---

[9]　Niklas Luhmann, Die Gesellschaft der Gesellschaft, Bd. 2, Suhrkamp (1997), 802＝ニクラス・ルーマン，馬場靖雄ほか訳『社会の社会2』（法政大学出版局，2009年）1094頁。ただし，訳文は変えてある。

I 二値編成複合性の立憲化

モメントは，機能分化の下では正常な状態なのであるが —— ではない。むしろ，崩壊が直接的に差し迫っているモメントなのである。機能分化した社会はもっと早くにもたらされていた自己修正の機会を無視しているようである。つまり，警告と呪文でもって，切迫する危機へと注意を向けさせる敏感な観察者を無視しているかのようだ。部分合理性を最大化させる自己活性化プロセスにおいて，自己修正は最後の最後になってからようやく可能となるように思われる。個人の薬物依存に対する治療法との類似点は明らかである。「行くところまで行くしかない！」それはまさに深夜０時１分前なのである。その時になってようやく，この依存症社会は自己修正の契機を得る。この時に至ってようやく，はっきりと事態が理解でき，苦痛が十分すぎるほど大きくなり，事態を変えたいという意志が強くなって，ラディカルなコース変更が可能となる。このことが当てはまるのは，次なる危機に関する警告が決まって無視される経済〔システム〕に対してだけではない。専門家たちが望ましくない展開を批判しても聞く耳をもたず，政治的事件が起きるまで待って，起きてから半狂乱で対応する政治〔システム〕にも当てはまる。クーンが述べた，科学におけるパラダイム・シフトとは，これと似たような現象であるように思われる。そこでは「理論的カタストロフィー」がパラダイム・シフトを余儀なくさせる瞬間までは，現在の支配的なパラダイムからの逸脱がアノマリーなものとして退けられてしまうのである。

　社会サブシステムにおけるプロセスがこうして統御不能に陥ったときには，国家による介入か，それとも立憲化か〔という選択肢〕の間で，選択をしなければならなくなる。前世紀における政治的全体主義を経験した後では，国家に永遠に従い続けるという選択肢はまともに議論するに値しない。グローバルな規制レジームを用いて，社会的プロセスを政治的に規制するのは１つの可能性〔のあるオプション〕ではあるが，これが意味していることは両義的である。ならば，〔残る〕選択肢はなにか？　それはグローバルなコミュニケーション・プロセスを行政的に操作するという方法か，システムがみずからの選択肢を自主規制するように外部から圧力をかける方法かのどちらか，ということになるだろう。上で述べた３つの衝突を防ぐことが中心的な課題であるというのが正しいとしたら，第２の選択肢が望ましいだろう。これが社会的立憲主義の中核となるメッセージである。〔ところが，〕グローバルな憲法秩序は，サブシステムがその活動のありうる途を効果的に自主規制するために十分だけの外部か

5　動的不均衡における立憲化

らの圧力を，どのようにかけることができるのか，という難問と直面せざるをえない。

だがしかし，なぜ外部からの制限なのではなくて，自主規制なのか？　過去の経験が示しているのは，自主規制という戦略は鶏小屋に狐を預けるようなものだ，ということではないのか？　システムの暴走は，非常に重いサンクションを伴った外部からの統制によってのみ，防がれるのではないのか？　しかし，過去の経験はまた，外部からの介入で内部のプロセスを操縦しようと試みても，結局は失敗に終わることを示しているのではないのか？　社会的立憲主義は，外部からの介入一本と自主規制を導く圧力との間にある困難な途を進んでいく。求められているのは，「ハイブリッドな立憲化」という形態，すなわち，国家権力の行使と，法的ルールの強制と，ほかの社会的領域——メディア，公的論議，自発的抗議，知識人，社会運動，NGO，労働組合——から生じる社会的対抗権力の強い影響力と〔の3つ〕が，拡張主義的な機能システムに対して，十分に重い外部からの圧力をかけて，システムの自主規制が真に効果的になされるようにする，という形態なのである。しかし，そうした圧力が働くのは，サブシステムに特有のロジックの内部においてであって，その外部においてではない。そして，ほかの外部からの社会的影響，この中でも政治的‐法的規制が成功するのは，こうした社会的影響がシステムのダイナミクスにおける自主規制へと変換されたときである。ここでは，政治や法，市民社会からの多大な介入が要請され〔て，発動され〕るが，それは事実の問題としてシステムの自主規制に翻訳されて，レジーム憲法へと変換されるのである。

困難は，外部の——政治的，法的，社会的な——刺激と，内部の自主規制とを結び合わせることにある。それが具体的にいかにして達成されるのかを，前もって知ることはできない。予知は不可能である。したがって，立憲化を実験的に試みる以外に方法はない。しかし，有望な候補は存在している。それは外部からの行政的規制ではなくて，毛細状の憲法への変容〔ミクロな立憲化の進行〕に希望をおく[10]。金融の分野において，こうした候補となるのは，プレーン・マネー改革，商業銀行と投資銀行の分離，銀行の自己勘定売買の禁止である。プレーン・マネー改革とは，商業銀行が当座預金に対するクレジット（current account credit）で新しい通貨を作ることを禁止し，現在保有しているクレジット・リザーブ〔クレジットリスクに対する引当金〕（existing credit reserve）に基づいてローンを提供することだけに制限されるべきだ，というものである。

23

I 二値編成複合性の立憲化

現金ではない通貨を生み出すことは、各国の中央銀行および国際〔的に影響力を及ぼしている〕中央銀行だけの特権とするべきだ。

　〔経済の〕成長しようとする病的な強迫衝動を抑制するためには、政治的自主規制にまつわる歴史的モデルに従ってつくられた変化への刺激によって、支払サイクルのもっとも微細な毛細管にまで入り込んで効果を発揮するような、永続的な対抗‐構造を生み出す必要がある。政治的憲法において権力が権力を制約するために用いられたのとまさに同じように、システム固有の媒質をもってしてみずからに対抗しなければならない。火でもって火と、権力でもって権力と、法でもって法と、金でもって金と、戦うのである。こうした媒質による自主規制は、経済における「内部構造」の変容と外部からの政治的規制とを区別するための現実的な基準になるだろう。外部からの圧力を用いることが成功するのは、政治、法、あるいはほかのサブシステムによる刺激によって、焦点となっている〔経済〕システムが強く刺激されることで、最終的には外部プログラムも内部プログラムもともに、望ましい途に沿って展開するようになる場合だけである。そして、それは計画されたものなどではありえず、ただ実験的に試行されるのみである。憲法政治の望ましい途とは、自己破壊と環境破壊へと向かう、〔システムに〕固有の〔構成的〕傾向を制約することにある。

　〔訳者付記〕　本稿は2010年8月19日に北海道大学大学院法学研究科GCOEプログラムが主催した国際ワークショップにおいて発表された同名の英語原稿を訳出し

10）　なお、トイプナー教授は、以下の別稿でこのようなプレーン・マネー改革が憲法概念の変容をもたらす可能性について論じつつ、憲法の特質を以下のように指摘している。①憲法というコードは、「合憲／違憲」という2つの価値の間を揺れ動くという点で、二値的なものであるということ。②憲法は、「合法／違法」という観点からすでに審査された決定を、憲法上の要請に対応しているか否かという付加的な審査に服さしめる点で、メタ・レベル的な性質を有するものでもある。③憲法は、法という（それよりも下位の）コードだけでなく、同時に法と関連する社会システムにおける二値コードの上位にも位置づけられるという点で、ハイブリッドな性質も有している。以上の理由により、トイプナー理論において、憲法とはハイブリッドで、かつ二値的なメタ・コードである、という特別な位置づけを与えられているのである。See, Gunther Teubner, "A Constitutional Moment?: The Logics of 'Hit the Bottom,'" in Poul Kjaer, Gunther Teubner and Alberto Febbrajo, eds., *The Financial Crisis in Constitutional Perspective: The Dark Side of Functional Differentiation*, Hart（2011）, 31-32. トイプナーの憲法概念については、本書第II論文30頁も参照。

たものである。初出は『新世代法政策学研究』10号181-204頁（2011年）であり，本文における注は訳者が付したものであることをお断りしておきたい。なお，本文中の「　」は原文における引用符やイタリック体を，（　）は原文中の（　）や原語の転記を，〔　〕は訳者による補足を示すとともに，原稿での形式段落ごとに番号を割り振っている。

今回訳出された英語原稿は，のちに Gunther Teubner, Hans Lindahl, Emilios Christodoulidis and Chris Thornhill, "Debate and Dialogue: Constitutionalizing Polycontexturality," in *Social & Legal Studies*, Vol. 20, No. 2（2011），209-252として公刊されている。また，注10）で言及した英語論文も本稿の内容と密接に関連するものであり，参考になるだろう。

最後に，本稿の訳出の過程では吉良貴之氏（常磐大学国際学部，法哲学専攻）から詳細なコメントをいただいたことを明記し，お礼申し上げたい。

II　越境する企業の自己立憲化
――企業行動指針の私的性格と国家的性格の結合について――

梛澤能生　訳

1　第１テーゼ：憲法機能：構成規定と制限規定
　　企業の自律性の構成
2　第２テーゼ：憲法構造：二重の自省と二値のメタ・コード化
　（１）自省メカニズムの構造上のカップリング
　（２）企業憲法の二元値のメタ・コード化
3　第３テーゼ：憲法制度：私的企業コードと国家的企業コードの超循環結合
　（１）ハイパーサイクルとウルトラサイクル
　（２）学習強制：外的強制による内的変化

　国境を超える企業は，近年全世界を震撼させる一連のスキャンダルに巻き込まれてきた。エクソン・バルデス号，ナイジェリアにおけるシェル石油のような生態系に対する大災害，非人間的な労働条件，児童による労働，労働組合を組織する労働者の追跡，南アフリカにおけるエイズ危機での製薬企業の破壊的な価格政策，汚職事件における国境を超える企業の「共謀 Complicity」及び政治体制による人権侵害は，経済企業が国境を越境することの消極的な効果を明らかに意識させる。同時に，これらのことを一連の政治的イニシアチブが，強制力をもつ法規範によって解決してきたものの，国境を超える企業の，国内外の規制に対する過度な抵抗と，時間のかかる国家間での条約を通じて効率的に規制することの困難性によって，多くのイニシアチブが挫折を余儀なくされてきた。しかし注目に値するのは，この挫折の結果である。拘束力をもつ敵対的な国家規制の代わりに，国境を超える企業のための「任意の」行為コード――企業行動コード Corporate Codes of Conduct――に基づいて，国境を超える別種の規範が，地球規模でまさに大きな広がりを見せつつあるのである[1]。

Ⅱ　越境する企業の自己立憲化

　広く行われているのは，2種類の基本的バリエーションである。一方で諸国家の連合世界が，──国際法上の合意あるいは国際的な組織の規範により──国境を超える企業に対する行為コード（不正確ではあるが簡略化して「「国家的」コード」と呼ぼう）を定式化し，この行為コードにおいて労働条件，製造物の品質，環境保護，消費者保護，そして人権のための一般的な指令を定めている。ここではとくに多国籍企業の行動基準に関する国連のドラフトコード UN Draft Code on Transnational Corporations，ビジネス及び人権に関する国連草案 UN Draft Norms on Business and Human Rights，多国籍企業のための OECD ガイドライン OECD Guidelines for Multinational Enterprises，そして多国籍企業及び社会政策に関する ILO 三者宣言 ILO Tripartite Declaration of Principles Concerning Multinational Enterprises and Social Policy を挙げることができる。他方でメディアを通じて世界中に広められている世論の批判や，抗議運動，市民社会の NGO による攻撃的な行動によって，国境を超える多くの企業は，自分自身で自己への義務付けを明らかにして，義務の履行を約束する「任意の」企業コード（ここでまた不正確な呼び名を与えるとすれば「私的」コード）の規範化を強要されている。

　この2種類の企業コードの効果を，労働，製造物，環境及び人権の領域で如何に評価すべきかは，アンビバレントなままである。多くの事例において「国家的」企業コードは，効果のない推奨にとどまっている。また「私的」コードにおける自己への義務付けは，しばしば拘束力のない努力宣言によって国家規制を回避する戦略的な試みに過ぎないか，あるいは効果的な行為変更を伴わない，単なる広報（PR）戦略にとどまるのである[2]。確認されるのは，単なるシンボル的法定立が，いまや私的な秩序づけの世界でも存在している，ということである。しかし注目を集めるのは，そのコードが現実の変更を引き起こす，つまり労働条件を改善し，環境保護を向上し，かつ人権の水準を貫徹するということを，いくつかの事例に即して実証する経験的な研究である[3]。特に注目

1）　国境を超える企業憲法に関する基本文献として Klaus Hopt, "Globalisierung der Corporate Governance," in: Karl Hohmann, Peter Koslowki und Christoph Lütge (Hrsg.), Wirtschaftsethik der Globalisierung, Tübingen: Mohr Siebeck (2005), 81-102. ドイツでの展開について Klaus Hopt, "Corporate Governance in Germany - Recent Developments in German Company Law and the Corporate Governance Code," in: Michael Stathopoulos, Kostas Beys, Philippos Doris und Ioannis Karakostas (Hrsg.), Festschrift für Apostolos Georgiades, (München: Beck 2005), 657-669.

を集めるのは、その研究が成果を記録するだけではなく、コードが効果的なものであるべき場合に充足されなければならない、社会的・法的な条件を明らかにしていることである[4]。中でも最も重要な成功の条件としてあげられているのは、NGOによる継続的なモニタリングや、市民社会における〔私的〕認証機関と拘束力ある契約を締結することである。私的企業コードと、国家的企業コードの交錯においてみられる特徴は何であろうか。私のテーゼは次のようなものである。すなわち両者の協働において、多国籍企業の法化のみならず、憲法化の傾向が生じる。企業コードは、強い意味での憲法 Verfassung として理解される、特に超国家的な企業体制の端緒を形成する。この基礎にある憲法の概念は、国民国家の根本規範に限られず、特定の歴史的条件において非国家的な社会秩序もまた、自律的な憲法化の過程を発展させてきたということを前提とするものである[5]。広まりつつあるイメージは、次のようなものである。すなわちグローバル化の過程で、憲法化の重点が、憲法的規範を、政治的なシステムから様々な社会部門へと移動させており、そこでは政治的な憲法規範とパラレルに市民社会の憲法規範が生みだされている、というものである。

---

2) 企業コード批判に関して Tim Bartley, "Institutional Emergence in an Era of Globalization: The Rise of Transnational Private Regulation of Labor and Environmental Conditions", 113 American Journal of Sociology (2007), 297-351, 327 f.; Deborah Doane "The Myth of CSR: The Problem with Assuming that Companies can Do Well While also Doing Good Is that Markets Really Don't Work that Way," Stanford Social Innovation Review (2005), 以下で閲覧可能：http://www.ssireview.org/articles/entry/the_myth_of_csr/; Harry Arthurs, "Private Ordering and Workers' Rights in the Global Economy: Corporate Codes of Conduct as a Regime of Labour Market Regulation," in: Joanne Conaghan, Richard Michael Fischl und Karl Klare (Hrsg.) Labour Law in an Era of Globalization: Transformative Practices and Possibilities (Oxford: Oxford University Press 2002), 471-488.

3) 特に Martin Herberg, Globalisierung und private Selbstregulierung: Umweltschutz in multinationalen Unternehmen Frankfurt: Campus (2007); siehe auch die empirischen Beiträge in Olaf Dilling, Martin Herberg und Gerd Winter (Hrsg.) Responsible Business: Self-Governance and Law in Transnational Economic Transactions Oxford: Hart (2008).

4) Richard Locke, Fei Quin und Alberto Brause, "Does Monitoring Improve Labour Standards? Lessons from Nike," Corporate Social Responsibility Initiative, Working Paper 24. John F. Kennedy School of Government, Harvard University (2006), 37 f. geben als Bedingungen an: Unternehmensgröße, Häufigkeit der Qualitätskontrollen der Zentrale, Ausweitung des Codes auf Zulieferer und Vertrieb, Einflussstärke nationaler Rechtsinstitutionen.

II　越境する企業の自己立憲化

　私はこのテーゼを，以下の3つの議論によって根拠づける。これらの論点は，企業コードが，真の憲法の機能，構造および制度を示していることを明らかにするものである。
1. 「「国家的」及び「私的」企業コード」は，社会秩序の基本的な原則を法化し，かつ同時に，その自己規制のための制限を設定する限りで，この企業コードは，中心的な憲法機能を果たす。
2. 二重の自省 Reflexivilität と二値のメタ・コード化のメルクマールにおいて，コードは，純粋な憲法上の構造を形成する。
3. 憲法上の制度として，両コードは，国家の憲法と私的な組織上の憲法の階層を形成するのではなく，憲法規範の質的に異なったネットワークの超循環的結合を形成する。

1　第1テーゼ：憲法機能：構成規定と制限規定

　企業コードは，世界市場を立憲化する2つの対立する推進力に関与している。近代の転換に関する Karl Polany の考えをさらに発展させる中で，まさに国境を越える立憲主義の二重の動きを語ることができる[6]。企業憲法の発展においても，純粋に経済的な方向付けの拡大は，「文化に規定された制度の外套」を再構成する反対の動きを伴っている。

企業の自律性の構成

　「新しい立憲主義」に対する新唯物主義の批判者と，世界経済体制の制度自由主義 ordoliberal の擁護者が，もちろん正反対の評価からだが，第一次の憲法化推進力を確認した[7]。ここ30年間のワシントンコンセンサスにおいて，世界市場の第一の憲法化が政治的に推進されてきた。この憲法化は，グローバル

---

5) 社会理論的観点における「社会立憲主義」の観念について：David Sciulli, Theory of Societal Constitutionalism, Cambridge: Cambridge University Press (1992), 21 ff.; David Sciulli (2001) Corporate Power in Civil Society: An Application of Societal Constitutionalism, New York: New York University Press, 131 ff.; Gunther Teubner, "Globale Zivilverfassungen: Alternativen zur staatszentrierten Verfassungstheorie," 63 Zeitschrift für ausländisches öffentliches Recht und Völkerrecht (2003), 1-28.
6) Karl Polanyi, The Great Transformation: Politische und ökonomische Ursprünge von Gesellschaften und Wirtschaftssystemen, Frankfurt: Suhrkamp (1995 [1944]), 182 ff.

1　第1テーゼ：憲法機能：構成規定と制限規定

に行動する企業に，無制限の行為自由を与える，つまり企業に対する行政の関与を遮断し，商業保護主義と闘い，企業を政治的規制から解放することを目標とする。グローバル経済のこの憲法化傾向の不可欠の構成要素は，多国籍企業のコーポレートガバナンスであり，その原則は，企業の高度の自律性と会社法上の規範を資本市場に志向させること，株主の価値の構築である。しかし社会の立憲主義が，一方的に「新自由主義的に」その構成的機能に限定されるということは，長くは続かない。それはただ時間の問題であって，解放された経済システムのエネルギーが，その肯定的な効果と並んでこれにより発生した社会的紛争が，グローバルな憲法化のドラスティックな修正を強要する，という否定的結果を早晩惹起することになる。なぜならば，政治が国内生産の秩序づけから手を引くことによって，グローバルな機能システムの中で一つの社会部門の一方的な機能が最大化されることにより，他の社会動態と衝突するという破壊的な動態が解放されることになるからである。この動態において，グローバル化された市場と企業は，いまや国民国家の対立プログラムによってまともに妨げられることなく，自分自身と，社会，環境に対して「その固有の分化，専門化，そして高性能な方向付けという重大な結果問題」[8]を負わせているのである。部分システムが持つ固有のダイナミズムの自律化と制約，という相対立する発展の「動態的不均衡」というプロセスにおいて転換点が到来する。いまや水平的な〔私人間の〕自由の危殆化を阻止することができる憲法政策の新しい方向付けが，不可欠である。

　企業コードは，企業活動の制限を企業の公的な責任という名のもとに規範化する限りにおいて，この第二の憲法化の波に関与している。企業コードは，これが私的な秩序づけや国家の行政指導を用いて，株主価値の優位性を，利害関係者（ステイクホルダー）のために破り，かつ企業憲法の制約的機能を，労働，製造物の品質，環境及び人権の領域において発展させることを試みる点で，特徴的である。

---

7)　新しい立憲主義に関しては，David Schneiderman, Constitutionalizing Economic Globalization: Investment Rules and Democracy's Promise, Cambridge: Cambridge University Press (2008), 23ff. 制度自由主義による世界経済制度につき Peter Behrens, "Weltwirtschaftsverfassung," 19 Jahrbuch für Neue Politische Ökonomie (2000), 5–27.

8)　Niklas Luhmann, Die Gesellschaft der Gesellschaft, Frankfurt: Suhrkamp (1997), 802.

2　第2テーゼ：憲法構造：二重の自省と二値のメタ・コード化

　国境を超える企業コードは，二重の意味で憲法機能を果たす。すなわち，これは，国境を超える企業の自律性のための構成的規定と，社会に損害を与える傾向に対する制限的な規定（今日これが強められている）を設定する。しかしこの企業コードは，狭い意味での憲法構造をも作り上げているのだろうか？　このことを，否定的に議論するのが憲法学者達である[9]。彼らは，純粋の憲法現象を，国民国家においてだけ認め，国境を超える立憲主義や，いわんや社会的立憲主義に対して，懐疑的に見ているのである。グローバル性の公的秩序あるいは私的秩序における憲法化というタイトルの下で語られている内容は，一部社会領域の国際法化であり，また一部は私的自治上の法化にほかならず，憲法の形成ではないと主張される。ここではこれに対して，次のように反論しておこう。企業コードが二重の自省と二値のメタ・コード化という憲法上典型的なメルクマールを作り上げている場合には，企業コードは，独立した憲法として特徴づけることができるのだと。

（1）自省メカニズムの構造上のカップリング

　コードが，企業行動を，労働，環境及び人権の領域で規律する第一次規範[10]だけを設定する場合，このコードが企業憲法を根拠づけないことは事実と言ってよかろう。同様にコードが，企業内部の紛争における紛争解決規範だけを生み出すか，あるいは企業政策上の目的を達成するための規制的規範だけを生み出す場合には，単なる法化が存在するに過ぎないであろう。コードが，第一次規範の確認，設定，変更，公布と権限委譲のための権限を定める第二次規範を規定する場合に初めて，その憲法性が問題となるのである。

　企業コードは，実際に第一次規範と第二次規範の共同作用を観察することができる三つの異なる段階の規範ヒエラルヒーを，典型的に明らかにしている。

9）Dieter Grimm, "Gesellschaftlicher Konstitutionalismus: Eine Kompensation für den Bedeutungsschwund der Staatsverfassung?" in: Matthias Herdegen, Hans Hugo Klein, Hans-Jürgen Papier und Rupert Scholz（Hrsg.）Staatsrecht und Politik. Festschrift für Roman Herzog zum 75. Geburtstag, München（2009）67-81.
10）Herbert L.A. Hart, The Concept of Law, Oxford: Clarendon（1961），77 ff. の意味における第一次規範と第二次規範。

2　第2テーゼ：憲法構造：二重の自省と二値のメタ・コード化

　上階を占めているのは，企業憲法の原則であり，中間階はその執行と監督を規範化し，下の階を占めているのは，具体的な行動指針である。企業コードの上階及び中間階において，数多くの第二次規範が見出される。この二次規範は，厳格な意味での憲法上の規範に接近する。というのも，二次的な規範は，高位にランクづけられるメタ規範として，企業内部の法の自省を生み出すからである。しかし二次的な規範それ自身は，いまだ憲法とはいえない。

　法規範と社会構造の二重の自省として特徴づけられる，企業コード特有の二重的性格によって初めて，第二次規範は憲法規範に転換されるのである。法が，行為を操縦し，紛争を解決し，規制し，枠組みを設定するという機能を超えて，社会秩序を自ら構成するに際して重要な任務を引き受けている場合に，その法は憲法を生み出す。

　厳格な意味での企業憲法は，特別な種類の構造上のカップリングが企業組織と法の間で実現する場合にだけ，生じる[11]。第一次規範を通じての結合ではまだ十分ではない。決定的なのは，二重の自省プロセスの構造的カップリングである。国境を超えた企業憲法は，経済組織における構造上自省的なプロセスを，自省的な法プロセスとカップリングさせる。換言すると，国境を超える企業憲法は，組織の根本的な合理的原則を，第二次的な法規範化に結びつけるのである[12]。

　自律的，非国家的，非政治的，つまり本来的な意味での市民社会の憲法化は，国境を超える企業のコードにおいて行われる。というのもこの憲法化は，企業とその環境との関係にかかわる自省的社会プロセスを法化するのだが，その仕方は，自省的な法プロセス，すなわち規範化の規範化と結合されるというものだからである。この条件の下で，国境を超える企業の企業コードにおいて，純

---

11) これは，ルーマンが発展させた政治憲法のシステム理論的コンセプトを一般化し，かつ再び特殊化させたものである。Niklas Luhmann, "Verfassung als evolutionäre Errungenschaft," 9 Rechtshistorisches Journal（1990）, 176-220.

12) 私的レジームの自己憲法化に関する詳細については，Teubner, "Globale Zivilverfassungen: Alternativen zur staatszentrierten Verfassungstheorie," 63 Zeitschrift für ausländisches öffentliches Recht und Völkerrecht（2003）, 1-28. Andreas Fischer-Lescano und Gunther Teubner, Regime-Kollisionen: Zur Fragmentierung des globalen Rechts, Frankfurt: Suhrkamp（2006）, 53ff. 二重の自省はこの間，グローバル行政法の立憲化の進行に関する基準としてとしても用いられている。Kuo Ming-Sung, "Between Fragmentation and Unity: The Uneasy Relationship Between Global Administrative Law and Global Constitutionalism," 10 San Diego International Law Journal（2009）439-467.

Ⅱ　越境する企業の自己立憲化

粋な憲法の要素について語ることは意味を持つ。グローバルな経済組織の自律的な法化の機能に適合的に，コードは，この場合も憲法の典型的な構成部分を示している：組織的な決定プロセスの設置と執行に関する規定（企業の組織規律及び手続き規律）および個人の自由と社会的自律（企業に対する個人の基本権と，諸制度）に関するシステム境界の規範化。

　この条件に照準を合わせているのは，特に企業コードの上位の規範であり，国境を超える企業の根本的な決定プロセスと関係する。このプロセスは，組織とその人的環境及び自然環境との関係，とくに自らの基本的な権利が組織によって尊重される労働者との関係に取り組む。上位の規範レベルでの「指針」は，実際には国境を超える企業の純粋な憲法規範なのである。その構造からしてこの指針は，下位のレベルのルールと基準のような個別の行為規範ではなく，また中間レベルの規範のような単なる二次手続規範ではなく，企業憲法の明らかに高次に位置づけられる規範であって，それは一般的な原則として定式化され，一方で企業内部の規範化の出発点として，他方で対内的及び対外的規範コントロールの基準として寄与するものである。

　この自省的プロセスは，一定の制度上の措置を要求する。特に第一次規範化の設定，変更，解釈，執行に権限を有する手続きを作り上げることを要求する。すなわちこれはとくに，抽象的な企業原則と具体的な企業決定との間を媒介する，内部制御機関と執行機関という中間的企業レベルを作り上げることである。これによって私的コードは，私的秩序としての自律的な法だけではなく，国家コードによる規範的な権限委譲に依拠することなく同時に，その憲法上の基礎を独自に作り上げる。それは文字通り国家なき憲法を形成するのである。

　これに対応して，憲法学者 *Gerd Winter* は，国境を超える企業コードに関する，彼によって主導された経験的調査研究プロジェクトの成果を，一定の驚きをもって報告している。「いくつかの点において，世界社会の準法的な秩序はそれ自身，憲法の性格を有することを示している。多様な社会的及びエコロジー的基準，さらには管理と執行の既存メカニズムに加えて，どこに意思決定権限が位置付けられるべきか，いかに違反が処理されるべきか，いかに第三者が包摂されるべきなのかを定義づける，高次の規範が発達してきた。国家の憲法への類推によって，私的な規制は，他の行為者及び他の領域への侵入を減らすための自己拘束メカニズムを具体化している。こうして世界社会は，古典的な憲法国家と機能的に等価なものを発展させようとしているのだろうか，そし

2 第2テーゼ：憲法構造：二重の自省と二値のメタ・コード化

て憲法国家は徐々に周辺へとおいやられるのであろうか？」[13]。

（2）企業憲法の二値のメタ・コード化

　こうした二重の自省の内的な構造の手がかりをつかむために，ここで憲法を，法と社会システムの構造的結合として把握する従来の憲法理解を乗り超えなければならない。なぜならば，国境を超える企業のそうした憲法化の終着点に到達するのは，特有の二値のメタコード化がなされ，かつ企業内部のプロセスがはっきりとこれに基づく場合だからである。このメタコード化は，企業憲法に関連づけられる「コード適合」か「コード違反」か，という評価の間で設定される[14]。メタコードが問題となるのは，このような憲法コードが，既に存在する企業内の法規範の二値のコード化を，企業憲法上の要請に対応しているか否かの審査にかけるからに他ならない。つまりここでは，全ての憲法──政治的な国家憲法，社会憲法，あるいは組織憲法──にとって典型的な，個別法と憲法との間の階層が発生する。法律コード（適法／違法）に憲法コード（合憲／違憲）が優越する。

---

13) Olaf Dilling, Martin Herberg und Gerd Winter, "Introduction: Private Accountability in a Globalising World", in: Olaf Dilling, Martin Herberg und Gerd Winter (Hrsg.) Responsible Business: Self-Governance and Law in Transnational Economic Transactions, Oxford: Hart (2008), 1-14, 8. 〔訳注：本書第一論文でも同じ個所の引用がなされている。トイブナーの意図は，国民国家の法システムに固執しがちな法教義学者でもある Gerd Winter さえ，トランスナショナルなレベルでの自己憲法化を経験的に確認せざるを得ない状況であることを，引用を通じて強調しようということにある。他方 Winter は，このようなトランスナショナルな非公式の規制を，民主主義的な正当性と基本的価値（基本権，国家の保護義務）という基準に照らして評価することを求めており，自生的なトランスナショナルな法現象それ自体に正当性，憲法性を認めているわけではない。この評価基準は，国民国家が歴史的に発展させてきたものに他ならない。例えば Gerd Winter, Transnationale Regulierung: Gestalt, Effekte und Rechtsstaatlichkeit, Aus Politik und Zeitgeschichte（8/2009), 9 ff.〕

14) ここでは用語上の混同はほとんど不可避である。「コード」は二つの異なる意味を持つ。一つの意味は，コーデックス（法典)，法典編纂に起源を持ち，「企業行動コード」「行動コーデックス」といった言葉を生み出す。もう一つの意味は，二値のコード化である。すなわち行為システムを，例えば法／不法，道徳／不道徳等々といった「区別基準 distinction directrice」に合わせることである。この二つの意味が企業コードという用語に流れ込んでいるが，分析上区別されねばならない。〔訳注：二値コード化の原語は，binähre Codierung であり，binähr という形容詞を二値と訳したが，その意味は，適合と違反という二つの要素が一対をなすということである。英語ではバイナリーであり，英語で書かれた第一論文においてはバイナリーと表記した。〕

Ⅱ　越境する企業の自己立憲化

　しかし，メタ・コードの眼目は，いまやそれが法律コードに優越するだけではなく，同時に経済コードに優越することにある。メタ・コードは，企業の経済上二元コード化された全ての機能を，それが企業の公的な責任の原則に適っているかどうかという自省にさらすのである。

　つまりこうしたメタ・コード化は，1個の混合体ハイブリッドである。メタ・コード化は，企業における二つの完全に異なった憲法制御のための擬制的な統一形式として役立つ。メタ・コード化は，一方で法的な，他方で経済的なコード化に対して，階層上，上位に位置づけられる。それゆえにメタ・コード化は，これが経済コードを管理するか，あるいは法律コードを管理するかに応じて，異なった意味を受け取る。経済的関係において，メタ・コード化は，企業の社会的な責任を自省するのに役立ち，また環境適合的な経済的行為の戦略を探求する。企業内部の法との関連で，メタ・コード化は，個別法と憲法との区別をもたらし，個別の法的行為を，それが企業憲法において定められた評価及び原則に沿うかどうかを制御する。

　憲法コードは，表面上統一的な定式として現れるが，それは行為の連関に応じて，経済的なメタ・コードか，あるいは法的なメタ・コードのいずれかとなる。このことは，次のことと関連している。企業憲法は，企業における二つの相互に閉ざされた社会システムである経済と法が構造的にカップリングしたものであって，それ自体としては統一的な社会システムを構築していないということである。両システムは，企業憲法に融合するのではなく，両システムのその時々の作動連関に関連づけられたままなのである。このことは，コード適合／コード違反の区別は，コンテクストに応じて異なった意味を受け取る，相異なる意味作動のための共通の上位形式に過ぎないということの根拠である。メタ・コード化は，経済組織の基本原理を，憲法原則としての法へ再投入する，逆に法を企業組織の中へ再投入するきっかけを作る[15]。

---

[15]　構造的カップリングとハイブリッドなメタ・コード化のこの関連は，近代における発達した政治憲法においてもっと明確に観察することができる。そこでもまた合憲／違憲の区別が，法と政治の二つの二値コード化システムの二値メタコードとして作用する。しかしこのメタコードを通じて憲法は，唯一無二のシステムへと融合されることはないのである。このメタコード化は（明示的にかあるいは黙示的に），社会的立憲主義においてもまた，法システムとその他の社会システムとの構造的カップリングにおいて姿を現すのである。

3 第3テーゼ：
憲法制度：私的企業コードと国家的企業コードの超循環結合

　この方法で憲法の機能と構造を表すことができるとしても，企業コードの制度上の構造を理論的に正確に把握することは，相当に厄介なことである。多くの論者は，これを，国家を超えた企業の「新しい主権」と記述し，これによってその制限のない自己規律を強調する[16]。しかしこれは，私的コードと国家権力の公的コードの特有の結合と，企業の環境との多様な規範的依存性を，適切に説明するものではない[17]。国民国家のヒエラルヒーを反転させただけである。

　別の論者は，この関連を「ガバナンスのトライアングル」としてモデル化することを試みる[18]。しかしこの議論は，ヨーロッパの社会国家に見られる，国家によって組織されたネオコーポラティズムの三角形の超国家版が発生したということを，誤って示唆するものである。

　「マルチレベルガバナンス」というモデルもまた，国家を超えた二つのコードタイプの独自の協働にとってあまり適切なものではない[19]。一つの規範ヒエラルヒーの中で国家のコードが，私的なコードの上位に位置づけられることもないし，準連邦的な関係が存在するわけでもない。これとは別種の国境を超える条件や，第一の憲法化の波の結果，とりわけ国境を超える企業の高く釣りあげられた自律性は，国民国家の企業憲法に対して，国家的，私的集団的行為者間の関係を，根本的に変更させた。Larry Backer のドラスティックな言葉を

---

16) 〔新しい主権という〕この特徴づけは，「自己警備」が機能しえないという批判にも同時に加勢する。例えば Mahmood Monshipouri, Claude E. Jr. Welch und Evan T. Kennedy, "Multinational Corporations and the Ethics of Global Responsibility: Problems and Possibilities," 25 Human Rights Quarterly (2003), 965–989, 989.

17) この三者関係を強調するものとして，Adelle Blackett, "Codes of Corporate Conduct and the Labour Regulatory State in Developing Countries", in: John J. Kirton und Michael J. Trebilcock (Hrsg.), Hard Choices, Soft Law: Voluntary Standards in Global Trade, Environment and Social Governance, Aldershot: Ashgate (2004), 121–133, 129.

18) Kenneth Abbott und Duncan Snidal, "Strengthening International Regulation Through Transnational New Governance: Overcoming the Orchestration Deficit", 42 Vanderbilt Journal of Transnational Law (2009), 512ff.

19) これに関しては Sol Picciotto, "Constitutionalizing Multilevel Governance?", 6 International Journal of Constitutional Law (2008), 457–479; Ian Bache und Matthew Flinders "Themes and Issues in Multilevel Governance", in: Ian Bache und Matthew Flinders (Hrsg.), Multi-level Governance, Oxford: Oxford University Press (2004), 1–14.

Ⅱ　越境する企業の自己立憲化

引用しておこう。

「契約が法にとって代わる。関係のネットワークが，政治的共同体にとって代わる。利益が，領土にとって代わる。規制される者が，規制者となる。」[20] ヨーロッパの国民国家における企業憲法の中に，国家の規範と私的な規範の結合は，周知のように，階層的なフォーメイションで存在しており，これは，ハード・ローとソフト・ローという対概念で理解される。国家は，会社法，共同決定法，そして規制法において，拘束的かつ制裁を与える規範という形式で，ハード・ローを公布する。これに対して，企業内部の規範は，ソフト・ローの変種に過ぎない。なぜならば，この規範は，純粋の法規範としては認められないからであり，この規範の拘束性は，国家の認証に左右されるからであり，またそれは国家の裁判所の管理に服するからである。

こうした伝統的なヒエラルヒーに対し，国家を超えたコードにおいて，伝統的なカテゴリーには従わない重大な変更を見出すことができる。Luhmann によると「伝統的な法概念からは —— 例えば法を国家の機関の制裁的な命令として把握する場合 ——，法はどのようなものか，法が何であるかといった性質の変更は，ほとんど理解することができない。妥当するかしないかによって裁断される，法律学の法概念は，法が如何にその機能を充足するか，法が如何に意味として受け止められるか，といったことにおける繊細なズレを暴いて見せることには，適合しない」[21]。

このコードにおいて，まさに国家法と私的秩序づけのヒエラルヒーの逆転を見て取ることができる。ドラマティックな転換は，とくに国家の企業コードと私的な企業コードがもつ，ハード・ロー，ソフト・ローのそれぞれの性質において生じる。すなわち，いまやまさに国家の規範は，「ソフト・ロー」の性質だけを示すのに対して，国家を超えた企業の単なる私的な秩序づけは，「ハード・ロー」という新しい定式へと強化される。

例えば国連が，国境を超える企業に対する行動コードにおいて公布した国際法上の規範は，国民国家の議会と憲法裁判所が，企業憲法に対して公布するよ

---

20) Larry Catá Backer, "Multinational Corporations as Objects and Sources of Transnational Regulation", 14 ILSA Journal of International & Comparative Law（2008），1-26，26．
21) Niklas Luhmann, Rechtssoziologie, Opladen: Westdeutscher Verlag（1987），341．

3　第3テーゼ：憲法制度：私的企業コードと国家的企業コードの超循環結合

うな，拘束力ある規範と比較することはできない。たしかに本来計画されていたのは，国家を超えた規制機関が，国際法上拘束力がありかつ制裁する規範をもって，国家を超えた企業の行為を直接に規制する，ということだった。しかし影響力のある国民国家と企業の利益代表の頑強な抵抗は，転換を方向付けた。国連が最近可決した文言は，その適用が法的制裁によって強要されえない，非拘束的推奨，「ソフトロー」だけを含むものなのである[22]。

逆に企業内部のコードは，たしかに単なる非国家的な「私的秩序づけ」であるが，しかしこのコードは，高度な拘束力と効果的な制裁をもつ現行法なのである。確かに私法教義学は，その純粋な法的性格をなお激しく争っている。というのも教義学は，規範的な通用力を国家から導き出すことを主張し，私的秩序を法として認めないからである。ここにきて漸く，国境を超えるアクターの私的な規範の秩序づけに法的性格を付与する経済学，社会学の影響を受けた法の観念が力を得てきた[23]。企業内部のコードは，アクターにとって直接的に拘束力があり，またそのために設置された自前のコンプライアンス部門によって執行される有効な制裁を備えている。

このことで企業内部の組織の規律は，国家の法制から切り離される。国家の規範と私的な規範との間の通常の規範ヒエラルヒー関係と直接的に対立して，国家のコードは，国境を超える企業の私的コードが妥当するための権限委譲の根拠として，機能を果たさない。私的コードは，その妥当力を私的な秩序づけの世界において，第一次規範と第二次規範との特有の結合から引き出すのである。私的コードは，自身の内に階層構造をもって構築されている，規範的な妥当力をもつ非国家的な閉鎖システムを作り上げている。

---

22)　これにつき賢明な観察をするものとして Larry Catá Backer, "Multinational Corporations, Transnational Law: The United Nation's Norms on the Responsibilities of Transnational Corporations as Harbinger of Corporate Responsibility in International Law", 37 Columbia Human Rights Law Review (2005), 101-192.

23)　Johannes Köndgen, "Privatisierung des Rechts: Private Governance zwischen Deregulierung und Rekonstitutionalisierung", 206 Archiv für die civilistische Praxis (2006), 508 ff.; Gralf-Peter Callies, Grenzüberschreitende Verbraucherverträge: Rechtssicherheit und Gerechtigkeit auf dem elektronischen Weltmarktplatz, Tübingen: Mohr Siebeck (2006), 182 ff.; Erich Schanze, "International Standards: Functions and Links to Law", in: *Peter Nobel* (Hrsg.) International Standards and the Law, Bern: Staempfli (2005), 83-103; Gunther Teubner, "Globale Bukowina: Zur Emergenz eines transnationalen Rechtspluralismus", 15 Rechtshistorisches Journal (1996), 255-290, 267 ff.

II　越境する企業の自己立憲化

(1) ハイパーサイクルとウルトラサイクル

　しかしながらヒエラルヒーの転倒は，まだ十分ではない。正確には転倒は，私的コードの国家的コードに対する明確な事実上および規範上の優位を含む。しかしこの優位は，ヒエラルヒー的性質を持たない。むしろ二つの相互閉鎖的な法秩序の差異と見るのが適切である。国家規範は，私的規範に従属するのではなく，規範定立の内部から企業環境〔企業の外〕へ締め出される。二つの独立した法空間，すなわち自律的で私的に秩序づけられた強行的な企業内法と，国家的に規制された規範的な行動勧告のアンサンブルが発生する。

　この相互閉鎖的な法空間についてより正確に定義づけることは簡単ではない。いずれにせよ，作動の閉鎖によって形成される強い意味での社会システムが問題となるのではない。二つの法領域の閉鎖性は，その作動の差異に直接的に基づくのではない。というのは，二つのコード秩序はいずれも法作動を通じて形成されるものだからである。

　むしろ二つの法空間の相互的「構造的閉鎖性」は，法の妥当をそれぞれの法空間に厳格に制限するという点と，強制的な規範と単なる規範的勧告というそれぞれの法空間の性質の差異という点に基づく。システム論の表現法を用いると，以下のようになる。グローバル法システムの内的分化は，連鎖することによって作動の閉鎖を生じる新しい法作動の形成によってもたらされるのではない。妥当のシンボル（Geltungssymbol）は，グローバル法システムの内部で，異なる法秩序を相互に識別する。妥当のシンボルは，原理的に同質な法的作動の構造的閉鎖を，例えば地域，機能，裁判管轄権，法教義学の性質といった全く異なった境界づけを通じてもたらす。したがって閉鎖についての形式の差異を厳格に区別しなければならない。また，この閉鎖についての形式の差異は，開放についての形式の差違も必然的に伴うことになる。こうして私的，国家的コードは二つの相互に閉鎖的な法秩序を作り上げ，二つの法秩序間においては妥当の移動は起こらない。

　二つの法空間は，相異なる集団的行為者の広範な規範結合形式において形成されるが，このことは，規範構造全体を「二つの異なる閉鎖的なネットワークの関係」として理解させる。一方で企業内コードはとうの昔に個別企業の境界を超えた。企業内コードは，今日ではコンツェルンにおける企業の関係にも，国境を超え多くの場合何千という個別企業を含む企業本社やその子会社にも妥当する。今日では世論と市民社会の諸組織の圧力の下，そのコードの妥当はコ

3　第3テーゼ：憲法制度：私的企業コードと国家的企業コードの超循環結合

ンツェルンの境界を越えて拡大されている。契約義務を通じて，コンツェルンはそれへの納入企業や販売チェーンをコンツェルンの企業コードの基準で拘束し，契約メカニズムを強力な監視・サンクションシステムの導入のためにも用いる。他方で，国家世界のソフト・ローの法空間におけるネットワーク化が見出される。ここにはILO，OECD，UN，EUの国家コードの多様な交差結合が存在する。

　最後に，二つの閉鎖的なコード・ネットワークの相互関係は，単一の巨大なネットワークもしくは国家的アクターと私的アクター間のネットワークのネットワーク，つまりメタ・ネットワークとして把握されるべきものではない。正確には「ハイパー・サイクルとウルトラ・サイクル」[24]の差異が存在する。ハイパー・サイクルは，ある一つの閉鎖的なネットワークの内部で，相互循環的に結びつけられた作動循環が存在するときに形成される。これに対してウルトラ・サイクルは，閉鎖的なネットワーク間において，相互的な刺激の循環が形成されるときに存在する。私的企業コードの内部には，ハイパー・サイクル的性質のネットワーク化が存在する。つまり，ネットワークの内部で様々な形態をとる組織，すなわち多国籍企業や，多国籍企業への納入企業や販売組織の内部で相互に閉鎖されている循環的法的作動間において，組織間の直接的接続が形成される。このような私的法的作動のネットワークの内部で，拘束的な規範の妥当が流通し，規範違反の場合はサンクションが課される。そして多国籍企業コードとその他の経済企業とのハイパー・サイクル的結合によって，閉鎖的な私的秩序の妥当空間が発生する。

　この相互にネットワーク化された私的コードは，しかし全く異なった仕方で，国家的コードと結合されている。この結合の性質には，ハイパー・サイクルのモデルではなくウルトラ・サイクルのモデルが適合する。高度の法的拘束力を生み出す企業固有の諸コードとは異なって，国家的指針は純粋な行為の要求でありインフォーマルな勧告である。国家的指針は現行法でもあるが，パラドクシカルな形式においてである。つまり，拘束力の要請，法的サンクションを備

---

24) 両者の区別に関して Gunther Teubner, "Eigensinnige Produktionsregimes: Zur Ko-evolution von Wirtschaft und Recht in den varieties of capitalism", 5 Soziale Systeme (1999), 7-25, 12 ff.; Teubner, "Hyperzyklus in Recht und Organisation: Zum Verhältnis von Selbstbeobachtung, Selbstkonstitution und Autopoiese", in: Hans Haferkamp und Michael Schmid (Hrsg.), Sinn, Kommunikation und soziale Differenzierung: Beiträge zu Luhmanns Theorie sozialer Systeme, Frankfurt: Suhrkamp (1987), 89-128.

Ⅱ 越境する企業の自己立憲化

えない現行法なのである[25]。このことは，自己準拠的閉鎖的な妥当循環として出現する私的コードは，その妥当において国家的コードから完全に独立しているということだけでなく，国家的コードはその規範化において私的規範化と接合すらしえない，ということを意味している。国家的コードはただ外からその妥当を訴え，鼓舞し，動機づけ，迫ることができるだけであり，妥当を命令したり，中止したりすることはできない。国家的コードは，私的コードの内的妥当循環のための外的刺激に過ぎない。UN，ILO，OECD，EU のコードは，確かに影響力はあるものの，国際機関が越境する企業へと送信する単なる憲法的刺激である。しかしそれらのコードが強力化し拘束力ある憲法的規範となるかどうかは，国家世界の諸機関によってではなく私的組織の内部プロセスにおいて決定されることである。

（2）学習強制：外的強制による内的変化

現在所定の条件の下でコード間の相互作用が順調である場合，ウルトラ・サイクル，つまり国家的コードと私的コードの摂動循環 Perturbationskreislauf が発生する。私的，国家的ソフト・ロー・レジームの「ネットワーク化」の通例の形式においては，私的秩序の妥当作動のハイパー・サイクルと国家的コードと私的コードによるウルトラ・サイクルとの間に存在する基本的な差異が覆い隠されてしまう。

しかし，このことが，ウルトラ・サイクルを単なる政治的な飾り物として，企業内コードが注意を払わない単なる国家世界の外的騒音として片づけてしまうような方向へ，誤導することがあってはならない。問題なのは，「学習強制」つまり越境する企業に行使される，学習適応の外的強制である。国家的コードと私的コードの協同を可能にするためには，二つの要素が必要となる。つまり，「認知構造の変更」と「認知構造の変更への強制」である。さもなければ，ウルトラ・サイクル的結合は生じず，国家的コードは効力のない外からの衝撃にとどまる。ここで，既に述べた二重のネットワークの相互閉鎖性という特殊な性質が注意を引く。その性質は，一方で相互的開放という特殊な性質を促進す

---

25) Den paradoxen Charakter des soft law als geltendes Formalrecht betont auch Orly Lobel, "The Renew Deal: The Fall of Regulation and the Rise of Governance in Contemporary Legal Thought", 89 Minnesota Law Review（2004），342-470, 389. もまたソフトローが現に妥当する公式法としての性格を持つパラドシカルな事態を強調する。

3　第3テーゼ：憲法制度：私的企業コードと国家的企業コードの超循環結合

る。「開放性は閉鎖性に依拠する。」私的コードと国家的コード間の妥当移動は閉鎖されているが，その代わりに学習強制という別の相互開放メカニズムが作り出される。

　ここで，世界社会への移行において生じる法構造の最も重要な変化の一つが明らかになる。ルーマンはこの変化を以下のように特徴づけた。

　「もはや規範は（価値，規定，目的の形において）認識の仮選択を世界社会の統合のレベルに向けることはなく，逆に学習適応の問題が構造的優位を獲得し，全ての部分システムの学習能力の構造的条件が裏付けられることになる」[26]

　このことは，この二つのコード秩序の関係においては，単に法というメディアにおいてのみコミュニケーションが生じるのではないこと，したがって法的作動による規範的予期の妥当が一方のコードからもう一方のコードに移動されるわけではない，ということを意味する。その代わりに非法的メディアを通じて，つまり専門知識，政治的社会的権力，財政上のインセンティブとサンクションを通して，企業内法コードの学習プロセスが開始され，まさに強要されるのである。この認知的優位は，企業コードがその法規範的性質を失い，認知的予期としての役割を果たすに過ぎなくなるということを意味するものではない。二つのコードの関係だけが非規範化される。コード自体は規範的秩序のままである。

　学習強制，つまり認知的学習の第一の要素は実質的にどこにあるのだろうか。国家的コードは私的コードにとっては単なる「テンプレート」モデル，行動モデル，原則，最良の実践，勧告にとどまる。二つのコードのウルトラ・サイクル的結合は学習プロセスを作動させる。学習プロセスは，自律的法秩序内での妥当移動として行われるのではなく，自律的秩序の境界を超えて進行する。またその学習プロセスの特殊性は，関係する諸秩序が共通の法的作動を伴う統一的法秩序に収斂するという点にではなく，複雑な認知的プロセスに固有の条件に適応するという点にある。ウルトラ・サイクルは，同種の法的行為の循環を作り出す学習プロセスの自律性を排除するのではなく，その自律性を，それぞれの新しい規範の生産，すなわち企業内コードにおけるハード・ローと，国家世界コードにおけるソフト・ローといった新しい規範生産のための摂動循環に

---

26) Niklas Luhmann, "Die Weltgesellschaft", in: *Niklas Luhmann* (Hrsg.) Soziologische Aufklärung Band 2: Aufsätze zur Theorie der Gesellschaft, Opladen: Westdeutscher Verlag (1975), 51-71, 63.

Ⅱ　越境する企業の自己立憲化

おいて利用する。

　どのような社会的予期が企業に対して向けられているかを企業が読み取ることができるような規範を，国家的コードが作り出すということに，特別な学習効果が存在する。その場合企業は，一つ一つの予期を引き受けなければいけないわけではない。国家的コードは，私的コードによって形成される視野狭窄を補完し，国境を超える公共政策への方向づけをもたらす。ここで国家的コードは，抗議行動と市民社会的組織が企業のエコロジー的方向性に対して持つ規範予期と同様の，憲法的学習圧力をかける。

　第二の要素，すなわち強制はどこに存在するのか。企業が，その特殊条件のための固有のコードを発展させるために，国家的コードを学習刺激として受容することについて責任を負うのは，法的サンクションではない。その代わりに法外メカニズムが作用する。

　一方的な圧力であり政治的交換である企業間権力プロセスは，企業に自身のコードを発展させることを何よりもまず強要する。この外的圧力は企業コードが一般に効力を発揮するために不可欠の条件であるということは，強調してもしすぎることはない[27]。しかしながら従来の経験によると，これに必要な権力資源を，国民国家や国際組織が生み出してきたとはいえ，なお小規模なものにとどまっている

　特に有効な権力圧力としては，抗議行動，NGO，労働組合，NPO，世論がある。最後の一撃を与えるのは，しばしば経済的サンクションである。経済的サンクションとは，その購入行動に企業が左右される，消費者の感知力や，投資行動によって企業に経済的圧力を働かせる一定の投資家グループのことである[28]。財政危機に際して国家世界が企業に対する外的圧力について有効な指導的役割を担うかどうかは，結果を見なければわからない。最新の情報はその点

---

27) Kenneth Abbott and Duncan Snidal, "Strengthening International Regulation Through Transnational New Governance: Overcoming the Orchestration Deficit", 42 Vanderbilt Journal of Transnational Law (2009), 506は次のように要約している。「これらの規範は，法的に要求されないという意味において"ヴォランタリ"だが，しばしば企業は，NGOの圧力，消費者の要求，産業組織のルール，および実務においてそれらの規範に強制力を与えるその他の力により，これにしたがうのである」。
28) 外的圧力と内的企業構造の関係に関する詳細な分析については，Jennifer Howard-Grenville, Jennifer Nash and Cary Coglianese, "Constructing the License to Operate: Internal Factors and Their Influence on Corporate Environmental Decisions", 30 Law and Policy (2008), 73-107.

3　第3テーゼ：憲法制度：私的企業コードと国家的企業コードの超循環結合

に関してむしろ懐疑的である。

　したがって自発性以外のものは全て,「ボランタリーコード」という隠喩の背後に身を隠す。越境する企業は自身のコードを公布するが,それは公共善の要求という視角からでも企業倫理という動機づけからでもない。外から強力な学習強制がなされる場合にのみ,越境する企業は「自発的に」それに従う。学習プロセスは,法システムにおいて妥当移動を通じてコードからコードへと進行するのではなく,まず別の機能システムに迂回する。ここで,法サンクションが社会的サンクションによって代位されるという説明では十分ではない。そうすると,そのような迂回的な学習強制がもたらす重大な結果が隠されてしまう。ウルトラ・サイクル的「翻訳プロセス」においては,むしろシステムの境界が超越され,法文書,政治的社会的権力の圧力,知的共同体的の認識作動と,経済的サンクションの間で摂動循環が生じる。国家的コードのソフト・ローが,モデルを描き監視を行う専門知の語法に翻訳される時,国際機関,NGO,多国籍企業の間の政治的交渉に基づく組織間権力へ翻訳される時,世論の評価メカニズムに翻訳される時,金銭的な刺激とサンクションに翻訳される時,そして最後に企業内コードというハード・ローの法律用語に「訳し戻される」時,原初的な規範内容は大幅に変更される。この種の二つのコードの結合が明らかにしているのは,企業の自己憲法化は,自発性の内的動機に基づくものではなく,また法のサンクションメカニズムに基づくものでもなく,迂回的な外部の学習強制に基づいて成立するものだということである。

　〔訳者付記〕　本稿は,トイブナー教授の論文 "Unternehmen, Markt und Verantwortung：Festschrift für Klaus J. Hopt zum 70. Geburtstag am 24. August 2010, S. 1449-1470" を同教授が,講演用に編集した原稿を翻訳したものである。この原稿には注が付されていないが,訳者の判断で理解に重要と思われる注を同論文から選択し,該当する箇所に付したものである。したがって注はトイブナー教授によるものだが,〔　〕で付した文章は訳者注である。

　翻訳作業に当たっては,前田太朗氏（愛知学院大学法学部専任講師）,亀岡鉱平氏（早稲田大学法学部助手）のご協力を得た。記して謝意を表したい。

III 「わたしがベルゼブルの力で悪霊を追い出すのなら，…」
——ネットワーク機能不全の悪魔学——

毛利康俊　訳

1　ネットワーク社会の諸限界
2　ネットワークの機会構造と法の概念的装備
　（1）統合ポテンシャルⅠ：自生的な秩序形成 —— 局所的な接触，包括的なつながり
　（2）統合ポテンシャルⅡ：小さな世界たち —— 緊密なカップリングとゆるいカップリングの二元論
　（3）統合ポテンシャルⅢ：ネットワークにおける決定の反復
　（4）統合ポテンシャルⅣ：集合体なき集合体志向
3　不確実性とのかかわりかたについて：縮減，変形，増大？

1　ネットワーク社会の諸限界

　ヒエラルキーの機能不全と市場の機能不全。これはこれでよいだろう。ではネットワークの機能不全はどうだろうか？　ヒエラルキーの機能不全を，私たちは痛ましい思いで経験した。複雑な組織は，決定過程をヒエラルキー化することを通じて冗長性を十分に作り出し —— つまり同じ情報を十分に反復させ ——，そのことによって決定の不確実性を縮減しようとした。このことは確かに組織社会の最も有益な革新のひとつであった。しかしながらその代償も大きかったのである。環境とのコンタクトを公式にはもっぱら組織の頂点に移したことによって，組織とその環境の間の情報の流れに危険な隘路が生じた。組織の頂点への環境コンタクトの集中によって，環境に関する情報が，組織の存続を危うくするほどに欠乏することになった。この欠乏によって，組織の「遊離」（Abheben）と呼ばれる周知の現象が生まれたのである[1]。

Ⅲ 「わたしがベルゼブルの力で悪霊を追い出すのなら，…」

　ヒエラルキーの機能不全について，法もおびただしい共同責任を負っている。ラドゥーア氏は，組織社会において公法が鈍重な大組織のヒエラルキー的な調整交渉メカニズムを下支えしそれを変化から規範的に防衛したときに示した硬直性を，強烈に批判した。私法にかんして，やはり同様の規範化があると言うことができるだろう。集団的労働法において，また，会社法や民事責任法において，内的なヒエラルキー化や組織の頂点への外的な集中を法的に規定する規範化がそれである。

　ここ30年にわたるネットワーク革命は，私的セクターでも公的セクターでも，国家レベルのセクターでも超国家レベルでのセクターでも，組織ヒエラルキーにゆすぶりをかけ，ヒエラルキー的な組織のこのような硬直性を清算した。そのもっとも重要な成果は，決定過程の思い切った分権化である。この分権化（Dezentralisierung）というものは，新たな種類のネットワーク組織においてネットの諸ノード（結び目）が高度な作動上の自律性を獲得したことによって達成された。分権的に組織化されたところの，コンツェルン，行政の官僚制，組織間ネットワークだけでなく，規制機関のグローバルなネットワーク化，さらには裁判所のそうしたネットワーク化も，このような組織形式の高度な環境開放性と適応能力を示している。環境の観察を多面的にすること，多様性を向上させること，組織を生活に密着したものにさせること，組織の応答性を高めること，組織を適応の点で柔軟にすること，これらのことが，脱ヒエラルキー化によって可能になる。

　ところがまた，ネットワークの機能不全という悪魔的なものの声が地の底から響いてくる。ネットワークの分権化がもたらした外的な刺激過敏性の増大により，ヒエラルキーの魔はうめき声を上げて組織の体から逃げ出した。ヒエラルキーの不確実性は，非常に効果的に悪魔祓いされたのである。そのかわりに，ネットのノードが各々多様な外的環境と猛烈に交流することになった。ただしかし，（悪魔が現れるしるしであるところの）硫黄のにおいは消えようとはしない。というのは，悪魔を追い払うには（もうひとりの悪魔たる）ベルゼブル[2]をもってするしかないのであるが，このベルゼブルは，脅威的な不確実性をもう一つ

---

1) 組織の「遊離」とはなにかイメージしづらいが，原論文でも参照指示されている次のものが参考になると思われる。Gunther Teubner, Netzwerk als Vertragsverbund: Virtuelle Unternehmen, Franchising, Just in Time in sozialwissenschaftlicher und juristischer Sicht, Baden-Baden: Nomos（2004），43 ff., 94 ff.

1　ネットワーク社会の諸限界

別の不確実性で置き換えるからなのである。悪魔がヒエラルキー的な組織の環境についての不確実性であるとすれば，ベルゼブルという名前が名指すのは，ネットの自律化したノードの内的な調整についての，それに劣らぬほど脅威的な不確実性なのだ。

ネットワークの実践とその経験は，最初の高揚期のあとは，次のようなことについての報告であふれている。環境情報によってもたらされた混乱惹起的な過度の複雑性，調整の行きづまり，深刻化するインターフェース問題，恒常的な決定をめぐる紛争，非対称的な力関係，ネットのノードや中枢の機会主義的行動，ネット活動の好ましくない外部性，など。確かにネットワークは，企業環境における矛盾した応答に対するきわめて有効な反応としてとおっているが，しかしそれはまさにその内部構造によって新たな諸問題を提起しているのだ。ネットワークは自らが解決する問題を同時に強化してもいる。他の近代の諸制度のように，ネットワークも内在的な自己破壊的傾向をもっているのである。というのはそれが，そのハイブリッド形式と内的な信頼コンフリクトから生まれる内的な緊張を引きおこすからだ。内部やとくに外部の第三者に対し，そこから帰結する損害のポテンシャルは相当なものである。「組織化された無責任性」という周知の現象は，「網の目状の無責任性」のなかに自らと同格な後継者を見出した。

ネットワークの機能不全にかんしても，法は無関係ではない。ただし，ヒエラルキーの場合には，法は決定構造の集権化を性急になぞることによってヒエラルキーの機能不全を一層大きくしたのに対して，今日では，法がおのれとは異質なネットワークに反対することが，ネットワークの機能不全を助長してい

2）　悪魔の君主の１人で，ハエの姿をしているとされる（ギリシャ語でベルゼブルは「ハエの王」の意味）。ここでは，新約聖書中の，「そのとき，悪霊に取りつかれて目が見えず口の利けない人が，イエスのところに連れてこられて来て，イエスがいやされると，ものが言え，目が見えるようになった。群衆は皆驚いて，『この人はダビデの子ではないだろうか』と言った。しかし，ファリサイ派の人々はこれを聞き『悪霊の頭ベルゼブルの力によらなければ，このものは悪霊を追い出せはしない』と言った」（マタイによる福音書12 22-24。訳文は新共同訳による）というエピソードを踏まえていると思われる。イエスはもちろんこの嫌疑を退けている。同様のエピソードは，マルコによる福音書3 20-30，ルカによる福音書11 14-23 にも見える。なお本講演のタイトルは，マタイによる福音書12 27 からの引用である。同所でイエスは「わたしがベルゼブルの力で悪霊を追い出すのなら…」と言いながら，悪魔による悪霊払いの嫌疑を退けるための口火を切る。しかしトイブナー教授はあえて悪魔による悪霊払いの役回りを引き受けようとされる。

III 「わたしがベルゼブルの力で悪霊を追い出すのなら，…」

る。法律家がネットワークに触れるとき，どれほど用心深そうにしているかに注目しさえすればよい。ネットワークという概念は，「従来の概念と比べてどこに新規性があるかを証明することなく新規性があることを認めよと要求する，最近の法律学的議論の数多くの概念創造のひとつ」にすぎない，というわけである。私法においてはとくにカルテル法があげられる。この法は，競争の自由の名のもとに，競争法上の必要をはるかに超えて，協同的な組織形式の包括的な非合法化を行っている。また，契約法と会社法は，硬直的な排中律（tertium non datur）を強いている。すなわち，契約か然らずんば組織か，というわけである。その後，企業ネットワークは，──エネルギー市場から電子情報通信の市場にいたるまで，銀行のネットから運輸航空ネットにいたるまで，──規制された市場のなかに確固とした地位を獲得したが，その法的枠組みは二者間契約のまま変っていない。もっと困ったことがある。フランチャイズチェーンの加盟店に対してネットワークの利益を回すことをめぐり最近争いがあった。フランチャイズの本部がキックバックの支払いを加盟店に念入りに隠していたというものであるが，この場合，このキックバックの支払いが加盟店間で分配されていれば適切であっただろう。このことが示すように，私法学説と判例は，行為パターンと帰責パターンと責任パターンの関連性を重視した（konnexionistisch）新種の法形式を形成することを執拗に拒んでいる。もしこのような法形式があれば，ネットワークの慢性的な内部の調整上の弱点に対する有効な解毒剤になりえたであろうに。そして，ネット契約という構成を精密に造形しそれを類型化することによって際立っている，私法学におけるネットワーク論の前衛ですら，ネットのパフォーマンスの利点を称賛するばかりで，その調整上の弱点を主題的に取り上げることはない。また，たしかに（ドイツ民法典313条[3]）の）行為基礎（Geschäftsgrundlage）という切り口は，複数の孤立した二当事者関係の間にいくらかの結びつきを作り出すためにも使われるとされるが，しかし，その程度のことに甘んじるとされる。しかし，ネット契約の最近の学説は，網の目状の無責任性に新たな責任ルールでもって直接的に立ち向かうことを，断固として拒否している。『社会に対抗する私法』という題目の，ある挑発的な書物[4]）の続巻を書こうかという気にもなろうというものであ

---

3) ドイツ民法典313条の訳は，本書IV論文の104頁［3］にある。
4) Karl-Heinz Ladeur, Der Staat gegen die Gesellschaft; Zur Verteidigung der Rationalität der Privatrechtsgesellschaft, Tübingen: Mohr Siebeck Verlag (2006) のことと思われる。

る。

2 ネットワークの機会構造と法の概念的装備

「ネットワークの機能不全」に直面して，法は私たちを誤った二者択一の前に立たせている。すなわち，ヒエラルキーに戻るか，それとも分権化に向かってさらに進むか。悪魔かベルゼブルか。しかし弱気になる理由はない。背後には新しい悪魔祓い ── ルシファー（「明かりをもたらす者」という意味の名前）と名付けるべきだろうか？ ── が控えており，彼はさらなる悪魔祓い，つまり今度はネットワークの機能不全の悪魔祓いを，約束するのだ。組織の頂点を迂回することなく内部の感受性を大胆に向上させること ── これが，ネットワークの機能不全という暗闇から導かれる，「明かりをもたらす者」の祭文である。期待されているのは，分権的なノードの組織の利点は保持しつつ，それらの相互的な統合のメカニズムを決定的に強化するような，ネットワークのための法的な組織形式・責任形式を発展させることである。私法では，規制を必要としている問題のカタログは次のようなものを含んでいる。まず，契約の相対性原理を思い切って引き下げること。そして，多角的契約に関する別種の有効要件や，有効性，契約障碍，個別的および集団的終了に関する新しい規則を新たに定式化すること。さらに，多数の二当事者間契約のなかで法人に準じたガバナンス構造を可能にすること。最後に，契約のネットが集合的アクターとして登場し調整に不備があった場合に債権者と消費者に対して負う個別的および集団的責任を厳格化する法的条件を確定すること。

いずれにせよ諸社会科学においては，ベルゼブルを悪魔祓いするのもうまくいくかのような楽天的な態度が見られる。ルシファーのような身振りで，ネットワークには内的なポテンシャルがあると指摘されている。それが，集中的・ヒエラルキー的な組織形式を頼ることなく，外的な矛盾を単に内部的な緊張に変換することを可能にするというのである。しかし，ネットワークのそうした調整ポテンシャルがその環境の中で支えられることが，その前提だとされる。そしてこの役割において，他のものと並んで ── つまりは，組織文化，経済政策，経済諸団体，経営コンサルティングと並んで ── ，法も働くのである。法に対する問いはこうだ。いかなる規範化が，ネットワークに構造的に備わっている統合ポテンシャルをその障碍から解放することに貢献できるのだろうか？

Ⅲ 「わたしがベルゼブルの力で悪霊を追い出すのなら，…」

したがって私たちは，社会規範と法規範の対応関係を発見しなくてはならない。より精確には，問題は，フィリップ・セルズニックがかつて展開したような二重の制度的分析という研究プログラムとして立てられる[5]。ネットワークの制度的分析はこう問う。「機会構造」，すなわちネットにおける強化された非ヒエラルキー的調整の社会的ポテンシャルはどこにあるのか？ 法の制度的分析はこう問う。規範化によってこのポテンシャルを解き放つのに寄与する法の「概念的装備」はあるのか[6]？ 網状組織性の修理工場としての法。

（１）統合ポテンシャルⅠ：自生的な秩序形成 —— 局所的な接触，包括的なつながり

注意していただきたいが，ここで言っているのは，市場的 —— 競争的な個体の活動に基づいて中央の計画なしに分散した知識が作り出す，ハイエクの自生的秩序形成のことではない。反対に，競争的市場ではなく，契約か組織かという誤った二者択一を超えたところにある協同的秩序であることが，独特の種類の自生的秩序としてのネットワークの特性である。この自生的秩序は，必要な知識を分散させるのではなく集中させるのである。ネットワーク化は，コミットメント，すなわち，事実的な行為を通じた自己拘束のみに基づいて生じ再帰的に互いに結び付けられる社会的結合を生み出す。この社会的結合がネットワークのパテとなり —— これが弱い結びつきの強みなのだが ——，別個独立したプロフィット・センターと機能セクションという遠心的傾向になるのを妨ぐのである。

しかし法は，そのような結合形式を規範的に制度化できるだろうか？ これは，支配的な契約パラダイムにとっては疑問のあるものである。ただ私法には，契約なきネットワーク形成にむけての非常に有望な発展があり，今後これをさ

---

5) 原論文では，Philip Selznick, The Moral Commonwealth: Social Theory and the Promise of Community, Berkeley: University of California Press (1992), 229 ff. の参照が求められている。

6) 原論文では，Karl-Heinz Ladeur, "eBay-Bewertungssystem und staatlicher Rechtsschutz von Persönlichkeitsrechten", *Kommunikation und Recht* (2007), 85-91; für transnationale Netzwerke besonders nachdrücklich Thomas Vesting, "The Network Economy as a Challenge to Create New Public Law (beyond the State)", in: Karl-Heinz Ladeur (Hrsg.), Public Governance in the Age of Globalization, Aldershot: Ashgate (2004), 247-288 の参照が求められている。

2 ネットワークの機会構造と法の概念的装備

らに発展させることが重要である。よい出発点はルドルフ・フォン・イェーリングの契約締結上の過失である。特殊な事例においてこれは，まさに契約なくして，約束なくして，合意なくして，事実的行動だけにもとづいて法的拘束力を確立した。そして最近の法発展はこの法形態を建設的に誤用した。複数の自律的なアクターの間のたんに事実的なネット化を奇貨として，それらアクターに厳しい責任を課す相当に目新しい法制度が形成されたのである。私が念頭に置いているのは，グレーな資本市場における目論見書責任，複合的な取引における周旋人責任であり，また契約締結上の過失とは異なる学説的構成に基づくものではあるが，これらのものと並行する，専門家の第三者責任，送金網における銀行の責任，そしてとくに，とても多様な文脈での複数の契約の連結である。これらの法制度は別々のものだが，まさに契約の締結を基礎に置くのではなくして，事実的行動に基づく社会的コンタクトだけに基づいて，互いにネット化された複数のアクターの間に法的拘束を作り出すという点で共通しているのである。

ネットワークに適した法の発展の最大の障害として現れたのは，もちろん，法的拘束を生み出す「社会的コンタクト」という概念が法的効果を引き起こすにはあまりにも漠然としていることである。ここでこそ社会学的ネットワーク理論が刺激を与えることができる。それによれば，典型的なネット結合は次の二つの条件のもとでのみ成立する。まず，創発する社会関係が一般化された互酬性の予期を前提にしていることである。次に，二当事者間の局所的なコンタクトに基づいて包括的なネットワークへの参入が生じることである。一般化された互酬性結合の「以下同様」というこの条件のもとでのみ，「友達の友達の友達 amici degli amici degli amici」のモデルに従って，近代的な契約なき多角的交流の流れが成立する。私法はこれに最初は保護義務と付随義務を課しただけだが，次第に主たる給付義務を —— 少なくとも基本的な給付義務の侵害に対する損害補償請求権として —— を承認する立場に移行した。債権法改正で新たに設けられた，自生的な契約結合を初めて法典化したドイツ民法典358条3項[7]，同様に，やはり新設された，契約なき契約的債務関係を定めるドイツ民法典311条3項，そして最後に，送金取引について銀行顧客の中継銀行に対する代位責任を定める676b条[8]と676e条[9]の規範もそうである。これらは契約

---

7) ドイツ民法典358条3項の訳は，本書Ⅳ論文の127頁の[7]（3）にある。

Ⅲ 「わたしがベルゼブルの力で悪霊を追い出すのなら，…」

を欠くネットワーク関係へ向かう最初の立法的な足取りである。ここをさらに膨らませ，また他の取引類型をネットワークのこのような法に付け加えなくてはならない。——たとえば，スポンサー契約，目論見書契約，プロジェクト関係的なコンサルティング契約，プロジェクト契約，エンジニアリング契約，輸送ネット，振替網，クレジットカードシステムなどが考えられるのであって，これまで議論が集中してきたところの，出資を受けた複数の営利会社，フランチャイジング，カンバン方式，ヴァーチャル企業だけが問題なのではない[10]。これに対して民事法の学説はむしろ懐疑的で，その前衛的な代表者たちですらネットワークに対する特別の法体制のことを，混じり気なしに決断主義的なものであるとか，現行法に矛盾するものであるとか，せいぜいとのころ「予言者的」なものであるとか，みなしている。しかし未来像を持つ人々がどこに属すのかは知られている。

---

8) ドイツ民法典676b条（1）振込が実行期間の経過後に行われたときは，仕向け金融機関は振込依頼人に対して遅延の期間の振込額の金利を支払う必要がある。ただし，振込依頼人又は受益者が遅延に責任があるときは，この限りではない。金利は，基本金利に年利5％を加えた率とする。

（2）仕向け金融機関は，自身で，又は，仲介金融機関の1つによって，振込契約に反して保持した金額を，付加的な報酬又は費用なしで，振込依頼人の選択に従い，振込依頼人に償還するか，受益者に振り込む必要がある。

（3）振込が実行期間が経過しても行われないか，振込人の返還請求から14日の銀行営業日が経過しても行われないときは，振込依頼人は，12500ユーロ（保証額）の限度で，振込金，および，既に振込のために支払った報酬と費用の返還を請求できる。この場合には，振込額には，実行期間の開始から振込依頼人の口座への保証額の貸方記入まで，1項2文の規定する金利を付す必要がある。振込依頼人の返還請求と猶予期間の経過と共に，振込契約は告知されたものとみなされる。双方の利益を衡量して契約の継続が金融機関にとって期待不可能であり，かつ，保証額が支払われたか，同時に支払われたときは，金融機関は契約を告知することができる。振込依頼人は，3文，および，4文の場合は，合意した報酬と費用を支払う必要はない。振込依頼人が金融機関に誤った又は不完全な指図を与えたか，又は，振込依頼人が明示的に指定した仲介金融機関が振込を実行しなかったことで，振込が行われなかったときは，本項の請求権は発生しない。6文の第2の事例の場合は，振込依頼人が明示的に指定した金融機関が，仕向金融機関に代わって，振込依頼人に対して責任を負う。

（4）振込の清算の過誤の原因が不可抗力によるときは，1項から3項の請求権は排除される。

以上，訳文は藤原正則教授のご教示による。

（2）統合ポテンシャルⅡ：小さな世界たち――緊密なカップリングとゆるいカップリングの二元論――

　ネットワークのもうひとつの社会学的に興味深い特性は，法にとっても注目に値する。本来のネットワーク利益は，たんに諸個人の間で結びつきが生じるときでなく，社会的諸関係，すなわち諸ダイアド，諸契約関係，諸組織，諸認識論的共同体，諸機能システムが互いに結びつくときに初めて，明白になる。これらのものの間の濃密な諸クラスターとそれらの間の弱い結びつきのこの二元性が，周知のネットワーク・インテリジェンスを際立たせる。緊密な内的なカップリングとゆるい外的なカップリングの同時性によって成果を上げているこのようなネットワークの例は，とくに，すでに挙げた契約の連結，各国の官僚機構をネット化したものとしてのヨーロッパ委員会，組織-間-ネットワーク，認識論的共同体のネット化，研究機関・企業・公的行政体の連携，である。

　二元性は法的に有効なネット結合の成立にとってもすでに重要であるように

9）　ドイツ民法676ｅ条（1）振込の実行の遅延の原因が仲介金融機関の責任領域にあるときは，仕向け金融機関が第676ｂ条1項に従って振込依頼人の請求の履行によって仕向金融機関に発生した損害を，仲介金融機関は賠償する必要がある。
　　（2）仲介金融機関は，振込契約に反して自身の受領した金額を，追加の報酬と費用なしで，仕向け金融機関の選択により，仕向け金融機関に賠償するか，受益者（受取人）に振り込む必要がある。
　　（3）仕向け金融機関と支払い契約（為替解約）を締結した金融機関は，仕向け金融機関が第676ｂ条3項に基づいて振込依頼人に対して義務を負う給付された支払いを，仕向け金融機関に対して賠償する義務を負う。全ての仲介金融機関は，振込の移送の支払い契約を締結した金融機関に対して，1文又は本条により給付すべき支払いの賠償の義務を負う。金融機関が自分が仲介を委託した金融機関に過誤のある又は不完全な指示をしたことが原因で，振込がなかったときは，この金融機関の1文，2文による賠償請求権は排除される。過誤の責めを負うべき金融機関は，仕向け金融機関に対して，第676ｃ条よる義務の履行によって発生した損害を賠償する義務を負う。
　　（4）振込額の移送に関与したが，責任を負わない金融機関は，振込金額の遅滞の原因を調査し，追跡調査のための適正な賠償を控除して，請求権者に対して派遣した振込額を賠償する義務を負う。
　　（5）振込依頼人が移送を委託された金融機関に誤った指示を与えたために請求権が消滅したときは，移送を委託された金融機関は振込依頼人に対して，第676ｂ条3項が適用されたのと同様の状態になる。それ以外では，それが不適切な場合以外は，第676ｂ条4項が適用される。
　　以上，訳文は藤原正則教授のご教示による。
10）　原論文では，Teubner（2004）（前掲訳注1）の参照が求められている。

Ⅲ 「わたしがベルゼブルの力で悪霊を追い出すのなら，…」

見える。すなわち，二当事者間の契約締結ないし組織行為に対する厳格な要求VS諸契約や諸組織の法的に拘束力をもつ結びつきに対する弱い要求の二元性である。相互的な委任を伴う代理法の伝統的なパターンにしたがったネット契約という奇怪な構成にネットをむりやり押し込み，それに応じて，法的に有効なネット化にあまりに高い要求を課すような著者たちがいるが，この二元性はこのような人たちからはまったく注目されていない。そしてまた，不良資産化した不動産にかんする，残念な判決，とくに（連邦通常裁判所）銀行部の判決は，ネット化に対する感受性が低すぎた。その判決は，資金を供給する銀行，ファイナンシャル・アドバイザーとこのくだらないプロジェクトの事業者の間の共同の要件を，銀行がスキャンダラスな資金計画に対する共同責任を巧妙に免れることができるほどに，高いところで固定してしまったのです。

　緊密なカップリングとゆるいカップリングからなる二元論は，ネットにおける法的義務の質にかんしても考慮に入れられるべきである。すなわち，一方における契約領域での厳密に特定化された交換義務と，他方におけるネット化領域でのむしろ未規定な協力義務と情報義務である。ここで，ネットワークパートナーの間でのリスク分配と調整義務にかんして全く新しい種類の問題が見えてくる。それらはネット化というゆるくカップリングされた領域に属すので，これらの義務もおのずとむしろ未規定で状況依存的なだけのものになる。しかし連邦通常裁判所はさきほど紹介したフランチャイズ本部の利益配分についての判決において，純粋な契約義務をものさしとして評価して，利益配分義務を，それが普通取引約款においてたとえば助成義務などとして規範化されているかどうかに依存せしめたのである。そのあと企業はその普通取引約款を変更し助成条項を削除しましたから，裁判所はおのれの大胆さが怖くなり，利益配分義務を契約連合自体の構造の上に基礎づけることを拒否したのである。連邦カルテル庁だけが競争法からの同様の構造考慮に基づいて利益配分義務を肯定するようになっている。

　最後に，緊密なカップリングとゆるいカップリングの二元論を備える小さな世界たちは，参加者たちを拘束する純然たるネット目的を法が規定するべきかという問題によって，目につく。私法も，緊密なカップリングとゆるいカップリングの間で揺れ動くことは原理的に排除できないこと，この揺れ動きが本来の法的ネット目的の輪郭を形作ることを認めるべきであった。交換目的への利己的志向は緊密なカップリングの契約領域では正統だが，他方でゆるいカップ

リングの連合領域ではネットワークにおける共通目的へのもっぱら利他的な志向が法によって要求される。ネットワーク参加者たちのこの二重の志向によって，法は次のことを余儀なくされる。すなわち法は，ネットの自立的な目的志向を，ネットにおける共同体化された目的設定と個別化された目的設定の等しく正統性を認められる共存の表現として，承認することを余儀なくされるのである。

（3）統合ポテンシャルⅢ：ネットワークにおける決定の反復

　ここにおいて硫黄のにおいは鼻につくほどはっきりする。というのは，ネット行為の反復においては追い出し実践の悪魔性は次のことにあるからである。すなわち，ネットワークの機能不全の追い出しにおいても，ベルゼブルの不確実性は他の，ここではルシファー的な不確実性によってしか悪魔祓いされないところに，その悪魔性があるのだ。ヒエラルキーの条件 ── 集合的に拘束力をもつ決定，集権化された権限，ヒエラルキー的に優先される観点 ── が機能不全を起こすとき，その対応策は，ネットワークにおける諸ノードの相互的な観察ということになる。集合体の拘束力を持つ最終決定はネットワークのなかの数多くの観察地点における反復的な決定行為で置き換えられる。しかしそれらはお互いに構成しあい互いに接続しあい影響を与えあい制約を加えあいコントロールしあい更新を引き起こしあいするのであるが，しかしまさに実体的規範について一つの共通した決定をくだすことはない。そのような観察ネットワークの自己正統化は，ラドゥーア氏が法的ヒエラルキー思考に対するおそらくもっとも強力な挑発のなかで定式化しているように，「諸個人にも国家にもできないテストの実践を通じて」起こるのである。

　法的にはネット行為の反復は三つの次元で重要になる。時間的には法的行為の時間化，内容的には義務の状況特定的な具体化，社会的にはネットノードの結び合う相互的な観察である。ここではとくに，基本契約とその後の一歩一歩の具体化を通じての法的拘束力の時間化があげられる。これは，ネット参加者の給付義務と行為義務が時間的延伸によって初めて確定されるという具合に，不確実性問題を解決する。最初に基本契約においては本来何も取り決められていない。ここに生じているのは，拘束なき拘束というパラドクス，妥当するが拘束力をもたない法規範というパラドクス，内容的拘束力を欠く形式的な法妥当というパラドクスである。時間の流れのなかで初めて，拘束力は，ネットワー

III 「わたしがベルゼブルの力で悪霊を追い出すのなら，…」

クの固有の歴史の枠内で一歩一歩，生まれる。

　内容の観点では，取り決めの実験的性格が目につく。たんに時間的に次々に延伸するだけでなく，内容的な反復によって加わるのは，最初の段階のあいまいさと一般性に続いて学習過程を通じて一歩一歩の内容的具体化が起こるということである。ネットのパートナーは，特定の内容やはっきり定義された目的に義務付けられるのに代えて，実験の一つの状況に義務付けられることになる。いずれにせよネット化はネットのパートナーたちを確実な条件プログラムに縛り付けるのではなく，また，状況特定的に手段を選択することを義務付けられる目的プログラムに従わせるのでもなく，むしろ内容の空虚な実験プログラムに責任を持たせるのである。

　そして社会的には反復性にかんしては，次のことが注目される。拘束力をもつ集合的決定 —— 本部の決定や全参加者を拘束する契約締結や共通の全体行動 —— はその稠密性の面では解体し，数多くの個別的なネットノードの決定とそれらの相互的・再帰的な観察に分けられる。ここにおいて組織理論で周知となった多様な組織部署間の調整という現象は極点にいたる。すなわち，分権的な各方面の決定の相互的な受容を通じての不確実性の吸収である。その原則はこうである。分権化された各方面はそれらの諸前提を改めて検討することなく，他の分権化された諸方面の決定を受容しただちにそれらを前提にそれに接続する己の決定を付け加えること，これである。次のような例外はある。それらは特別な情報負担と根拠付け負担を負ってのみ，以前の決定を疑問にふし，他のように決定できるのである。

　不確実性とのこのようなかかわりかたがそれはそれとして新たな不確実性を生むのは明らかなことである。ルシファーがよろしくと言っている。しかしルシファーは内的な調整の弱さをとても効果的に補う。つねに悪しきものを欲する力はまたその善もなすのである。そして補いの補いために再び新たな法的メカニズムがネットワークのなかで利用される。新たな交渉義務という法形式は，この時間的反復に厳密に合わせられているので，険しい経歴をたどったのである。これはプロセス化を通じて，単なる時間経過のたすけをかりて拘束なき法的拘束というパラドクスを和らげることに成功する。ここで予期される機会主義的な行動には，信義誠実の原則にしたがって果たさるべき交渉義務の裁判的コントロールの威嚇によって対処するのである。ネット内部の鑑定手続，仲裁手続，その他の紛争解決機構を備えるところの，後ろから挿入された契約的な

ガヴァナンス・メカニズムを取り入れることの見込みは，より一層大きいように見える。

（4）統合ポテンシャルⅣ：集合体なき集合体志向

ネットの集合体としての性格は社会科学者のあいだでひどく争われている。ネットワーク自体が集合的行為者として行為するのだろうか，それともネットのノードだけが行為するのだろうか？ たんなる多極的な連結あるのみというものから，ノードの間の相互作用の網を考えるもの，そしてネットワーク組織の完全な人格化というところにまでいたるものまで，見解は広がっている。このことによってネットワークをまさに法人として位置付けるように法がうながされるということにはならないだろう。とはいえ，高度に個人主義的なネットの，法によって支えられた集合化のなかに，まさに，もっとも重要な統合ポテンシャルのひとつがあるように思える。しかしながらそれは，ネットの独特の集合性を見出すときに初めてあきらかになる。ただしそれはふたたび分散的傾向を表現しえるのであるが。

最近ラドゥーア氏が，一般的な社会学や経済学の理論では表に浮かんでこないネットの特殊性に気づかせてくれた。彼は，「ネットワークの，超主体的進化構造としての特性」ということを言のである。常に言われているように，すべてのもののすべてのものに対する結びつきが重要なのではなく——これはあまり静態的に考えられている——，全体に対して必然的に，しかし予測不可能な仕方で影響する，多くのノードによって同時に促進される継続的変化というプロセスが重要だとされる。さて私には，まさにこのダイナミクスのなかにネットの本来の超主体的な集合体ポテンシャルがあるように見える。このダイナミクスによって，私たちはもう一歩思考を進めて，伝統的な集合体観念に含まれていた，集合的人格の行為能力とその代表の単一性の結合を切り離すように強いられるのです。

単一の意思中枢によってではなく多数の同時に行動する決定審級によって制御される「多頭的ヒドラ」のメタファーによって，ネット集合性の特性が明瞭になる。実際，——ジョイント・ベンチャー，フランチャイズシステム，カンバン方式などのように——それ自身で行為能力のあるネットが存在する。これらの事例では，ネット自身が政治，経済その他の社会的文脈において名指しうる集合的人格として行為している。社会的帰責の内的・外的な過程によって

III 「わたしがベルゼブルの力で悪霊を追い出すのなら，…」

ネットは自分で活動する行為単位となる。しかしまさに単一体アクターになるのではなく「多体的アクター」に ―― これまでの集合体思考にはなじみのなかった社会的形象になるのである。中心なくして，頂点なくして，経営と代表の権限をもつ機関なくして，ネット自身が，その個々の多数のノードだけを通じて行為するが，しかしそのことによってこれらのノードが集合的アクターとしての特性を失うことはない。個々のノードたちは自分自身の名で行動すると同時にネットワークの名において行動するのである。個々のノードたちはおのおのの個別行為によって外的かつ内的にネットワーク全体の集合的結合を確立する。このことが内的調整という私たちの問題にとって決定的である。

このことはノードたちに巨大な責任を負わせ，自己利益的な決定をするたびに同時にネットにおける集合的結合をその計算に入れることを強いる。これが社会的結合効果であり，法的帰責規範によってその強化が予告されている。したがって，集合体をそのように個別的なノードの決定へと人を困惑させるような仕方で断片化し，それらの決定を二次的に集合体へと遡及的に結合させることには，第一級の統合ポテンシャルが含まれている。しかしこれは ―― ひょっとするとまさに尋常ではない断片化のゆえかもしれないが ――，これまでのところ法によって満足いくほどには活用されていない。

さてここで法律学上の完全な取引能力を持つ人（Voll-Person）という通常の観念でことをなすのは，もちろん生産的ではないだろう。それは，会社法的，コンツェルン法的，あるいは一般の組織法的規範でネットワークを把握しようとする数多くの教義学的構成の試みのすべてに共通するカテゴリーミステイクである。ネットワークに適切であるためには，法はむしろ複雑でとくにむしろ両義的な集合体概念を，それに合わせて生み出さなければならないだろう。このことはすでに「ネット利益」という，ネットワークの集合的利益を表す独立の法概念で始まっている。この概念は，会社法における凝集的な企業利益とははっきり区別される。アムシュトゥッツ氏は，契約ネットについて，契約抵触の法を発展させた。この法は，複数の二者間契約の間の衝突についての送致規範と実質規範の形での諸メタ規則を含んでいて，ここにおいて遠近法の消失点の役割を果たすのは契約ネットの「機能可能性」である。

この概念は道具的に誤解されてはならない。「超主体的な進化構造」という定式がすでに方向をしめしている。法は，ネット利益を目的／手段 - 関係に還元してはならないし，またそれを存続維持の利益と同視してもならないだろう。

2　ネットワークの機会構造と法の概念的装備

そうではなく，全体布置の変化能力，学習能力，進化能力を前面に押し出すべきであろう。ここでコンツェルン企業のコンツェルン本社に対する自律性の法的保障を作ったコンツェルン法の発展につなげることができる。もちろん重要なのは，コンツェルン利益の概念によってそうなったように，ノードたちをコンツェルン全体の獲得利益に義務付ける道具的自律性を生じさせることではなく，ある種の反省的自律性を支えることである。ここで念頭に置かれているのは，ネットの個々のノードがその環境に対するパフォーマンスとネット全体におけるその機能との関係を自立的に反省する能力を発達させることである。とくに国の官庁，企業，研究機関の研究連携においては，この反省的自律性が決定的な役割を果たす。法律学的には反省的自律性は，次のことに帰する。すなわち，ノードたちにはその決定に際してネットの機能志向を配慮するように法的義務を課し，ネットの本部に対してはネットのノードたちの反省的自律性を尊重する相補的な法的義務を定めることである。

同様の両義性がネットワークの規制の場合に現れざるをえないだろう。規制官庁が指揮統制，インセンティヴその他の間接制御の諸形式でもって介入できる，単一体として把握可能な規制対象が存在しないとしたら，「超主体的な進化構造」は外部からどのようにして規制されうるだろうか？　結節点ガヴァナンスアプローチの主唱者たちは，規制官庁は無駄にネット全体に影響を与えようとするのではなく，個々のノードたちに介入すべきであると説明する。むしろここでも私には，ベルゼブル・ルシファー・戦略が適切であるように思える。つまり，規制ネットワークによりネットワーク規制を行うというのがそれである。このことは国際的なネットワークにかんしては次のように規制形式が作られることを意味する。国内の規制ノードは自国の被規制ノードにたいし常に責任を持ち，加えて，行為次元でのあれこれの結びつきをコントロールする結びつきを，規制次元に設置することである。これに対応するような提案が市民社会的諸組織によるコントロールに関してもなされている。行為連合体にパラレルにネット化されたNGOと利害関係者のコミュニティだけが，局所的行為ノードに対して局所的ノードのそれぞれが，また行為本部に対してネットの本部のそれぞれが，社会的対抗勢力を築くことによって，コントロール圧力を生み出すことができるのである。

最後に，ネットの最も狭義の集合体としての性格をより詳しく見れば，法律学的な論争はもっと激しくなる。というのはここでは厳格な規範化，とくに断

Ⅲ　「わたしがベルゼブルの力で悪霊を追い出すのなら，…」

固たる損害賠償制度が問題になるからである。一方では損害賠償規範は，脆弱なネットワークをネットワーク成員や外部の第三者による危害行為に対して保護しなければならないが，他方でそれはネットワーク自体の好ましくない外部性にも対応しなければならない。しかし私法学説はここで守りに入り，二者間の契約関係から生じる請求権に責任を限定しているのである。

　しかしネットワークの論理は，二者間の契約関係で互いに結び付けられていない成員間の関係における責任も要求する。── とくに, それらが集合的なネット利益を侵害するときには。ここにおいてネットワークの機能不全に対して私法も責任を負っていることがとくに明白になる。内的調整の大きな失敗が損害賠償規則によってサンクションされないならば，法は，ネットに内蔵された調整ポテンシャルを現実化させず，妨げてしまう。フランチャイジングや下請ネットにおけるフリーライディングと基準引き下げ（Standardunterschreitung）がこれに該当する状況である。この領域ではこれまで, 互いに契約的にはつながっていない参加者にたいする責任規則はごく少数しか発達しなかった。なお広範囲におよぶのは, 組合訴権（action pro socio）にならったネット訴権（action reticulare）という構成である。これによって，個別の成員たちによるネット全体の評判の損害が連合体の名において主張されうるのである。これと相補的に，ヴォルフ氏は外部の第三者による損害に対するネットワークの保護のための損害賠償制度を発展させた。ネットのノードの経営への介入に際して同時にネットの作動能力が損なわれるならば，加害者は他のノードにも生じる付加的なネット損害に対しても責任を負うのである。

　ネットのよく批判される網の目状の無責任についての対外的責任が問題となる逆のケースで，損害賠償制度に対する学説の抵抗は最も激しくなる。一つの亡霊が徘徊している ── それは集合的責任という亡霊である。一つのネット成員の失敗に，それ自身に対しては誤った行動という非難が向けられない他の成員たちや，あるいはネット全体が責任を負うべきだろうか？　しかしこれは亡霊にすぎない。現実には分配される集合的責任が問題になっている。すなわち，内部の調整の大きな失敗に有効なサンクションの威嚇で対処する，ネット化された配置の分権的で，かつ選択的な責任が問題になっている。── これは，昔から認められてきたヒエラルキー的組織における組織義務の違反に対する責任の場合とまさしく同じである。

　インターフェース責任は，内部の調整失敗に対して，関与したネットノード

に対する連帯債務に似た責任規範でもって対応する，ネットワークにふさわしい解決である。フランスの判例はここで，「契約の総体（ensemble des contrats）」の「分割不可能性（non-divisibilité）」という概念を導入した。この概念は，契約や普通取引約款で明示的に認められているときでも，脱退‐選択肢を参加者に与えない。しかしその他の点では，そのような分配される集合責任はまだまだタブーとなっていて，この点では，ネット化をただちに法的には無関係だとみなす伝統的な契約法学者たちと，ネットワークのチャンスだけ見てリスクを見ようとしない現代的なネットワーク法学者たちの連帯は強固である。したがって，ネットの好ましくない外部性についての対外的責任がないということは，ネットワークの機能不全に私法も責任を負う，もうひとつの大きな複合体である。とはいえ，判例と文献をあれこれ見れば，ネットワークの対外責任が要求されまたすでに実定法上も可能になることの前兆が増えている。

3　不確実性とのかかわりかたについて：縮減，変形，増大？

したがって，ネットワークの潜在的な統合ポテンシャルを現実化させる方向で決然として法的規範化を行っていくならば，損害賠償規則と責任規則で網の目状の無責任性にある程度対抗できるだろう。ネットの脆弱な社会的調整メカニズムは，法規範の助けによってとても強化されうる。しかしここで議論してきた4つの統合ポテンシャルのどれにおいても，疑いが忍び込んでくる。（光をもたらす者たる）ルシファーは，サタンを確かに上首尾に追い払いはするのだがしかしそのかわりに居座るベルゼブルにすぎないのではないか？　もしこれが正しいのならば，ネットワークの機能不全の悪魔性（Diabolik）について一般的にはなにが言えるだろうか？　疑いもなく，分権化した世界におけるネットワークの結び合わせ作用は，つまり，ネット化という〈ひとつに合わせるもの（symbolon）〉[11]は，法が適切な規範化によって内部の調整と責任を強くするならば，強化される。しかしこの強化は通例，新たな〈引き裂くもの（diabolon）〉[12]によって，新たな不確実性を生み出す新たな区別によって購われる。つまり，それは，事実的行動の結合と非‐結合の区別，契約領域とネット領域

---

11)　シンボルの語源となったギリシャ語。
12)　悪魔の語源になったギリシャ語。

III 「わたしがベルゼブルの力で悪霊を追い出すのなら，…」

の分裂，基本契約とそののちの具体化の分離，個体志向と集合体志向の区別，そして競争と協同の区別によって，購われるのである。

ルシファーはたしかに，高度な分権性にもかかわらず統合が可能か，可能としてどのようにしてか，というネットに典型的な不確実性の闇に光をもたらす。しかし，次の点に悪魔的なものがある。すなわち，ヒエラルキーの機能不全の代わりにネットワークの機能不全を私たちにもたらしたベルゼブルがすでに以前にしたのとまったく同様に，ルシファーがひとつの脅威となる不確実性を取り除いても，結局は新たな脅威となる不確実性を差し出すことになっている点がそれである。これが，求められていた，不確実性との生産的なかかわりかたなのだろうか？　不確実性の縮減ではなく，そのたんなる変形，もしくはそれどころかひょっとして増大であろうか？　医学において，それは症状の移動として知られていることである。ある痛みが鎮まるか鎮まらないうちに，新たな痛みが体の別のところに浮かんでくるというのがそれだ。おそらく私たちは，ネットの不確実性移動によって，不確実性とのかかわりかたの一般的な難問の手がかりをつかんでいるのだ。「しかし不確実性の吸収が決定過程だとすると，そのことが意味するのは，そのプロセスは未来の決定の見込みをも考慮に入れなければならず，それゆえにそれが除去した不安定性を同時に再生産する」[13]。だとすると誰かがイエスと言ったとしてもそれは事態をなにも変えはしない。ネットワークが統合が獲得してもその志向について損害を被るとしたならば，それはネットワークにとって何の助けになるのだろうか？

私たちは確かに一つの悪魔性から他の悪魔性にたどりつく，しかし悪魔は同じ悪魔ではないのだ，などというのは冗談のように聞こえる。ベルゼブルはサタンでななく，ルシファーはベルゼブルではない。そしてひょっとすると将来，ルシファーもその同類の，しかし他の悪魔性を備えた者から追い払われるかもしれない。アルファベット順にアドラメレチからマモンをへてタンムズにいたるデーモンの小さな違いにすべてはかかっている。したがって一つの不安定性を他の不安定性で追い出すのなら，このことに注意せねばならない。不確実性の差異は違いを生むのか？

ネットワークの機能不全にたいする私たちの治療法に戻ろう。インター

---

13) 原論文と対照すると，Niklas Luhmann, Organisation und Entscheidung, Opladen: Westdeutscher Verlag (2000), 187 からの引用であることが確認できる。

3　不確実性とのかかわりかたについて：縮減，変形，増大？

フェース責任はあらゆる潜在的な参加者に責任を問うことでインターフェースの調整にかんする不確実性と戦うが，しかしそのときこの不確実性を，どのような規準に基づいて責任を負うノードたちの範囲を限界づけるのかという新たな不確実性で置き換える。これはやっかいである。しかしそれは両方の不確実性状況を比較すれば，どちらにせよ後から状況特定的に責任範囲を規定することができるので，どちらかといえばコントロール可能である。とくに，話題に上っている損害がその企画を現実を実現する過程で生じ，かつその企画が他のネットワーク活動から区別されるときには，そうした具体的な企画を規準にすることにより，ネット全体の不適切な集合体責任は回避できる。

あるいは次のようなこともある。分権的な決定スタイルにおける遠心的な傾向によって引き起こされるネットワークの機能不全は，部分領域に特殊なネット義務を定めることによって矯正される。しかしすぐさま，そのような義務の種類と程度に関する不確実性が生まれる。これに対しては，ネットにおける契約領域と連合領域の区別によって，義務カタログの限界づけを導く基準が提供される。もっともこのときこのことによってそれはそれとして再び新たな不確実性が生み出されるが，しかしそれは，それでも法的には解決しやすいものである。

さらに次のようなこともあるはずである。ネットワークの好ましくない外部性に対して，分配された集合責任としての対外責任で対応するならば，その際には，不可避的に生じる新たな不確実性を取り除くために，——すでに提案されたように——構成員のために保険契約を締結するネット本部の義務で対応しなくてはならないだろう。その保険のコストをネット本部は契約料と差引勘定をすることができる。比較悪魔学という私たちの方法はこれを勧めるであろう。

最後に次のようなこともある。自律性の空間を広げておいて，相当に長い学習過程ののちに初めて禁止をもって自律性の限界を定めるというヴィートヘルター氏の戦略にならうときは，つまり，ほぼ無制約の数のネットワークの契約形成を許容しておいて，しかし特定のケースでは「分割不可能性」の炎の剣で立ちふさがって退出の選択肢を参加者に許さず，したがって，交渉力があるネットパートナーが普通取引約款でもってネット責任から免れるということを許さないというときは，やはり再び，分割可能な状況を分割不可能な状況から区別するという新たな未規定性が現れる。しかしまたここでも，法的決定の漸進的

III 「わたしがベルゼブルの力で悪霊を追い出すのなら，…」

な過程のなかで分割不可能性を具体化してゆくというチャンスは，これを私的自治に任せてしまうという不確実性よりは魅力的に思える。

不安定性の吸収の「哲学」は，それが法文化になるべきであるとするならば，以上に述べたような区別を気にかけなければならないだろう。このとき問われているのは，不安定性の吸収という二階の観察である。古い不確実性に取って代わった新たな不確実性はどのようなものだろうか？　比較悪魔学は次のように勧める。不確実性をやみくもに縮減するのでもなく，かといって法の形態の発明を単純に増やすのでもなく，むしろ，ネットワークが二つの異なる霊にとりつかれるように悪魔祓いを挙行することである。すなわち，内的な感受性を高めることと，どちらかといえばコントロール可能な変数に向けて感受性を目的志向的に変化させること，である。

そして，内的な感受性を高める方が，置き換えによって生じる不確実性のコントロール可能性よりも重要であるかのように見える。疑いもなく，ある不確実性を別の不確実性に変えること，不確実性を市場から組織へ，組織からネットワークへ，ネットワークから法へ，などなどとずらしていくことは，そのような差異の先送り（Differenz-Deferenz）を通じて決定の利点を手に入れるために重要である。しかし，必要なのは「不確実性の受け入れ」だ。ネットワーク内在的な不確実性それ自体は，その挑発的な力を保持し，更新し，さらには上昇させるに値する。それはなぜだろうか？　ネットワークはそのノードたちのなかに，世界を多様なパースペクティヴから観察しその多重パースペクティヴ性を決定連鎖の統一性へもたらす能力を作り上げるからである。ラドゥーア氏がそれを定式化した。ネットワーク思考「が帰するのは，一つのシステム内に堆積し再帰的なネットワーク形成と横断道形成を通じて特殊化された新たな区別の可能性を備え，多数の観察者を伴う複合的かつ多重文脈複合的な作動，すなわち，決定不可能性の条件下での決定である」[14]。きれいに割り切った否定の立場の構築がネットワークの悪魔学的／天使学的な役割なのではなく，多数のシステマティックに互いに逸脱する観察拠点の構築がその役割なのである。システム間ネットワークにおいて最も明瞭に示されているように，その「社会的エピステモロジー」の実質は，それがその多数の自律的なノードのなかに多

---

14)　原論文と対照すると，Karl-Heinz Ladeur, Postmoderne Rechtstheorie: Selbstreferenz-Selbstorganisation - Prozeduralisierung, Berlin: Duncker & Humblot（1992），139 からの引用であることが確認できる。

3 不確実性とのかかわりかたについて：縮減，変形，増大？

様な観察拠点の相対性を文字通り制度化することにある。そしてそれがこの諸観察をひとつの整合的な決定連鎖へ結び付けてゆくべきだとするならば，それは判断力という能力をシステマティックに挑発することになる。その能力の役割は，単に実践的判断のなかで果たされるだけでなく，まさに両立不可能な意味の諸世界の決定不可能ではあるが同時に決定が必要な抵触のなかで果たされるのである。したがってここに「ネットワークに適した法」の秘術があればよいのにということになるのだろうか？――「横断的理性」に導かれた，判断力へのやさしい強制に？

〔訳者付記〕　本章は，2010年9月3日に京都大学で開催されたトイブナー教授の講演会の講演原稿を翻訳したものである。講演原稿は，Gunther Teubner, "So ich aber die Teufel durch Beelzebub austreibe, ...": Zur Diabolik des Netzwerkversagens, in: Ingo Augsberg（Hrsg.）Ungewißheit als Chance. Perspektiven eines produktiven Umgangs mit Unsicherheit im Rechtssystem. Mohr Siebeck, Tübingen 2009 を原論文とし，トイブナー教授みずからが，これから注を削除したうえで，本文を若干縮めたものである。訳稿の作成に当たっては，京都大学の服部高宏教授，松岡久和教授から多くのご教示を賜った。ここに記し深く感謝申し上げる次第である。なお，原論文には英語版もある。Special Issue: The Law of the Network Society a Tribute to Karl-Heinz Ladeur "And if I by Beelzebub cast out Devils, ⋯": An Essay on the Diabolics of Network Failure, 116 German Law Journal Vol. 10 No. 04.

Ⅳ 社会制度としての鑑定〔専門家意見〕
── 第三者の契約内部化[*] ──

藤原正則 訳

1 第三者に対する専門家責任 ── 契約責任の問題か？
2 交換の3つの黙示の局面
　（1）双方的な相互作用の関係
　（2）経済的関係
　（3）社会的関係
　　a．信頼
　　b．専門職（Profession）
　　c．制度
3 制度としての鑑定［専門家意見］
4 プロジェクトに関係する専門家：幾つかの法的問題
　（1）法律構成
　（2）保護される人間の範囲
　（3）責任の排除と契約上の抗弁

1　第三者に対する専門家責任 ── 契約責任の問題か？

　アイケ・シュミット（Eike Schmidt）は，第三者に対する保護効を伴った契約（Vertrag mit Schutzwirkung zugunsten Dritter）を契約当事者の合意から完全に独立させ，独自の法形式（Rechtsfigur）として構成するという挑戦的な提案を行っている[1)]。このように「契約による保護効という法律構成の解体」が可能なら，第三者としての保護ではなく直接の保護も考えうるし，しかも，そのような直接の保護なら基礎となる当事者間の契約もこれを制限できないことになる。第三者保護契約（Drittschutzvetrag）の非契約的要素を法解釈の中心

※　本稿の作成に際してのディーター・ベッカー（Dieter Becker），コルドゥラ・ヘルト（Cordula Heldt）の協力，および，有益なコメントをいただいたグラフ・ペーター・カリエス（Graf-Peter Caliess），アンドレアス・フィッシャー・レスカノ（Andreas Fishcer-Lescano），ファイオス・カラヴァラス（Vaios Karvaras）の各氏に感謝する。
1）　Esser und Eike Schmidt, Schuldrecht: Allgemeiner Teil Ⅰ 2, Heidelberg: C.F.Müller (2000), §34 Ⅳ 2c und d.

Ⅳ 社会制度としての鑑定〔専門家意見〕

におくという以上の提案は,シュミットの社会的私法というプロジェクトの一環である。シュミットの社会的私法のプロジェクトでは,一般にそう理解されているのとは違って,「社会的なもの」とは,国家の社会政策的な干渉,つまり「社会国家」に止まらず,同時に「社会の自律性」,つまり,伝統的な個人の私的自治の背後に控えている社会の自己規律をも意味していた[2]。事実として,判例は第三者保護契約を使って,契約関係に対する社会の自己規律の影響に直接に反応しており,このような影響は,双務関係に関する法解釈学では,それを客観化させた場合でも捕捉しきれない性質のものである。

筆者は,アイケ・シュミットのアイデアの驥尾に付して,現在では社会学,経済学,政治学,および,法理論で刮目すべきルネサンスを経験している「制度(Institution)」の概念を,アイケ・シュミットの目指していた契約,社会国家,社会の自己規律の関係の分析に体系的に利用する提案を行いたい[3]。シュミットは自身で,私的自治から社会自治への転換における「制度形成」の顕著な役割を析出している[4]。専門家の第三者に対する責任の例を取り上げることで,「社会制度としての鑑定〔専門家意見〕」という方向で問題を考えるなら,その法解釈の基礎と幾つかの問題に新たな角度から光を当てることが可能なことを,本稿で示したい。このような制度分析の意味と効用は,鑑定のような社会制度の現実の意味の構築に,社会の自己規律,社会国家の干渉,および,法的な規範化が等しく関与し,その協働の分析から法解釈も析出されてくることにある。その過程で,「弁証法」により,制度分析は,一方で制度によって成長した構造の受容を承認するが,しかし,その後には,補完的な原則への不服申

---

2) 基本的な文献が,Eike Schmidt, Von der Privat- zur Sozialautonomie, JZ (1980), 153ff., 159ff. である。

3) 様々な分野での制度主義への回帰,および,その法律学に対する重要性に関する概観は,Black, "New Institutionalism and Naturalism in Socio-Legal Analysis Institutionalist Approaches to Regulatory Decision Making", *Law & Policy* 19 (1997), 51ff. を参照。新制度主義に関する重要な論考が,Evans, Rueschemeyer and Skocpol (ed.), *Bringing the State Back In*, Cambridge University Press (1985); Hall, Governing the Economy: *The Politics of State intervention in Britain and France*, New York: Oxford University Press (1986); March and Olsen, "The New Institutionalism: Organisational Factor in Political Life," *American Political Science Review* 78 (1984), 734ff.; Apter, "Institutionalism Reconsidered", *International Social Science Journal* 43 (1991), 463ff.; Scott, *Institutions and Organizations*, Thousand Oaks: Sage 1995である。

4) 前掲注2) Eike Schmidt, 159ff.

1　第三者に対する専門家責任——契約責任の問題か？

し立てによる制度の制限と統制に対して対処可能なものとなる[5]。

　周知のように，1995年の連邦通常裁判所の屋根組み事件（Dachstuhlfall）[1]は，第三者保護契約の適用範囲を劇的に拡大した[6]。つまり，売主と建築家の間の鑑定（Gutachten）を作成する契約には黙示的な規定が含まれており，それによれば，建築家は鑑定契約に関与しない買主に対しても契約で定められた給付義務を負い，この義務は買主の完全性利益（Integritätsinteresse）のみならず給付利益（Leistungsinteresse）にまで及ぶというのである。第三者を契約に関係させるには，必ず委託者と第三者の間の特別に「近い関係（Nähebeziehung）」が必要だとしていた従来の判例を変更して，裁判所は第三者保護の法律構成を拡大し，匿名の市場での交換関係に適用した。具体的には，不動産市場だが，そこでは契約当事者の苦楽を共にする関係は問題外であり，反対に敵対的な利害関係が存在している。さらに，それだけには止まらない。契約上の抗弁の第三者に対する主張の可能性を明文で規定したドイツ民法334条[2]の文言に反して，欠陥のある鑑定に最終的に責任がある売主との契約関係上の抗弁を建築家が買主の請求に対して主張することを裁判所は許さなかった。その結果，建築家は契約なしで契約責任による満額の損害賠償の支払いを義務づけられることになる。

　このように市場の反対側にいる第三者に対する専門家の契約責任を拡大しても，この裁判官法は完全に法に反しているわけではなく，法に則してはいるのだろうが[7]，ある種の職業グループの対第三者責任については極めて高度の経済的なリスクを意味する結果となる。この種の職業グループには，例えば，公認会計士，会計士，税理士，建築家，損害保険の鑑定人，最近では，証券市場のアナリストも含まれる。さらに，多種多様の具体的なプロジェクトが存在し，そこでは第三者に対する責任を発生させるリスクを伴った鑑定が提出されている。例えば，複雑な買収取引，大規模な与信受入，不動産プロジェクト，建築企画，リスクの多い融資取引などである。以上のような取引には，三当事者が関与しているのが普通である。つまり，本件では建築家だが，まずは専門家，

5）　前掲注2）Eike Schmidt, 159.
6）　BGHZ 127, 378；屋根組み事件。
7）　そのように言っているのが，Honsell, Die Haftung für Gutachten und Auskunft unter besonderer Berücksichtigung von Drittinteressen, in: Festschrift für Dieter Medicus, Köln: Heymann (1999), 233.

Ⅳ 社会制度としての鑑定〔専門家意見〕

および，プロジェクトの当事者である。その当事者の一方が，専門家への委託者であり，本件では売主だが，プロジェクトに関する専門的知見を提供する専門家と契約を締結している。本件では買主だが，他方の当事者は，鑑定の契約の当事者ではないのが普通である。しかも，しばしば，以上の三角関係には，第4，第5，第6，第Xのプレーヤーが参加して，三当事者関係は多角的関係（multilaterale Konstellation）へと変化する。その際に，第4，第5のプレーヤーは，直接にプロジェクトとつながっていたり，潜在的なプロジェクトの当事者だったり，与信してプロジェクトに融資していたり，保証を与えたり，プロジェクトと結合した取引連鎖の一部だったり，具体的なプロジェクトには直接には参加していないが，プロジェクトのリスクに基づいて財政的な損害を被ったりするなど可能性はいくらでも考えられる。いわば「水門は開かれた（The floodgates are open）」のである。

このようなコントロール不可能な責任の拡大の危険が，間違いなく幾つかの国で専門家の第三者に対する責任がかくも過熱している主な原因である[8]。確かに，専門家責任が原則として双務的な専門家契約の狭い限界を超えて拡大する必要がある点では広い賛同がある。しかし，この責任の拡大がどのような原理に服しているのかという点では，長きにわたる議論にもかかわらず，未だ不明確である。責任の細部，特に，保護される人間の範囲に関しては先の見通しのたたない論争がある。以下は，未解決の問題のリストである。

(1)指導原理は？　なぜ専門家の第三者責任は契約責任でなければならないのか。ドイツ，オーストリア，スイス法だけが専門家の第三者責任を第三者のためにする契約と構成しているが，ロマン法系とコモンロー諸国の多くは不法行為と法性決定している。さらに，準契約的，準不法行為的構成から，契約と不法行為の間の第3の独自の手段としての「契約・不法行為的（contort）解決」に至るまで様々な構成が存在する。しかし，仮に，契約外の法的性質を持って

---

[8]　専門家責任の比較法的な分析に関しては，Kötz, "The Doctrine of Privity of Contract in the Context of Contracts Protecting the Interests of Third Parties," *The Aviv University Studies in Law* 10 (1990), 195ff.; Müller, Auskunftshaftung nach deutschem und englischem Recht, Berlin, Duncker & Humblot (1995); Ebke, Abschlussprüferhaftung im internationalen Vergleich, in: Festschrift für Rheinhold Trinker, Recht und Wirtschaft: Heidelberg (1996), S.493ff.; Kötz, Europäisches Vertragsrecht, Tübingen: Mohr & Siebeck (1996); Schönenberger, Haftung für Rat und Auskunft gegenüber Dritten. Eine rechtsvergleichende Studie, Basel: Helbing & Lichtenhahn (1999).

1 第三者に対する専門家責任——契約責任の問題か？

いるという構成を選択しようとも，問題の中心は変わらない。「特別な関係」が確認できれば，つまり，イギリスの裁判官の言葉を借りれば「契約の等価物（equivalent to contract）」[9]であるが，そのときには，専門家の第三者に対する高度の注意義務を正当化できるのかということである。契約相手方に対するのと同様に，専門家をして第三者に対して責任を負わせることのできる，契約とは無関係な人間との間の「特別な関係」が，どのような条件下でそれが存在すると決定できるのか。実は問題はいつも同じであり，契約法でも他の視角から常に提起されている問題である。つまり，契約と無関係の第三者が契約責任の支配に引き込まれるべき「関係に内在的な」義務の主張が可能かである。そうなると，第三者に対する専門家責任は，契約責任の限界を飛び越えているようにも見える。「通常の」契約解釈は二当事者の注意義務を当事者間に既に存在する契約に服するように構成するが，専門家の第三者に対する責任は，「本当は」第三の契約当事者が存在することから出発する必要がある。第三者は他人の契約に寄生し，対価を支払わずに高価な鑑定から利益を受けるに止まらず，今度も対価を支払わずに，リスクに対する保険を取得している。どのような法律構成を選択しようとも，専門家責任は，自由に選択した双務契約上の責任のリスクを，裁判官が押し付ける三角関係，それどころか多角的なリスクに変形させている。他方で，それが契約ではないにせよ，特別な関係の「根源」は非契約的な構成にとっては何を意味するのかも問題となる。

(2)保護を受ける人間の範囲は？　どのような法律構成を選択しようと，これが実務の中心である。不法行為は潜在的に保護される人間の範囲を広くとった上で，それに続いて，無限の責任を制限する原則を発展させることに腐心してきた[10]。ここで探求されているのは，誤った情報の影響によってその行動を決定した見通しのきかないほど多数の人間に対する責任制限の基準である。いずれの出発点をとっても，最終的な問題は，契約当事者と同様に鑑定の影響を受けた人間の保護である。ただし，どこを出発点にするのかによって，基準の選択は劇的に変化する。

(3)責任の前提は？　同様に議論が多いのが，第三者に対して負担する注意義務の内容である。注意義務は委託者と専門家の間の契約で取り決められ，しか

---

9) Hedley Burne & Co. Ltd. v. Heller & Partner Ltd (1964) A, C, 465 (H.L.), 529 und 539 (per Lord Devlin).
10) 例えば，Brüggemeier, Deliktsrecht, Baden-Baden: Nomos (1986), Rz 456ff. を参照。

Ⅳ 社会制度としての鑑定〔専門家意見〕

る後に第三者にも移転されるのか？ それとも，注意義務は委託者と専門家の契約から発生するのか。あるいは，注意義務は，それぞれの市場での多くの契約に由来する標準化のプロセスの結果なのか。さらには，契約とは無関係の専門家としての基準なのか。

(4)専門家責任の制限は可能か？ 委託者との関係で専門家が主張できる抗弁と専門家責任との関係は？ 専門家は委託者との間の抗弁を第三者に対しても主張できるのか。責任制限は第三者の請求に対して，どのような影響を与えるのか。専門家は第三者に対して自分の責任を制限できるのか。

2 交換の3つの黙示の局面

「制度としての鑑定」という提案には，それ以上の意味があるのか。制度とは，客観的な論証のプロセスの結果が表現された内容を法規範の中に読み込んでいくために繰り返し使われている，使い古された法概念ではないのか[11]。

ただし，制度的思考の規範的な能力を正当に利用するためには，補充的契約解釈，ないしは，それに類似した概念である「事実や法の黙示条項（implied terms in fact/in law）」などから離れる必要がある[12]。さらに，第三者に対する保護効を伴った契約で発展してきた「給付への近さ」という客観化された概念なども，専門家責任では役には立たない。専門家契約に含まれた社会制度の意味内容に法は体系的に立ち戻る必要があるというのが，本稿の提案である。より正確には，法は契約関係内の個人の利益の衡量だけではなく，契約に組み込まれた社会制度間の衝突を分析し決定する必要があるということである。つまり，法的に重要な競合する制度を確認すべきだということになれば，法社会学，法経済学の分析によって一歩前進することが可能であり，その後に法解釈学も前進する必要がある。これに関係するのが，「完備契約（complete contract）」という経済学的な考え方や経済取引の「組み込み（embeddedness）」という社

---

11) Rüthers, Institutionelles Rechtsdenken in Wandel der Verfassungsepochen, Bad Homburg: Gehlen (1970). は，激しく批判している。ところが，同じリュタース（Rüthers）は，共同決定に関する鑑定ではこの制度の概念に依拠しているというのが，以上の批判のアンビバレントな性格である。Badula, Ritter, Rüthers, Mitbestimmungsgesetz 1976 und Grundgesetz: Gemeinschaftsgutachten, München: Beck (1977), 234ff.

12) 前掲注1）Eike Schmidt, 1 §34 Ⅳ 2c und d は，このように主張して，基礎となる契約から完全に離れることを要請している。

2　交換の３つの黙示の局面

会学理論であり，それらの理論の契約法にとっての有用性が検討されるべきである[13]。

事実として，法経済学者や法社会学者の提案では，専門家責任のような黙示的な契約の局面は経済的な取引に「組み込まれている」問題だと考えられている。法経済学者や法社会学者が提案するのは，「自発的な秩序形成」，つまり，一方で具体的な契約当事者が繰り返し使用する契約の雛形と，他方で，安定した市場での合意の理論に導かれた経験的な分析であり，その目的はこのような自発的な秩序への具体的な契約の組み込みから，決定のための視点を獲得することである。以上の文脈に則したアプローチが，契約文書の伝統的な解釈学的「解読」に終始する純粋に法律学的な解釈技法に対して優位性があることは明白である[14]。経験的な素材を前にすれば，裁判所の判決はより現実的となる。加えて，このようなアプローチでは，自発的な秩序の「黙示的な知識」，つまり，個々の契約モデルや集団的な取引慣行に書き込まれた社会の経験を利用することが可能となる。最後に，裁判所の判決は社会規範を考慮するだろうから，判決の正当性は増大し，判決が傾聴される可能性は上昇する。

しかし，そうはいっても，自発的な秩序というアプローチが法的な決定をリードすべきだとしても，その有用性には限界がある[15]。契約当事者の安定した相互作用のモデルや市場で定着した社会規範は，法的な論証にとっては情報として十分ではない。それらは社会的な紛争の結果を伝達するに止まり，紛争それ自体の情報を提供するものではない。紛争の結果は，適切な補償なのか，それとも，悪しき妥協なのか。つまり，対等の当事者間での交渉の結果なのか，それとも力の押しつけの結果なのかは分からない。相争う利益に対する細かく調整された答えなのか，古びた伝統を何も考えずに受け入れたのか。合理的な討論の結果か，盲目の進化なのか。安定した社会規範は，社会システムから発生

---

13)　「完備契約（complete contract）」に関しては，Caswell, "Contract Law: General Theories," in: Bouckaert and Geest, (ed), *Encyclopedia of Law and Economics. Volume Ⅲ, The Regulation of Contract*, Cheltenham: Elger (1999), 1ff.。組み込み（embeddedness）については，Granovetter, "Economic Action and Social Structure: The Problem of Embeddedness," *American Journal of Sociology* 91, (1985), 481ff.

14)　契約の解釈の法内部，および，法外部の様々な技術の体系的な鳥瞰は，Campbell and Collins (ed), *Implicit Dimentions of Contract*, Oxford: Hart (2003), 25ff.

15)　制度形成に完全に開かれた立場をとるにもかかわらず，前掲注２）Eike Schmidt, 159ff. もこのアプローチの限界を強調している。

Ⅳ　社会制度としての鑑定〔専門家意見〕

する社会システム間の紛争に関しては，何も情報を与えない。だから，個々の契約モデルと社会慣行は，契約が組み込まれた様々な社会の実務の意味内容の批判的な再構成と省察という，法的論証が緊急に必要とするものを提供しない。本稿で取り上げる専門家責任のように，具体的なケースで頼りになる行為モデルや継続する市場慣行が確認できない場合は，状況はさらに困難である。その場合は，安定した社会規範に立ち戻ることもできず，現実には様々な社会制度の衝突が存在するだけであり，それと法は向き合う必要があるからである。

だから，提案したいのは，法経済学者や法社会学者の推奨する文脈に従った出発点を見捨てるのではなく，一層発展させることである。その意味は，社会システムの衝突から発生した現実の行為モデルを追求するだけでなく，紛争自体を分析すべきだということである。却って，「固有の意味」，つまり，それに反対する方向性を契約に取り込もうとしている社会制度の固有の合理性と固有の規範性を再構成すべきである。そのことで始めて，法的論証に必要な制度分析の「付加価値」が発生することになる。まず紛争の分析が行われた後は，相互に争う規範的な原理の批判的な評価，および，現実の行為モデルと現実に行われた妥協の評価が可能となり，相互に相争う社会の実務に対する論証された上で選好されたルールが法的決定を定式化することが可能となる。

他の箇所で詳細に論じたように，このような制度的な分析のために，契約を現下の社会の複数の文脈との関連で再定式化する独自の社会モデルを，契約法は必要としている[16]。つまり，手短かに表現するなら，現代では契約の社会への組み込みは，単に，一貫性のある社会規範によって象徴される包括的な社会の文脈への統合を意味するわけではなく，個々の契約を高度に発達した社会の複数の合理性の衝突にさらけだすことを意味している。以上の多様で相互に争う「契約の世界」という状況は，時としてそう表現されているように，契約を構成する言語ゲーム（Sprachspiel）の違いとして記述されている。ただし，そ

---

16) Teubner, *Contracting Words: Invoking Discourse Rights in Private Governance Regimes, Social and Legal Studies*, 2000, 399ff. さらに，そこに掲載された反応が，MacNeil, Gerstenberg, Campbell. このアプローチに従うのが，Müller, Verwaltungsvertäge im Spannungsfeld von Recht, Politik und Wirtschaft. Basel: Helbing & Lichtenhan (1997) の契約法に関する業績。さらに，Amstutz, Vertragskollisionen: Fragmente für eine Lehre von der Vertragsbindung, in Festschrift für Heins Rey, Zürich: Schulthess 2003, 161ff.; Abegg, Die zwingenden Inhaltsnormen des Schuldvertragsrechts, Zürich: Schuthess, 118ff. がある。

2 交換の3つの黙示の局面

こで問題となっているのは，歴史家の記述的言語と法律家の規範的言語という2つの言語ゲームの間の決定をはるかに超えるものである[17]。現実に具体的に存在する契約は，「複数言語的」なのが通例である。つまり，契約は様々な言語ゲームの複数言語で記述されており，その各々の言語ゲームは各々の合意の言語的合理性を押し付けようとしている。専門家の第三者責任のケースのように，法が「黙示の」契約の局面を「明示の」ものにしたときは，そこに間違いなく契約が関与している3種類の「契約の世界」の相互に争う要請を法は発見していることになる。つまり，(1)当事者の具体的な相互作用関係，その歴史，および，その文脈の要請，(2)取引の財政的側面（finanzielle Aspekte）に責任を持つ経済制度の要請，(3)特にこのコンテクストで重要なのが，契約が参加する生産プロセスの中での社会制度の要請である。

専門家の第三者に対する責任が以上の3つの制度とその相互の争いの中で発生しているとするなら，専門家の責任に与えられるものは何だろうか。専門家責任をめぐる現在の学際的討論では，以上の制度の1つだけを第三者に対する責任の規範的な基礎として引き合いに出すのが普通となっている。ミクロ社会学的な契約理論は，契約当事者間の個々の相互作用関係での規範形成を尊重することを推奨し，法経済的な理論は，市場とヒエラルヒー［組織］の中での合意に目をつけ，法社会学の理論は制度化された契約関係に解答を求めている[18]。しかし，本稿の視角からは，以上の3つの出発点は，物事の一局面にしか注目していないように見える。社会の複数の文脈性に鑑みると，それらは余りに複合性を欠き，法が受け入れ難い一面的な理論的結論につながってしまう。それに代わる選択肢とは，3つの「契約の世界」を全て分析に関係づけ，その3つが基本的に衝突していることを専門家責任の基礎であると確認することである。

その際に，以上の紛争の中では，義務の水準だけが視野に入ってくるのではなく，取引関係にはおよそどのようなアクターが関与してくるのか，つまり，誰がプロジェクトの参加者なのかが問題になる。鑑定関係が，委託者と専門家

---

17) 前掲注14) Campbell and Collins.
18) ミクロ社会学的分析の重点は，Köndigen, Selbstbindung ohne Vertrag: Zur Haftung aus geschäftsbezogenem Handeln, Tübingen: Mohr & Siebeck (1981). 法経済学の視点は，Schäfer, Haftung für fehlerhafte Wertgutachten aus wirtschaftswissenschaftlicher Perspektiven, AcP202, 2002, 819ff. 制度的な市場慣行に則した分析が，前掲注14) Campbell and Collins.

Ⅳ 社会制度としての鑑定〔専門家意見〕

の契約による相互関係，弁済取引の経済的コンテクスト，鑑定の作成の生産的コンテクストなどの，様々な言語ゲームに関係しているときは，以上の言語ゲームの各々が他人との関係の人的限界を定義している。以上の「契約の世界」の1つ1つが契約に様々な「プリビティ（Privity）」，相互に異なった契約の相対性，つまり，社会関係の様々な限界，様々な構成員のルール，入会・脱退の様々な原理を指示している。そこに含まれる言語ゲームは，「契約」という社会関係に，それぞれに異なった定義を与えている。つまり，双務的な相互関係，双務的な交換，又は，多角的な社会関係といった具合にである。多くの契約類型では，以上の契約の世界は多少とも関係の同一性の限界を定義しているから，鑑定の特殊性とは，様々な「プリビティ」の抵触にさらされていることであり，それに関して契約法が決定を下さなければならないということである。

（1）双方的な相互作用の関係

　早くから裁判所は黙示の契約の締結というフィクションから離れて，第三者を保護する契約によって問題を解決しようとしている[19]。その際に，裁判所は補充的な契約解釈，つまり，双務契約の内的な意味連関からの解釈に依拠してきた。ただし，裁判所の適用する基準は，明らかに契約による相互交渉の外に由来する。その重要な部分では，裁判所は外部性，つまり，契約外の第三者に対して取引が生み出すリスク（「給付への近さ」）を追求しており，そのリスクの損害賠償法による填補は，当事者の黙示の合意とも，補充的契約解釈，つまり，仮定的な当事者の意思，ないしは，現実に行われていることの相互作用の過程から作り出された規範や慣行の省察とも無関係である[20]。

　しかし，それが明示か黙示か，古典的か新古典的か，はたまた，関係的かにかかわらず[21]，双方的な関係の全ての側面は，はっきりと第三者を鑑定契約に関係させることに反対している[22]。もっと悪いのが，契約は解決ではなく，問題の一部だということである。契約自身の中に様々な「プリビティ」の抵触の

---

19) BGHZ 127, 378; BGHZ 138, 257.
20) BGHZ 69, 82, 86ff.; BGHZ 133, 168, 170ff.
21) MackNeil, "The Many Futures of Contracts," *Southern California Law Review* 47 (1974), 691ff. による契約の局面。
22) 極めてはっきりと言っているのが，前掲注1）Esser und Eike Schmidt, §34 Ⅳ 2c; Gernhuber, Das Schuldverhältnis: Begründung und Änderung, Pflichten und Strukturen, Drittwirkungen, Tübingen: Mohr & Siebeck (1989), 518ff.

2 交換の3つの黙示の局面

主な原因の1つが存在する。委託者と専門家の契約は，もっぱらその当事者間の協調，信頼，互酬性，および，他方の利益の相互的な擁護の関係を基礎としている。委託者と専門家の契約は，鑑定に関してだけ委託者の利益を擁護することを鑑定者に義務づけている。そして，専門家の利害衝突を作り出すか，又は，それを強化しているのが，まさにこの委託者と専門家との相互的な依存性という関係である。当事者の実際の交渉，合意の細部，当事者の交渉の歴史，仮定的な意思，協調的な性質を持つ当事者の関係，次第に形成されてきた契約内の行為規範に立ち戻っても，それらの総てからは専門家の第三者に対する責任の基礎に関して何らかを与えうるものの痕跡すら発見できないし，将来も何も得られないであろう。以上の責任，つまり，契約のレトリックによって欠陥をお粗末に覆われている責任を正当化できるのは，当事者の相互関係としての他の社会実務の意味内容である。

(2) 経済的関係

経済的なプロセスに鑑定契約を組み込むことで第三者に対する責任を基礎づけることは可能か。経済的なコンテクストに戻って考えれば，第三者に対する責任の実質的な基準が明らかにされるのだろうか。周知のように，契約とは双務的な交渉システム，合意形成と給付履行のプロセスには止まらない代物である。契約は，常に複雑な経済制度，市場，経済組織，金融機構，交換の連鎖，協調的なネットワークに組み込まれている。かつ，実際に，専門家の第三者に対する責任を正当化するために，この制度を支持する経済的な考え方は，機会主義的な行動の回避，「完備契約 (complete contracting)」という観念，プリンシパル・エージェント (Prinzipal-Agenten-Beziehung) という観念を提案している。

「黙示の条項」一般，特に専門家責任に対する主な経済的な論拠は，機会主義的な行動に対するリスクの縮減である[23]。金銭的なサンクションが，欠陥のある鑑定の危険を限界づける必要がある。もちろん以上の根拠づけは適切である。さらに，このような考え方を進めることで，費用負担の計算によって，専門家の機会主義，および，専門家責任を投機的なリスクに対する安価な保険として濫用する第三者の機会主義の統制に資する「理想的なサンクション」を確

---

[23] 黙示の条件一般に関しては，Cohen, "Implied Terms and Interpretation in Contract Law," in: Bouckaert and d. Geest (ed.), Encyclopedia of Law and Economics. Volume Ⅲ, Cheltenham: Elgar 2000, S.78ff. 特に，専門家責任に関しては，前掲注18) Schäfer, S.909ff.

Ⅳ　社会制度としての鑑定〔専門家意見〕

定することが可能となる[24]。一方で，鑑定者の不実と不注意を抑制し，他方で，情報市場の麻痺につながる「責任の棍棒」を回避できる責任のルールの理想はどこにあるのか。しかし，1つだけ確認しておく必要があるのは，このような分析では，何が専門家の機会主義的な行動で，何がそうではないのかという，責任法が求める内容的な基準は明らかにはならないことである。もっぱら経済合理性を指向する分析からは，このような基準は望みようもない。

　それでは，専門家の行動が機会主義的であると決定することのできる経済学に特有の基準は何か。合理的な選択か。そうではない。合理的な選択は，どのような条件下で合理的なアクターが専門的な鑑定に関する社会規範を遵守するのかを決定できるだけである。社会規範は利己的なアクターの行為に由来するわけではない。そうではなく，「自己利益の合理的な追求は社会規範の拘束を受ける」[25]ということによる。委託者と専門家はお互いの利益を主題にしてはいるが，「合理的なアクター」として決して第三者に対する責任を合意したりはしない。最近になって合理的な選択のアプローチは，社会規範自体にも取り組んでいるが，その場合でも，このアプローチは社会規範に対する市場での「規範革新者」と「規範の観衆」の取引とそのコスト・ベネフィット関係を分析しているにすぎない。規範の内容を決定する選好，メタ規範，および，他の社会システムの独自の合理性は外的なデータに止まる。つまり，法の正否について論ずべきではない（de gustibus non est disoutandum）ということになる[26]。

　まさにそのゆえに，このコンテクストでは，「完備契約（complete contracting）」という考え方も，役には立たない[27]。裁判官が一貫して合理的なアクター

---

24) Ewert, "Auditor Liability and the Precision of Auditing Standards," *Journal of Institutional and Theoretical Economics* 155 (1999), 181ff.

25) もちろん，これに関しては激しく争われている。合理的な選択アプローチの支持者の中の証左としては，Elster, "Rationality and Social Norms," *Archives Européennes de Sociologie* (1991), 109ff. エルスター（Elster）は，合理的選択の原則から引き出すことのできない社会規範の分類を提唱している（消費〔者保護の〕規定，環境保護規定，金銭の使用を規制する規定，労働〔法の〕規定など）。

26) 例えば，Ellickson, "The Market for Social Norms," *American Law and Economics Review* 3 (2001), 1ff.; Ellickson, The Evolution of Social Norms, in: Hechter and Opp (ed.), Socail Norms (2001), 35ff.

27) Köndigen, Die Einbeziehung Dritter in den Vertrag, Karlsruher Forum (1998), 3ff. は，この考え方（S.29ff.）に大きな希望を見いだしているが，専門家責任自体に関しては失望しており，自身が以前の著述で展開し成功を収めているアクターの自己拘束というマクロ社会学の考え方に戻っている（43ff.）。

2　交換の3つの黙示の局面

の契約締結時の行為を再構成しようと努力しても，専門家の契約外の第三者に対する責任にたどり着くことは決してない。取引費用の最小化か？　そうではない。なぜなら，このアプローチははっきりと機会主義を計算に入れていて，これを「狡猾な機会主義」,「詐術」や「悪巧み」による自己利益の追求と定義している[28]。取引費用の考慮が登場するのは，他方の機会主義から自己防衛するために，当事者が制度的な措置を講じた後である。規範遵守のコスト・ベネフィット計算か？　これも違っている。これが問題になるのは，一旦は社会規範が存在し，サンクションの強度とサンクションの蓋然性が周知となった後である。

　強調しておくと，当然のことながら，経済制度のために市場の典型的な社会規範は自ずから形成される（例えば，市場での協調と競争のルール，企業におけるヒエラルヒーと分散化のルールなど）。これに対して，鑑定の責任は社会規範の遵守を要求しており，社会規範は学問，道徳，政治，いずれにせよ非経済的な文脈から形成されてくる。しかし，以上のような「外的データ」を経済合理性によって説明することはできない。経済的思考がモデルを適用する場合には，外的データは所与のものとされている。

　以上で論じたことは，責任のリスクが単純に第三者に移転されるのではなく，責任のリスクが重畳させられている第三者責任のシリアスなケースで，最近になって法経済学者が引き合いに出すプリンシパル・エージェント・アプローチ（Principal-Agenten-Ansatz）にも結局のところは当てはまる[29]。ここでは，原則として，準契約的な第三者責任を正当化する特別な関係が探し求められている。契約上の合意，社会的接触，配慮義務ではなく，反対給付プラス責任費用の引受と引き替えの鑑定という仮定的な交換関係が，経済学の責任の基準が提示する特別な関係であり，「責任費用は，保護される人間，又は，注文者が，直接又は間接に負担しており，しかも，それにもかかわらず，これらの人間の1人（又は，両者）が責任法による保護に利害関係を持っているのか」[30]というのである。以上が証明されたときに限って，専門家は第三者に対する契約責任を負担するというのがその主張である。

---

28)　Williamson, *The Economic Institutions of Capitalism: Firms, Markets, Relational Contracting*, New York: Free Press (1985).
29)　前掲注18) Schäfer.
30)　前掲注18) Schäfer, 820.

Ⅳ 社会制度としての鑑定〔専門家意見〕

ところで，第三者に対する責任の本来のクリティカルな局面の特徴は，シェファー（Schäfer）自身も認めているように，以上の仮定的な交換の状況を排除する敵対的な利害対立が存在していることである。冒頭の屋根組み事件は，そのモデル・ケースである。「第三者に対する責任のリスクを鑑定者に支払うことを引き受けさせるのは，所有者の利益には合致しない」[31]。経済合理的な行動からは，売主が過大算定に対する責任のリスクを引き受けることは説明できない。シェファーは，国家はプリンシパル・エージェント関係を権威的に命じる必要があると断言している。つまり，以上の解決を強要するのは，経済的合理性ではなく，シェファーのいうように，国家法による「経済政策的な」干渉であり，それは，匿名性のある市場での経済合理性の原則に明らかに反して，相手方の「幸不幸」のために自己を犠牲にし，自己利益に本来は合致する過大算定の責任のリスクを引き受けることを，市場の当事者の一方に強要している。しかし，そうなると，プリンシパル・エージェント関係という形式は，余りに酷使されている。不適切な責任のリスクを買主から所有者に移転させるためではなく，結局のところ，専門家を腐敗させる市場の条件下でも鑑定の専門家としての規範を遵守させるために，プリンシパル・エージェント関係が利用されているからである[32]。

（3）社会的関係

そうすると，専門家の第三者に対する責任の実質的な原則が位置づけられるべき契約の黙示的な位相は，その根拠を非経済的な社会的関係に求められるように見える。専門家契約が組み込まれている3つの「契約の世界」，つまり，契約当事者の双方的な相互作用，契約プロジェクトの経済的な財政的側面，および，社会的な生産的関係の中で，規範的な分析の情報を提供するのに最も相応しい性質を持っているように見えるのは第3の世界である。現在の議論では，信頼，専門職，制度という3つの異なった社会構造が専門家責任の黙示的な基

---

31) 前掲注18) Schäfer, 828.
32) シェファー（Schäfer）自身がそういっている。前掲注18) Schäfer, 828f. シェファーは，制度的視角で，一部はモラルの保護（「正直な行為」），一部は専門家の規範（「専門家の水準」），一部はマーケットの機能（「情報市場の効率的な規制」）に依拠している。ただし，はっきりさせておくべきは，問題の核心は，例えば，競争と協調のような市場という制度の特殊な側面や取引費用，財政的側面ではなく，まさに市場メカニズムによって脅かされている鑑定の不可侵性それ自体だということである。

礎として提示されている。

a．信　頼

現在のところ信頼は経済学者と社会学者によって新たに発見されたものである[33]。信頼という概念は，将来の展開への十分な安全性がないにもかかわらずリスキーな取引が進められる社会的局面を指示している[34]。ここでは，それにもかかわらず取引を可能にする社会のメカニズムとして信頼が登場している。本稿のコンテクストで「信頼」というカテゴリーを活用すること，および，契約責任の補完としての信頼責任を，法律家は長きに亘って提案してきた[35]。信頼が専門家と第三者の間の社会関係にとって不可欠のカテゴリーであることには疑問の余地がない。将来に対する安全性が欠如していても，専門家への信頼に基づいて第三者はリスキーな決断をする。ただし，信頼は確かに不可欠ではあるが，専門家の第三者責任を認めるための十分な条件ではない[36]。信頼はどこにでも存在する社会現象である。具体的な社会の信頼関係に法的サンクションの支援が必要だという決定的な問題は，信頼の存在だけでは正当化はできない。信頼関係（法的には，「信頼の要素」）を詳細に分析しても，それ以上の成果は得られない。信頼関係自身の内的構造の正確な探求も，信頼の強度の分析も，この問題に対する解答を与えない。法的な義務の発生する条件を内包している契約（契約締結の法）とは反対に，信頼というカテゴリーはその限りで法的には無内容である。信頼を法的に意味のあるものとするためには，信頼の外側の

---

33) Deakin, Lane and Wilkinson, "'Trust' or Law? Towards an Integrated Theory of Contractual Relations Between Firms," *Rechtstheorie* 21 (1994), 329ff.; Lane and Bachmann, "The Social Construction of Trust: Supplier Relations in Britain and Germany," *Organization Studies* 17 (1996), 365ff.; Luhmann, Organization und Entscheidung, Opladen: Westdeutscher Verlag (2000), S.25, 407ff.; Bachmann (Hg.), Die Kooperation und Steuerung interorganisationaler Netzwerkbeziehungen über Vertrauen und Macht, Opladen: Westdeutscher Verlag (2000); Ortmann, Organisation und Welterschließung, Opladen: Perspektives, Enduring Questions, Annual Review of Psychology 50 (1999), 569ff.

34) Luhmann, Vertrauen: Ein Mechanismus der Reduktion sozialer Komplexität, Stuttgart: Enke (1968), 27.

35) 最良の仕事が，Canaris, Die Vertrauenshaftung im deutschen Privatrecht, München: Beck 1971; Canaris, Schutzwirkung zugunsten Dritter bei „Gegenläufigkeit" der Interessen, Juristenzeitung 9 (1995), 441ff.; Canaris, Die Reichweite der Expertenhaftung gegenüber Dritten, ZHR 163 (1999), 206, 217ff. その論拠は債務法改正によるBGB311条3項[3]によって強化されている。Koch, AcP 204 (2004), 59, 69ff.

36) 最近の信頼責任に関する議論の概観は，Lang, Einmal mehr: Berufsrecht, Berufspflichten und Berufshaftung, AcP 201 (2001), 451, 537ff.

Ⅳ　社会制度としての鑑定〔専門家意見〕

基準が必要となる。
b．専門職（Profession）

　専門職は，専門家責任の基礎として現在取りざたされている今ひとつの社会構造である[37]。「天職（bublic calling）」，「公職（common carrier）」という中世の観念に従って，この考え方は，現代の契約による義務を補完すべき旧い身分の義務を再現している。拘束力のある契約が存在しない場合でも，しかも，その場合にこそ，専門職に属する者は，第三者に対する義務を，社会における自分の地位に基づいて負っている。本稿の制度的地位という考え方からは，これまでの議論で主張されてきた反対の論拠に関していえば，以下のような批判が申し立てられている[38]。身分と契約という伝統的な概念で今でも現代社会や現代法の厄介な問題に取り組めるのかは，大問題である[39]。加えて，それが法的な職業責任に受け入れられたように，専門家の責任という観念の基礎は著しい非対称性である。同様に消費者保護という観念も非対称的である。いずれも内在的な反証可能性に欠け，その規範的な要求には限界がない。職業責任は，相互に相争う様々な社会的地位を多角的な関係の中に包括的に計算に入れるのではなく，権利・義務を一方的に社会状態，単なる社会的地位から引き出している。職業責任は，組織された職業の構成員が包括的な社会システムの一部であるにすぎない複雑な社会状況の要請を尊重することなく，最終的には専門家組織の自己規律を信頼している。その結果，形式的な組織を過大評価し，そこに紛争が生じている非組織的な自発的・非公式的な社会プロセスを軽視するのが通例である。専門家責任の水準を定義すべき専門家の組織がなおざりにされて良いのか。鑑定の規範の定義が可能なら，専門職，顧客，社会全体の紛争を尊重する必要はないのか。加えて，最初から専門家の構成員以外にも他の自律的なアクターである顧客，さらには，それ以外の社会の部分システム，特に，政

---

37)　Lammel, Zur Auskunftshaftung, AcP 179 (1979), 337, 345ff.; Hopt, Nichtvertragliche Haftung außerhalb von Schadens- und Bereicherungsausgleich, AcP 183 (1983), 608ff.; ders, Die Haftung des Wirtschaftsprüfers, Die Wirtschaftsprüfung 39 (1986), 461ff.; ders, Dritthaftung für Testate, NJW 1987, 1745ff.; ders, Die Haftung des Wirtschaftsprüfers. Rechtsprobleme zu §323 BGB (§168 AktG aF) und zur Prospekt- und Auskunftshaftung, in: Festschrift Pleyer, Heymann: Köln (1996), 341ff. 最近の状況の詳細は，前掲注36) Lang, 451ff.

38)　これまでの議論に関しては，前掲注36) Lang, 451ff.

39)　Luhmann, Die Gesellschaft der Gesellschaft, Frankfuhrt: Suhrkamp (1967), 636. を参照すれば十分である。

2 交換の3つの黙示の局面

治が関与する社会構造の中の規範の生成という動的なプロセスに依拠するのではなく，以上の状態の文脈での規範の安定した状態を専門家責任という考え方で観察するなら，それは未だに静的な観察に止まる。

c. 制　度

契約の埋め込まれている社会構造を全体として目に見えるものにしたいと考えるなら，職業責任（又は，消費者保護）のような非対称的な身分などという考え方では不十分である。交換の生産的側面が稼動している多角的な社会の文脈を確認する場合でも，それは同じである。専門家の構成員の役割に適用される静的なルールだけでなく，さらに社会の動態に注目すべきである。役割の分析では不十分であり，その代わりに，諸々の行動，構造，限界，システムを関与させる必要がある[40]。そのためには制度という考え方が最適なように思われる[41]。なぜか，第1に，制度は個々の役割や関係だけではなく，関係する社会システム全体の意味形成・規範化のプロセスを包括的に含むものだからである[42]。第2に，制度は，同時に，本稿の例では鑑定の規範と鑑定契約による法的義務だが，社会の規範形成のプロセスと法システムの架橋を構築するからである。第3に，これはアイケ・シュミットの記念論文集の1つで強調されていることだが，制度の概念は，同時に集団的な拘束力としての社会セクターの政策（policies）を定式化する契機を制度的な紛争に与える干渉的な社会政策との関連を作り出すからである。諸制度はこれらの重要な架橋の機能を果たしている。システム理論によれば，これは，社会構造，法規範，干渉的な政策との関係での構造的なカップリングである[43]。

制度とは，規範のセットや当面存在する行為モデル以上のものである。制度は，規範化されていない状況に対しても規範的な言明を行うことを可能にする規範のセットの複雑な意味連関を象徴している。制度は，社会システムの一貫

---

[40] これが，最近の社会学が，役割社会学は視野が狭いとして，（例えば，Dahrendort, Homo Sociologius: Ein Versuch zur Geschichte, Bedeutug und Kritik der sozialen Rolle, Opladen: Westdeutscher Verlag (1985)），それに代わって，ディスクルス社会学ないしはシステム社会学に転換した理由である。

[41] 最新の制度主義に関しては，前掲注3）を参照。

[42] つまり，制度は社会システムと同一視できない。社会システムは，操作の構造と限界を作り出す回帰的な操作の完結性を命名するが，規範のアンサンブルである制度は，社会システムの部分構造にすぎないか，又は，構造的な結合の局面での複数のシステムの部分的な交錯である。

[43] その嚆矢は，前掲注2）Eike Schmidt, 159f.

IV 社会制度としての鑑定〔専門家意見〕

性のある構造であり，制度の社会的機能と他のシステムに対するシステムの貢献に対する省察の歴史の結果である。同時に，制度とは，裁判所が具体的な社会規範を法的なものとして受け入れるか，受け入れないという場合には，このような法的判断の対象としての社会システムなどではない[44]。契約法が契約の黙示的な局面を指示したときは，契約法は社会制度を現行法のルールとするか否かを決定している[45]。

3 制度としての鑑定

既に論じたように，経済制度（取引慣行，市場慣行，組織慣行，金融の実務，ネットワーク構造）だけに注目したのでは，専門家の第三者に対する責任の実質的な原則を確認することはできない。これに対して，法的決定に対して「鑑定」を自律的な社会の実務として発展させた場合は話が違ってくるのか。

社会制度としての「鑑定」は，制度化された学問とそれ以外の社会の現実の結合，システム理論では，構造的カップリングを作り出す。もちろん，鑑定と独自の社会システムとしての学問とを同一視することはできない。明らかに，鑑定は，方法論的に精査された知識の蓄積それ自体とは別の目的を持っている。しかし，学問とは全く異なった合理性に服する社会というフィールドに，学問的研究の固有の論理を移転するのが，鑑定である[46]。他方で，専門家によるあらゆる種類の情報の生産と鑑定を単純に同一視することもできない。社会のアクターが制度としての「独立の鑑定」を頼りにするのは，通常の取引の限界，交渉，経済的計算，政治の権力プロセス，法的な紛争解決，家族関係，問題解決のメカニズムとしての友愛関係の限界に突き当たって多少とも苦労した後である。社会のアクターは，具体的な問題を問題の日常的な文脈から切り離し，それを鑑定の特別な合理性に包摂するが，鑑定は社会の日常的な慣行と明確に

---

44) Luhmann, Grundrechte als Institution: Ein Beitrag zur politishcen Soziologie, Berlin: Duncker & Humblot (1965), 12f.; Luhmann, Rechtssoziologie, Opladen: Westdeutscher Verlag (1972), 64ff., 95ff.
45) 以上の詳細に関しては，Teubner, Die zwei Gesichter des Janus: Rechtspluralismus in der spätmodernen Gesellschaft, in: Festschrift für Josef Esser, Karlsruhe: Müller (1995), S.191, 209ff.
46) この問題の多い関係については，Luhmann, Die Wissenschaft der Gesellschaft, Frankfuhrt: Suhrkamp (1990), 616ff.

3　制度としての鑑定

一線を画しているからこそ,問題解決を約束するのである。

その結果として当然に発生してくるのが,合理性の尖鋭な対立である。学問的な鑑定が学問の外側のプロジェクトのために引っ張り出されれば,巨大な方向づけの紛争に直面することになる。鑑定自体は極めて疑わしい社会制度であり,それが相対化された合理性の干渉に対して強く守られていることに,鑑定の機能の成否は依存している[47]。社会制度としての学問自体は少なくとも象牙の塔(Elfenbeinturm)の保護,つまり,大学や学術的な公刊という形で,社会の現実の利益と結びついた露骨な干渉に対する遮蔽を享受しているが,鑑定は,システム的に,影響,説得,権力関係,家族の結合,利益の動機といった大規模な誘惑に曝されている。ここでようやく登場するのが,本稿がずっと探求してきた鑑定に対する社会的信頼の法的保障を正当化する信頼以外の基準である。前述したように,鑑定に対する信頼という社会のメカニズム自体は鑑定に十分な保護を与えないから,鑑定とは異質の合理性による歪曲という鑑定に内在するリスクこそが,鑑定が法規範の支えを必要とする本来の理由である。

多くの公法上の規定は,鑑定の不可侵性の保護を目的としている。教育,職業の品質管理,学位,専門家の認可と統制は,鑑定を「公共のサービス提供」とし,その不可侵性を保持するという重要な役割を果たしている[48]。その結果,特に,鑑定は通常は完全に公法上の管理には服さないことが確保されている[49]。却って,公法が利用しているのは,独立した鑑定の自律性を公法セクターの中で尊重し,政治の腐敗した不当な要求や行政の官僚主義から保護するために,それに相応しいルール作りを形成する規制方法である。この種の法の目的は,鑑定という制度の中で,機能(Funktion),給付(Leistung),省察(Reflexion)[50]という3つの重要な局面の協働を実現することである。「機能」が関係するのは,専門家はそれぞれの社会のコンテクストの中でどのような社会的責務を果たす必要があるのかという問題である。専門家は,どのように自身の能

---

47)　その詳細は,Sciulli, Theory of Societal Constitutionalism, Cambridge University Press (1992), 205ff.

48)　鑑定のこの局面を強調するのは,特に,前掲注37) Lammel, 362ff.; 前掲注36) Lang, 519ff. も参照。

49)　Teubner, Nach der Privatisierung: Diskurskonflikte Im Privatrecht. Zeitschrift für Rechtssoziologie 19 (1998), 15ff.

50)　これに関しては,Luhmann, Die Gesellschaft der Gesellschaft, Frankfuhrt: Suhrkamp (1997), 757ff.

IV　社会制度としての鑑定〔専門家意見〕

力と現在進行中の社会過程との折り合いつけることができるのか。「給付」が関係するのは，専門家は他の社会の部分的なシステムに対して何をもたらすことができるのかという問題である。様々なアクターは，専門家による学問の生産からどのような利益を受けるのか。「省察」が関係するのは，以上の2つの異なった視角をどのように相互に合致させるのかという問題である。公法上のルールは，以上のいずれの問題にも直接の答えを与えていない。却って，鑑定の固有の動態の中で，機能，給付，省察の内部のバランスを可能とする手続きと行為義務を作り出しているのが，公法上のルールである。ただし，直接の干渉が行われるのは「濫用」がはっきりしている事例であり，公法に誘導された自己規律の微妙なメカニズムが及ばないことが判明した場合である。

　鑑定が私的セクターで体系的に利用された場合は，状況はもっと面倒である。再び異なった合理性の間の相互干渉という問題が，しかも，他の制度的な文脈の中で発生する。もちろん，私的セクターでの鑑定の経済的利用は目新しいものではないが，現在の民営化の見通しの下では社会のプロジェクトのための知識の生産は次第に経済取引として行われるようになる。しかし，仮に，鑑定が公法の支配でなく私人の契約の支配下にあるなら，その制度的な不可侵性を担保することができるのか[51]。私法は自身の制御装置によって，鑑定の機能，給付，省察の自律的なバランスを担保するとか，少なくとも，そのための規範的な前提を作り出すことができるのか。

　「集合行為 (collective action)」は，私的セクターの複数の解決の1つである。私的な標準化組織はその好個の例である[52]。私的なアクターが，設立者の利益から相対的に独立した形式的な組織を設立する。この団体は商業的な文脈で活動するが，一定の制度的な自律性を発揮し，その結果，独立した鑑定の原則に即した方向づけが可能になる。それが自律的で形式的な組織という特徴を持っているから，組織はこのような「合議による編成 (collegial formations)[53]」をとり，組織内又は広い公共の文脈での省察のプロセスが可能となり，その結果，その社会的機能と私的プロジェクトへの給付との間の面倒なバランスが実現される

---

51)　公と私の二分法から離れて，行為と支配の適切さを問いかける民営化の視点に関しては，前掲注49) Teubner.
52)　Joerges, Ladeur und Vos, *The Integration of Scientific Expertise into Standard-Setting*, Baden-Baden: Nomos (1997); Schepel, *Constituting Private Governance: The Case of Standardisation*, Oxford: Hart (2004).
53)　前掲注14) Sciulli, 3.

3 制度としての鑑定

ことになる。標準化組織の「利益獲得」、および、組織的腐敗の他の形式に対する公的な敏感さは、私的セクターでの鑑定の制度化へのインディケーターである。

膨張する情報市場での鑑定の売買では、何が基準になるのか。これが決定的なポイントなのだが、鑑定が「契約のメカニズムによって供給されるときは、明示的ではない局面のどのような条件が、意図したように作用するメカニズムを提供するために確立される必要があるのか」[54]。既に暗示したように、鑑定の契約化は、契約上の忠実性の原則と鑑定の中立性の原則の直接の抵触という根本的な対立を発生させる[55]。

鑑定が独自の制度として機能する必要があるなら、鑑定は科学性の規範の方向づけに強化された社会的な保護メカニズムによって支えられるべきである。厳格な方法的な水準を適用すること、包括的な概念と理論の構築物を指向すること、専門家集団の間主観的な合意に回帰すること、外部の政治的又は経済的な利害関係に対して遮蔽されていること、当事者の利益に対する中立性と非党派的になることが、その際に先ず優先されることになる[56]。

以上と鋭く対立するのは、鑑定契約が、契約の側からは専門家に正当な要求を突きつけているという事情である。つまり、委託者との緊密な協働、相互の信頼関係の構築、委託者の経済的利益に対する厳格な忠実性である。専門家は契約目的に従って、鑑定に対して反対給付として代金を支払う契約相手方の企画を援助するために、自分の知識で自分の顧客を援助し、自己の科学的・方法的な専門分野の道具立てを活用する義務がある[57]。もし専門家が自分の契約相手方以外の利益を考慮するなら、契約法の観点からは忠実義務に欠けるとすら考えられるし、もっと悪いのが、専門家が市場での他方の側の敵対的な利益を考慮した場合である。契約は、鑑定が委託者のために役に立つように一方的に調整し、他の社会のアクターのための鑑定の効用と鑑定の社会的機能を犠牲にすることを要求している[58]。

---

54) 前掲注14) Campbell and Collins, 3.
55) 以上の紛争の歴史的・社会的背景の理論については、前掲注47) Sciulli, 40ff.
56) 代表的なのが、Ziman, *Real Science: What Is, and What It Means*, Cambridge University Press (2000).
57) Philippsen, Zur Dritthaftung des privat beauftragten Gutachters für fahrlässig verursachten Vermögensschäden, Karlsruhe: Versicherungswirtschaft (1999), 9.
58) 前掲注57) Philippsen, 23.

Ⅳ　社会制度としての鑑定〔専門家意見〕

　この場合に，私法は，契約対鑑定という2つの社会制度の鋭い対立に遭遇する。以上の局面は，第三者による中立的で一方に偏らない紛争解決のエートスが，契約相手方の利益擁護というエートスと競合する仲裁裁判に類似している。私的鑑定では，現実性，部分性，効用指向，目的合理性，忠実性という契約のエートスが，知識の公共性，普遍性，不偏不党性，独自性，懐疑主義という学問性のエートスと直接に衝突する。

　法的な干渉か，不干渉か，それが問題である。しばしば行われているのが，私法は自主規律する制度間の紛争をメタ自主規律に委ねるべきだという提案である[59]。特に経済学者は，「ペナルティ・デフォルト（penalty default）」という戦略を推奨することに傾いている。第三者が契約責任に引き込まれると，当事者が契約で取り決めなかったときは，それが意図的でない場合でも戦略的な場合にも，この「不完備」は非効率とみなされる。裁判所が介入しなければ，契約当事者はこのような「不完備」を防止し，完全な契約締結を促されるのが原則である[60]。とはいっても，そこで予見できる結果というのは，事態の推移の中で「私的な独立の鑑定」が一歩一歩「当事者の鑑定（Parteigutachten）」「擁護鑑定（advocacy expertise）」へと変化する突然の利益の競争への流れに向かっていく進化的なプロセスである[61]。契約という制度が行使する恒常的な圧力は，鑑定の制度を少しずつ，（必ずしも，「ジャンク学問」とはいわないまでも，やはり）「当事者の鑑定」として定着させる手続きへと変化させるだろう。長い目で見れば，第2の秩序を観察せざるをえない方向づけが強要されることになる。つまり，「誰が鑑定に対して支払い」，それに応じて行為するのか，である。その結果は，独立の私的鑑定は，市場の両側の契約の文脈の中に消滅することになる。専門家の知識が不可欠な社会のコンテクストでは，市場の他方の側は自身での鑑定の購入を強制されるのが当然だということになる。このような状況下では，法に可能なことは限られており，「当事者の鑑定」が市場で「独立の」鑑定として販売されているときに，詐欺や欺瞞を制限することを保障する程度に止まる。ここで同時にはっきりするのが，先に論じておいたように，法が既

---

59)　そのように主張するのが，前掲注7）Honsell, 233.
60)　前掲注23）Cohen, 6.
61)　これが社会構造主義の主張の骨格である。前掲注47）Sciulli, 40ff. 経済政策的な反対の統制がない場合の機能可能な情報市場の侵食という類似した論拠が，まさに経済的視点から展開されている。前掲注18）Schäfer, 829f.

3 制度としての鑑定

に定着した鑑定市場での契約上の行為モデルと慣行を方向づけることができるなら，それは極めて問題だということである。それは，盲目の進化の結果，つまり，本稿の例では，独立した鑑定から当事者の鑑定への流れを記録するだけであり，どのように2つの自己制御システムが衝突し，衝突の解決のためにはどのような選択肢が可能なのかは全く明らかにはならない。

独立の鑑定の不可侵性が私的セクターでも保障される必要があるなら，事実として裁判所の介入は必要である[62]。より抽象的には，裁判所の介入は，機能，給付，省察の協働，つまり，社会のアクター（委託者，第三者，その他）とそれらの社会的責務（社会の非学問的な領域での知識の促進）のための（十分ではないにせよ）不可欠の条件である。そして，これこそが，鑑定を市民社会の政治的，法的に「保護された領域」だと考えることが公的な利益となる理由である。なぜなら，「国家は本質的にこれらの企業を『人工的に』他の領域のより『自然な』条件，経済や政治の市場の直接の競争という条件から遠ざけるもの」[63]だからである。

これがひとたび受け入れられた後は，鑑定に関する契約を一般的に排除するのか，その適合する分野を探すのかという選択肢が残されているだけである。とはいっても，双務的な契約の締結を一般的に排除するのは，非生産的であろう。なぜなら，ここでは契約の締結は，社会生活の他の領域でのプロジェクトに対して鑑定が責任を持つようにする，柔軟で生産的な社会のメカニズムに徹底的に奉仕しているからである[64]。契約の締結は，独立した社会制度として，学問的生産という自身の利益となる小道をたどり，もともとの社会プロジェクトとの関係を失う傾向が余りに見られる鑑定の古い病に対する確立された治療法である。多くの局面で，詳細に作成された契約には十分な理由がある。なぜなら，契約は鑑定の内的な動態を教育し，研究のプロセスを具体的なプロジェクトに繋ぎとめようとするからであり，重要なのは，契約が鑑定の学問性を損なうのを防止することである。

つまり，ここでの課題は，契約と鑑定の両立可能性の機能する領域，および，機能と給付のバランスにおいて十分な内的な省察を許す法的な支配を探し求め

---

62) 「経済的」視角からも，前掲注18) Schäfer, 828f. は，情報市場の制度の保護を目標にするが，最終的には市場に固有の制度ではなく，鑑定の不可侵性を目標にしている。
63) 前掲注47) Sciulli, 207.
64) これに関しては，前掲注46) Luhmann, 616ff.

Ⅳ　社会制度としての鑑定〔専門家意見〕

ることだからである。しかも，ここでは，それが特殊な方法で契約の世界の典型的な競合を解決することを現実に約束しているから，両立可能性のメカニズムとしての第三者に対する責任が登場することになる。第三者に対する責任は，例えば，自身で義務の水準を定義するなどして直接に競合に介入するのではなく，三面的，又は，多角的な特別の関係を再構築することで，鑑定契約の双務性を修正しているにすぎない。これによって，第三者に対する責任は，様々な契約の世界が調整関係にある当事者を様々に定義するという前述した現象に立ち戻ってくることになる。しばしば具体的なプロジェクトは，それが技術・社会・科学・医学セクターであろうと，様々なアクターの多角的協調を要求するが，具体的な契約・市場関係はこのような多角的協調を厳格な双務的関係に断片化する。しかる後に，社会制度としての鑑定の多角性のために，第三者に対する責任は以上の様々な「契約の相対性（privities）」の対立を解決し，双務的な契約関係を「契約の等価物（equivalent to contract）」という多角的で特別な関係へと移し替える。多角的な社会ネットワークと双務的な経済的交換の潜在的対立は，それが債権関係の相対性の原則に矛盾し，配分の効率性を減じ，取引費用を増加させるとしても，契約と無関係の第三者のために契約の効力の問題に対して法が答えを与えることを必要としている。

　法的には，第三者に対する責任を契約に取り込んだ場合は，委託者に対する専門家の契約による一面的な忠実性とのバランスをとるものが創出されたことになる。以上のようにして，契約上の忠実性自体は正当であるにもかかわらず，鑑定は中立的で不偏性のある方向性を回復することができる。社会制度，および，複雑な社会の期待としての独立した鑑定は，法的には契約当事者の私的自治を尊重すべき契約の非契約的要素の1つを十分に表現している。鑑定が私法の支配下で組織されている限りは，第三者に対する責任はその支配の不可欠な黙示の局面である。

　今一度違った問いかけをするなら，それによって言語ゲームの紛争はどのように解決されるのか。第三者に対する責任の導入により，一方で契約への忠実性，他方で鑑定の独立性という一見すると調整の余地のない根本的な対立が，一方，又は，他方の方向で解決されるわけではない。対立は解決されたのではなく，転換されたのである。転換は，2つの側面と関係している。(1)鑑定の社会的「給付」の視点から，責任のルールは，委託者の利益に対する非対称的な契約上の義務を，プロジェクトに参加する当事者の双方の利益に対する対称的

な義務へと転換させている。両当事者の経済的利益に対する等距離性が創出され，専門家は以上の利益を相互的に衡量する必要があるから，この側面は重要である。(2)鑑定の社会的「機能」の観点から，当事者の個人的利益に対する専門家の義務は，プロジェクト上の義務へと変化する。プロジェクト指向によって第三者に対する責任は探し求めていた期待に応える状況を創設する。独立した専門家を買収して堕落させる可能性を潜在的に持っている契約上の忠実性に対する期待は，非人格的で一方に偏らない客観的な鑑定の期待へと「移し替えられる」。同時に，鑑定が自己満足的な発見の論理の天空に逃れることはもはや不可能となっている。契約上の忠実性と同時に第三者に対する責任を法的に結合させることで，鑑定は足が地に付き，プロジェクトによって現実の世界に送り込まれた具体的な鑑定に抽象的な知識が「移し替えられる」のである。

以上の結論を定式化すると，専門家の第三者に対する責任は，利益に拘束された鑑定からプロジェクトに拘束された鑑定への転換を象徴しているということになる。それによって，第三者責任は2つの分離された制度の間の明白な境界を際だたせている。一方では「当事者の鑑定」であり，そこでは，それ自体は全く正当だが，知識が委託者の利益のために戦略的に利用されている。他方では，一方に偏しない鑑定であり，そこでは，自身の信頼性のコントロールによって一方に偏さず，人的な忠実性と互酬性の考慮から独立して知識が利用されなければならない。つまり，第三者に対する専門家責任は，私的なセクターでの経済合理性と科学的合理性の支配の限界を際だたせている。

ここで今一度強調しておく必要があるのは，学問性という抽象的な理念それ自体ではなく，独立した鑑定と具体的なプロジェクトの結合が第三者責任の「内的根拠」だということである。単純な学術創設ではなく，「プロジェクトに関係した鑑定」，これが最終的には制度的な「指示を与える理念（idée directrice）」である。このことは鑑定契約の2つの黙示の局面を含んでいる。(1)「鑑定」。これが，鑑定契約でも尊重されるべき，学問共同体の原則を伝達している。つまり，偏見から自由なこと，不偏不党性，非従属性，方法論上の水準の遵守，プロジェクトの完成に関与する者全員に対する責任である。(2)「プロジェクト」。これが第三者に対する責任の詳細を示している。法律構成，保護される人間の範囲，抗弁と責任の排除である。

4 プロジェクトに関係した専門家の鑑定：幾つかの法的問題

(1) 法 的 構 成

　制度的な第三者責任に相応しい法的構成の探求は，決して無垢の制度的法律学の抽象的な履践ではない。それは歴史の偶然性，つまり，各国の法が契約と不法行為を一般的にどのように区別しているのかに依存している。さらに，各国の法が，特別な法律構成の概念的能力をどのように発展させてきたのかに依存する。具体的には，一方で，黙示の条項（implied terms），約因（consideration），債権関係の相対性（Relativität der Schuldverhältnisse），契約締結上の過失（culpa in contrahendo），第三者のためにする契約（Vertrag zugunsten Dritter）であり，他方が，不法行為の特別な関係，注意義務（duty of care），使用者責任（respondeat superior），純粋の財産損害（reine Vermögensschäden），因果関係（Kausalität）による制限である[65]。以上との関係でよく指摘されるのは，法律構成の違いにもかかわらず，第三者に対する責任の基準には顕著な一致があることである。これは「プロジェクトに関係した鑑定」にも当てはまる。この私法上の制度としては，不法行為法による「契約への近さ」という特別な関係，および，周知の契約の非契約的な要素が存在する。

　よく知られているように，ドイツ法は専門家責任に(準)契約的な解決を与えている。その主な原因は，ドイツ法が，完全性利益ではなく（鑑定契約の）給付利益に目を向けているからである。第三者は鑑定が第三者の法益に与えるリスクの現実化によって損害を被っているのではなく，価値のある財，ここでは情報の交換の給付リスクが現実化して損害を被っている[66]。ただし，契約的な解決の内部では，周知のとおり，2つの理論が激しく対立している[67]。裁判所も同様だが，一方のグループは，第三者のためにする契約を支持している。この考え方は，委託者と専門家の契約に注目して，契約の黙示的局面から鑑定契約の当事者ではない第三者に対する専門家の責任の基準を導き出す。他のグ

---

[65] Bar, Diskussionsbeitrag, in: Karlsruher Forum 1988 (Hg.), Die Einbeziehung Dritter in den Vertrag, Karlsruhe: Versicherungswirtschaft (1999), 105ff.
[66] 以上の側面，つまり，情報では，交換，すなわち，特別な関係を定義し，(準)契約的な解決が当然と思わせる給付の供与が問題となっているという事情を，不法行為による解決を唱える者は意図的に軽視している。例えば，前掲注10) Brüggermeier, 456ff.
[67] 最近の状況を報告するのが，前掲注35) Koch, 62ff.

4　プロジェクトに関係した専門家の鑑定：幾つかの法的問題

ループは，契約締結上の過失による専門家責任を支持する。この考え方は，鑑定契約ではなく，委託者と第三者のプロジェクト契約という第2の契約に注目して，その黙示的な局面から，自身はプロジェクト契約の当事者ではないが，あたかも当事者のように「この契約に関与している」専門家の準契約的な責任を導き出す。

　本稿の主張する制度的な視角からは，2つのグループは正当だが同時に不当である。上述したように，その局面は最終的には合意によるものではないが，責任の根拠を専門家契約の「黙示的」局面に求めるのは妥当である。これも又契約によるものではないが，責任の根拠をプロジェクト契約の「黙示的な」局面に求めることも同じく妥当である。しかし，まさに決定的なメルクマール，つまり，専門家のプロジェクトへの「拘束」が両極化しているから，いずれの見解も不当である。第三者に対する責任のキー概念は，一方又は他方の契約ではなく，専門家のプロジェクトへの法的拘束，および，その反対の（vice versa）2つの契約の相互依存性である。例えば，フランス法圏の契約の集団（groupe de contracts），英米法のネットワーク契約（network contract），ドイツ法圏の契約結合（Vertragsverbund）のような，結合契約の理論を徐々に発展させている各国法秩序には，事実としてプロジェクトに関係する鑑定の制度に対する適切な法理論的な結節点が存在する[68]。だから，鑑定関係は多くの多角的契約結合の中の1例にすぎない。契約結合では，法は当事者の単なる合意の彼方に黙示的な局面を発見するのが通例である[69]。明示的には契約による債務を互いに全く負っていない当事者間の準契約上の債務が，契約ネットでは当然のように形成されている[70]。間違いなく，これは人口に膾炙されている未来の見通しではあるが，とはいっても，未来への見通しの1つに止まる。

　しかし，やはり問題解決のために法解釈学が提供する選択は，契約締結上の

---

68)　例えば，Ghestin, Normalisation et contrat, Revue juridique Thémis 19 (1985), 1-23; Adams and Brownword, "Privity and the Concept of a Network Contract," *Legal Studies* 10 (1990), 12ff.; Rohe, Netzverträge: Rechtsprobleme komplexer Vertragsverbindungen, Tübingen: Mohr & Siebeck (1998).

69)　前掲注22) Gernhuber, 711; Amstutz, Die Verfassung von Vertragsverbindungen, in: Amstutz (Hg.) Die vernetzte Wirtschaft: Netzwerk als Rechtsprobleme, Zürich: Schulthess (2004), 39ff.

70)　これに関しては，前掲注68) Rohe, 141ff. 垂直的なネットワークに関してだが，Teubner, Netzwerk als Vertragsverbund, Baden-Baden: Nomos (2004), 150ff. および，そこでの引証。

Ⅳ　社会制度としての鑑定〔専門家意見〕

過失と第三者保護契約であり，その双方の欠陥もよく知られているとおりである。それでも，2つの契約の結合に注目するのではなく，以上のいずれかに決定する必要があるなら，プロジェクト鑑定の制度的局面をより適切に評価しているのは第三者保護契約である。それに対して，形式的には契約の当事者ではない第三者（「管財人（Sachwalter）」）を契約責任に引き込むための契約締結上の過失による第三者の責任は，3つの要件が充足された場合に限って適用が可能である。つまり，(1)専門家が契約当事者の一方の「陣営（Lager）」で行為したこと。(2)専門家が「準契約の当事者」となるほどに交換に対して自身の実質的な経済的利益を有していたこと。(3)専門家の行為が他方の当事者の正当な信頼を基礎づけることである[71]。独立した専門家は間違いなく第3の要件は満足させるが，最初の2つの要件に関しては正反対である[72]。プロジェクト契約の両当事者の経済的利益に対する中立性は，プロジェクトに関係する専門家の不可欠の前提条件だからである。だから，独立した専門家を，一方当事者の「陣営」で活動し，しかる後に他方の当事者に情報が伝達される当事者の鑑定人と法的に同じ分類に服させるわけにはいかない。契約締結上の過失による解決が提案するように，「管財人」と「中立性」の2つを法的に同一に分類すれば，「当事者の鑑定」と「独立の鑑定」という基本的な法的区別を消滅させてしまうことになるだろう。当事者の鑑定に適用される最低限の要求に，独立した専門家の責任の水準を切り下げてしまうことは，全く受け入れがたい。

　第三者保護契約を優先させるべき理由が，もう1つある。ここでの課題が，プロジェクトに関係する鑑定のような包括的な多角的制度を法的に再構成することだとすれば，契約締結上の過失によれば，互いに孤立している3つ（又は，それ以上）の双務的関係に遭遇することになる。反対に，第三者保護契約では明示的に包括的な法的関係に対する概念の活動する余地が開かれ，その中ではプロジェクト，鑑定，様々なアクターの利益が再構成され，関係する当事者の権利・義務が相互に調整されることになる[73]。2つの選択肢の中では，第三者保護契約が制度の核心，つまり，相互に指示しあう3つの関係（鑑定契約，プロジェクト契約，鑑定人・第三者間の給付関係）の一元的結合により近いのである。

---

71)　Emmerlich, in: Münchener Kommentar 2003, Band. 2a §311, Rn.221ff.
72)　前掲注35) Canaris (1999), 226は，専門家責任の水準の基準となる大きな違いを軽視しており，説得力に欠ける。

（2）保護される人間の範囲

　鑑定のリスクに曝され，判断に際して鑑定の正しさを信頼した者の中でどのような人間が，専門家から損害賠償を請求できるのかというのが，実務では最も難しい問題である[74]。幾つかの裁判所は，専門家と損害を受けた第三者の間の「情報による接触」の予見可能性という基準を取り入れている。その結果，公認会計士，会計士の財政的責任は，およそその数の見当も付かない投資にまで拡大される結果に陥った。以上と見解を共有しない裁判所は，どの程度で欠陥のある鑑定のリスクに被害者が曝されているのかを基準とし，さらに，因果関係の理論を操作して，保護される人間の範囲を限界づけようとしている。しかし，制度的な視角からは，以上の基準はいずれも間違っている。法的に問題なのは，特定の情報を頼りにして，リスクに入り込んで損害を受けた人間総ての完全性利益を確認することではない。そうではなく，上述したように，鑑定の不可侵性を保護することである。プロジェクトに関係した鑑定が保護に値する社会制度であり，契約が社会制度に含まれているなら，具体的なプロジェクトに対する義務が第三者に対する責任の限界も確定することになる[75]。この点で，誰が損害賠償が可能で，誰が損害賠償を請求できないのかの区別に関しては，鑑定とプロジェクトの緊密な結合（という基準）で十分である。プロジェクトの限界が，第三者に対する特別な責任の限界を決定するのであり，損害の予見可能性や法益を危殆化させる給付への近さ，又は，因果関係による制限などではない。それに応じて，専門家は自分の給付に関して，具体的にプロジェクトに関係した人間に対してだけ責任を負うことになる。なぜなら，今一度強調するなら，プロジェクトと結びついた鑑定の黙示的位相としての第三者に対する責任は，外部者の完全性利益に対する一般的な責任ではないからである。第三者に対する責任の重点は，鑑定契約の非対称性に対する補償措置である。

---

73) もちろん，「第三者のためにする契約（Vertrag zugunsten Dritter）」という名称が合意に親近性があるように，合意を二当事者に限るのは誤解を招きかねないことは強調しておくべきである。だから，それに代わって，裁判官法によって始めて契約に内部化されるものではあるが，基礎となっている鑑定関係の非契約的な制度的性格を表現するために，「第三者のためにする債務（Obligation zugunsten Dritter）」という言葉を使うべきであろう。
74) 議論の状況については，前掲注71) Emmerlich, §311, Rn.227ff.
75) 前掲注35) Canris (1999), 234ff. は，この点を強調するが，同時に，信頼それ自体は基準とはならず，付加的な基準が必要だとする。これこそが，まさに「プロジェクトに関係した鑑定」の制度が関係する問題である。

Ⅳ　社会制度としての鑑定〔専門家意見〕

　契約により鑑定を双務的に縮小することとの対比では，第三者に対する責任は複雑な鑑定関係を保護すべきものであるが，それは専門家の情報を基礎に企図されるリスクの多い交換に対する一般的な保険ではない。

　同様に誤っているのが，専門家と委託者の相互的関係から引き出される典型的な契約上の基準である。保護される人間の範囲を決定する際に，繰り返し裁判所が探していた基準は，当事者の意思，鑑定の目的に関する当事者の主観的な知見，黙示的なリスクの引き受け，仮定的な交換関係，不完全な契約，又は，専門家と第三者の関係に則した基準だった。以上の基準が第三者に対する義務を基礎づける（多少とも客観化された）当事者の意思を確定しようとしている点で，これらの基準は紛らわしいものである。制度的な視角からは，明示的又は黙示的な合意と第三者に対する責任の問題は無関係である。第三者責任の発生は，当事者の意思に反している。その中心的な基準は，誰がプロジェクトに関与しているのかである。ただし，同時に明らかにすべきは，プロジェクトにかかわっている３つの交換の具体的事情が，誰が保護され，誰が保護されないのかという問題に意味を持っていることである。ここでも明確に区別しておくべきは，以上の事情は，具体的なプロジェクトを限界づけるインディケーターとしては意味があるが，第三者に対する専門家の責任に関する双務的合意のインディケーターとしては役に立たないことである。確かに，契約当事者は具体的なプロジェクトに関係する鑑定に必要な情報を決定できるが，それが惹起する第三者責任の射程を決めることはできない。

　プロジェクトへの参加という基準は，そのために鑑定が利用される法的に拘束力のあるプロジェクト契約が締結される通常のケースでは実用的である。具体的な売買，与信，投資プロジェクトに対する独立した鑑定が，その例である。保護される人間の範囲は，この場合にはプロジェクト契約への関与によって決定される。面倒なのが，法的に拘束力のある契約に基づいているだけではないプロジェクトの場合である。具体例が，自動車事故の後に被害者が独立の専門家に損害の算定を委託した場合である。事故惹起者，ないしは，保険者は，鑑定の正確さを信用して確認された賠償額を支払う。本稿の視点で決定的なのは，鑑定が具体的な事故損害の清算という具体的なプロジェクトに関係しており，専門家がプロジェクトに関与する３人のアクター，被害者，事故惹起者，事故惹起者の保険者に対して義務を負っていることである。プロジェクト指向の基準は，融資活動でも十分な解決をもたらす。不動産売買での融資が，一部は銀

4 プロジェクトに関係した専門家の鑑定：幾つかの法的問題

行信用で，一部は他人の保証契約で担保されたときは，買主，売主，銀行，保証人の総ては，第三者保護効を伴った契約の原則に従って専門家に対する請求権を取得する。

ただし，プロジェクトの性格が時と共に変化したときは，話が面倒になる[76]。今一度具体例をあげると，当初の計画どおりに目的物の売買のためではなく，与信の最後に鑑定が行われた場合である。ここでは，事実として，社会システムの自己同一性のグレーゾーンに遭遇することになる。しかし，その場合でも，プロジェクト自体ではなく，鑑定とプロジェクトとの関係に注目して，それに則した限界づけを行うべきだということになる。売買と与信が交換となっているときは，場合分けが必要である。売買の鑑定の要件が与信と違っていれば，専門家は与信者に対しては責任を負わず，同一なら与信者に対しても責任を負う。

プロジェクトへの参加者が多少とも不確定な場合は，同じように難しい問題が持ち上がる[77]。はっきりと定義された狭い範囲にプロジェクト参加者が制限されていれば，参加者は誰でも第三者に対する責任を追及することが可能である。ところが，潜在的な参加者が公衆へと広がっていくにしたがって，第三者に対する責任は本来の意味を失ってくる。独立した専門家という制度的な性格を考慮すれば，第三者に対する責任はとりあえず直感には反する。しかし，独立した専門家の中立性を強化する法規範の下では，私法上の責任は，給付の内在的な限界を伴った複数の責任の１つであるにすぎない。私法上の第三者に対する責任が有効に機能するのは，専門家が計算可能なリスクを伴うプロジェクトに関係した場合に限られる。以上の状況では，第三者に対する責任は鑑定の不可侵性を保護することができる。反対に，公共の知識を一般的に創出しようという場合には，第三者に対する責任は不適切である。責任の計算可能性がなければ鑑定の不可侵性の保護は不可能であり，却って，それを破壊してしまう。第三者に対する責任という類型は，プロジェクトと結合した専門家に対してだけ意味がある。私法上の消費者保護組織は，例えば，製造物の潜在的な購入者に対して専門家として責任を負うことはない。公認会計士の場合は，２つの類型の責任を区別すべきである。公認会計士が年次報告書の作成という法律上の

---

76) なかんずく，前掲注35) Canaris (1999), 236f. を参照。
77) これに関しては，前掲注10) Brüggermeier; 前掲注35) Canaris (1999), 236f.; Eike Schmidt.

Ⅳ 社会制度としての鑑定〔専門家意見〕

義務を履行している場合は，法律の規定する責任が企業とその子会社に対して発生し，その責任が裁判官による解釈で拡張されてはならない。しかし，公認会計士が企業の委託で具体的な投資・与信・買収プロジェクトに関する特別な報告を作成した場合は，当然に第三者に対する責任が発生する。取引の連関でも同様の区別が必要である。連続する取引でのリスクが同一の場合は，専門家責任の原則が適用される。反対にリスクが増加するときは，専門家は後の売買の責任を負わない。以上の３つの場合の総てで，保護される人間の範囲を決定するのは，契約の双務化に対する補償である。リスク計算と付保可能性の観点は，プロジェクトに関係する専門家の制度を具体的に構成する際には，きちんと考慮されていることになる。第三者に対する責任という基本的な考え方が，以上の私法上の制度を安定させることに根拠を持っているなら，営業上の保険がこの目標を促進し，したがって，付保可能性の限界が専門家責任の限界にとっても重要性を持ってくることになる。

　敵対的な利害関係にある市場の人間と，第三者保護はどう関係しているのか[78]。冒頭の事例で建築家は買主と買主への与信者の期待に対して責任があるのか，それとも，売主が一定の責任を負う者に対する責任に制限されるのか。周知のように以上の問題は長きに亘って争われており，特に，第三者を保護する契約の法的構成も同様である。しかし，プロジェクトに関係した専門家にとっては，利害関係の敵対も委託者と第三者の「苦楽を共にする」関係のいずれも重要な意味を持たない。委託者との関係がどうであろうと，それらの人間がプロジェクトに関与したがゆえに，専門家は第三者に対して責任を負うことになる。プロジェクト参加者の間の競争，非協調的関係，敵対的利害関係，配慮義務の欠如は，専門家責任を排除するものではない。全く反対で，まさに敵対的利害関係こそが，従属性の全くない助言とそれを側面支援する第三者に対する責任の評価を高めるのである。

　当事者鑑定（Parteigutachten）と独立した鑑定（unabhängige Expertise）の違いは，以上とどう関係するのか。まず，「当事者鑑定」自体は定着した社会制度であることを強調しておく必要がある。さらに，具体的な社会状況下でどのような期待のセットが相応しいのかを決定するには，注意深い制度的分析が必

---

78) 判例が変わった後の現在の議論状況については，Gottwald, in: Münchener Kommentar, 4.Aufl.(2003), §328, Rn.114ff.

要である。その例が，税理士，弁護士，会計士である。これらの職業の人間の助言は，普通は当事者鑑定である。彼らが自分の専門知識を自分の顧客の利益の促進のために役立てるのは当然である。他方の当事者が鑑定を利用しても，第三者責任の必要性は存在しない。ただし，例外的には，このような「専門職」が中立的な鑑定の役割を引き受ける場合がある。その例が，最近の実務である「第三者の法的見解（third party legal opinions）」であり，このケースでは，一方の当事者がプロジェクトの相手方の弁護士の（義務的な）法律鑑定を明示的に要求している[79]。さらに，プロジェクト契約と鑑定契約の相互関係から，弁護士，会計士，税理士，ないしは，その他の当事者鑑定人の独立の助言が要求されていることが明確な場合もある。

今ひとつ面白い事案類型が，委託により具体的なプロジェクトの鑑定を行う政治指向の研究施設である。ここでも第三者責任の基準を提供するのは，鑑定契約ではなく，機能・給付・省察というより広い制度的な文脈である。一見すると，これはプロジェクトに関係した第三者責任の古典的な例にも見える。しかも，施設が公的な研究所に近くなればなるほど（補助金，公的機能），責任を認めるべき論拠は強力になる。しかし，この場合にも，鑑定の「当事者鑑定」としての性格を優先すべき場合がある。例えば，「ガイア・オートポシス研究所」が環境運動家の融資を受けているとしよう。このような場合には，この研究所が当事者鑑定を作成するのは可能だが望ましくはなく，第三者責任を認めれば，研究所に求められている依頼者のための一方的な利害に縛られた研究が脅かされることになってしまう。「当事者鑑定」を性格づける論拠，つまり，明確に一方的な依頼者の視角を極端に推し進めるために全ての知識を役立てることは，独立性，非予断性，中立性の論拠よりも強力だということになる。

（3）責任の排除と契約上の抗弁[80]

責任の排除と契約上の抗弁は契約法による解決の共通のアキレス腱であり，特に，第三者を保護する契約の弱点でもある。誰も取引を支配しない（nemo potest transferre）から，専門家が委託者に主張できる抗弁の総てが，第三者に

---

79) これに関しては，Adolff, Die zivilrechtliche Verantwortlichkeit deutscher Anwälte bei der Angabe von Third Party Legal Opinions, München: Beck（1996），91ff.; 前掲注36) Lang, 459ff.
80) これに関しては，Gottwald, in: 前掲注71)，§328 Rn.120ff.

IV 社会制度としての鑑定〔専門家意見〕

対して主張できるという考え方には，説得力があるように見える。委託者以上の権利を第三者が取得することはできない。以上は論理必然的である。ところが，この結論にはほとんど説得力がない。それでは専門家責任が必要とされる多くの場合に，専門家責任は委託者と専門家の約定，又は，それどころか共謀に左右されることになってしまう。さらなる契約上のフィクションを構築して，以上の面白くない結果を裁判所は（少なくとも部分的には）回避しようと努めている。つまり，裁判所は第三者に対する責任を（鑑定）契約の当事者の黙示の約定によって基礎づけるだけでなく，付加的に第2のフィクションを作り出している。

しかし，制度的な視角を採用すれば，弱点は消失する。当事者の合意や広い意味での契約上の結合との関係づけをやめて，契約が組み込まれている経済的・社会的制度との関係を創設すれば，第三者に対する責任は双務契約から導き出されるのではなく，専門家・顧客の三面的関係による独自の責任となる。この考え方は，第三者保護契約を独自の法形式として独立させ，「第三者保護ではなく，直接の保護」を説くアイケ・シュミットの提案と軌を一にする[81]。以上の責任を認めれば，鑑定契約から権利・義務を導き出す必要はなくなる[82]。責任が，専門家の委託者に対する抗弁に左右されることもない。しかも，以上の結論は，全くフィクションを必要としない。さらに，契約による責任の排除によって制限することもできない。第三者に対する責任は，学問共同体の構成員である専門家の地位にその基礎を持っており，それは契約とは別物とされた第三者に対する直接の責任である[83]。以上の責任は，委託者と専門家の間の契約が鑑定という社会制度に巻き込まれた瞬間から発生することになる[84]。

〔訳者付記〕 本論文のタイトルは，Expertise als soziale Institution: Die Internalisierung Dritter in den Vertrang であり，初出は，Gert Brüggemeir, (Hg.) Lieber

---

81) 前掲注1）Esser und Eike Schmidt, §34 IV 2c.
82) これが通説である。特に，BGHZ 127, 378-屋根組み事件を参照。
83) 現在は少数説である。Esser und Schmidt, Fn.1, §34 IV 2d; Thiele, Gedanken zur Vorteilsausgleichung, AcP 167 (1967), 193ff; Assmann, Prospekthaftung als unerlaubter Haftungsdurchgriff?, in: Juristischer Fakultät Heidelberg (Hg.), Richterliche Rechtsfortbildung, Heidelberg: Müller, 299ff. 通説は，責任制限を認めている。を参照。興味深いことに，経済的視角からは，このような責任制限は極めて批判的な評価を受けている。前掲注18) Schäffer, 831.
84) 前掲注1）Esser und Schmidt, §34 IV 2c und d.

4　プロジェクトに関係した専門家の鑑定：幾つかの法的問題

Amicorum Eike Schmidt. Müller, Heidelberg, 2005, 303-334だが，北大での講演は，本論文の縮刷版にもとづいて行われた。

〔訳注〕
[1]　**屋根組み事件**（BGHZ 127, 378）

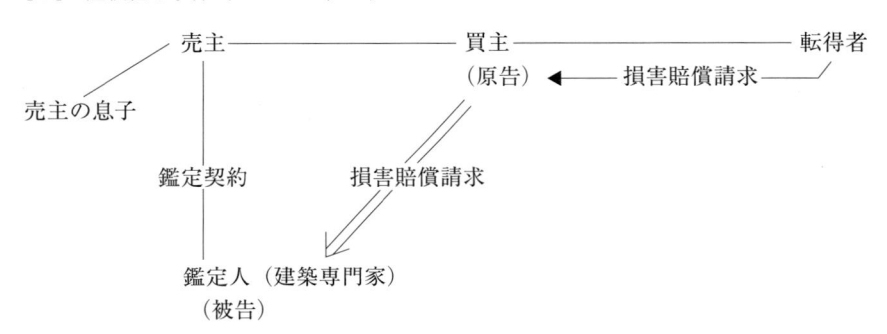

```
          売主 ─────────── 買主 ─────────── 転得者
        ╱                （原告）◄── 損害賠償請求 ──╱
売主の息子              │
                       │
           鑑定契約    損害賠償請求
                       │
                       ▼
              鑑定人（建築専門家）
                 （被告）
```

［事実の概要］被告は郡信用金庫と契約していた建築専門家だった。1988年3月に売主から売却目的であることを告げられて，被告は土地・建物の価値の鑑定（Wertgutachten）を行った。その際に，被告は，建物の保存状態は良好で，当面は補修の必要は認められないという鑑定を提出した。原告は鑑定を示されて，1988年3月8日に，売主は瑕疵に関する責任を負わないとい特約で，土地・建物を購入した。ところが，1989年3月に原告からの買主が建物を補修した際に，屋根部分の湿気を発見し，屋根の取替えが必要なことが判明した。その結果，買主は原告に対して損害賠償を請求し，原告は和解して損害賠償に応じた。そこで，原告は，被告に対して，損害賠償を請求した。被告の部下が建物の屋根部分を観察していれば，瑕疵を発見しており，その結果，適正な鑑定があれば，原告は土地・建物を購入しなかっただろうというのである。

地裁は原告の請求の一部を容認したが，高裁は棄却した。原告は上告して，原審に破棄差戻しとなった。

［判決の概要］1．控訴審は，当事者間の直接の契約関係，つまり，黙示的に締結された情報契約に基づいて，原告は被告に損害賠償請求が可能かを論じていない。さらに，この点を原告も事実審で主張してはいない。

2．控訴審も，鑑定契約によって原告に対する保護義務が発生することは認めている。被告への委任者と原告の利益が対立していても，以上の理は変わらない。被告は国家の承認を受けた専門家であり，鑑定の正確性が要求されている。このような専門家が第三者にも利用される鑑定を提出する場合には，それに相応しい証明力があることが要求される。したがって，控訴審は，委任者と第三者の利益が対立していても，第三者に対する保護効が発生することを妨げないと解している。鑑定の提出の際に，鑑定者が第三者を具体的に知っている必要もない。本件で被告はその職務上の地位からは，公的な資格を有する専門家に等しい。

加えて，土地・建物の所有者の代理人が，建物の瑕疵を知って黙秘していたことも，鑑定契約の第三者保護効の否定にはつながらない。

3．控訴審は，被告の部下が適切に建物の屋根と屋根組みを調査していれば，瑕疵が発見

Ⅳ 社会制度としての鑑定〔専門家意見〕

できたと認定している。さらに，屋根の調査が不可能又は困難な場合は，鑑定にその旨を記載すべきだったとしている。その結果，履行補助者（被告の従業員）の過失ゆえに，被告には過失がある。鑑定が適切なら，原告は土地・建物を購入しなかったであろうし，原告の被った損害と鑑定の不正確さには因果関係があると控訴審は認定している。

4．ところが，控訴審は積極的債権侵害によって被告は損害賠償義務を負うことはないと結論している。その理由は，土地・建物の所有者の息子が，瑕疵を知って黙秘しており，かつ，屋根の調査が困難だとして不正確な鑑定を提出するよう仕向けたからである。つまり，委任者自身も被告に対して鑑定の不十分さゆえに何らかの請求をすることはできず，その結果，被告は原告に対してもドイツ民法334条に基づいて抗弁が可能だというのである。

しかし，以上の控訴審の考え方は不当である。確かに，委託者は被告に対して損害賠償の請求はできない。さらに，第三者は直接の契約相手方が主張できる以上の請求はできない。だから，加害者が契約相手方の法定代理人又は履行補助者ではない場合は，加害者の契約相手方の共同過失を主張できるというのがBGHの判例である。以上の第三者保護の制限は，ドイツ民法334条，及び，ドイツ民法242条（信義則）の法思想からも見て取れる。

しかし，諾約者は契約上の抗弁を第三者に対して主張できるとするドイツ民法334条は任意規定であり，特に，補償関係の性質からは，黙示的に排除することが可能である。以上を控訴審は正しく認識していない。つまり，直接の契約相手方以上には，保護は第三者保護効による責任は保護を与えないという原則が，契約の性質上破られる可能性があり，このことを本件の鑑定契約の解釈でも控訴審は考慮に入れるべきであった。

被告は鑑定の際に鑑定が売買のためであることは知らされていた。売買に際しては，公認された専門家の鑑定は売主よりも信頼される可能性があることも計算に入れておくべきだった。しかも，売主が瑕疵を不誠実に黙秘している場合にこそ，却って，鑑定の信頼性が重要であり，買主の鑑定への信頼は法的保護に値する。その結果，委託者が鑑定の不正確さを誘発した場合であり，そのことが受任者の委任者に対する責任に影響を与えるか否かにかかわらず，鑑定に対する信頼は保護されるべきである。

このように契約を解釈しても，専門家は予想不可能な責任のリスクにさらされるわけではない。仮に，委任者の情報を確認できないときは，鑑定にその旨を記載すれば，鑑定の不十分さの責任を負うことはない。

5．以上の理由で原告に破棄差戻しされるが，原告が自身で家屋を調査した際に瑕疵を発見しなかったことが共同過失とされるべきではないことを指摘しておく。

［2］　**ドイツ民法334条**　諾約者は第三者に対しても契約上の抗弁を主張できる。
［3］　**ドイツ民法313条**　(1)契約の基礎となった事情が，契約の締結後に著しく変化し，契約の当事者が以上の変化を予想していたときは，契約を締結しなかったか，又は違った内容の契約を締結していたであろうときは，個別の事件の総ての状況，特に，契約上又は法定の危険分配を考慮して，当事者の一方にとって変更のない契約の維持が期待できない限りで，契約の調整が要求できる。
(2)契約の基礎となった重要な観念が誤りだと判明したときは，事情の変化に当たる。
(3)契約の調整が不可能，又は，当事者の一方に期待可能でないときは，不利益を被る当事者は契約を解除できる。継続的契約関係では，解除権に代わって告知権が発生する。

V 結合義務としての利益の分配？
―フランチャイズ・システムでのネット利益の再分配―※

藤原正則　訳

1　「アポロ」
2　構造の矛盾：双務的交換 vs. 多角的結合
3　結合義務の基準としてのネットワーク
4　強化された忠実義務としての結合義務
5　結合義務としての利益の分配？

1　「アポロ」

　アポロ・オプティク本部は，いわゆる二重システムでメガネ専門店を経営していた。本部は第1の販売網では150の支店網でメガネ製品を販売し，第2の販売網では90以上のフランチャイジーによる販売を実施していた。フランチャイザーの用意したフランチャイズ契約の書式には，フランチャイザーは「理想的な経営の達成のために……利益（Vorteile）を」フランチャイジーに再分配するという条項が含まれていた。供給者からより高額の購入割引を取得するために，アポロシステムは2つの販売システムの購買の需要を一括していた。アポロシステムの購入の全てに対して，第1，第2の販売網を区別せず，供給者は最高52パーセントの購入割引を与えていた。他方で，アポロはフランチャイジーに「公式の」製造者割引リストを与えていた。公式の製造者割引では，製造者価格の38パーセントまでの割引が与えられるに止まった。実際には，アポロは全てのシステムによる購入で52パーセントの割引を取得していた。供給者は，この差額をフランチャイジーに知らせず，キックバック（「差額割引（Dif-

---

※　BGHの判例（2003年5月20日の判決）は，KZR19/02-BGH BB2003, 2254＝DB2003, 2434＝ZIP2003, 2030＝WRP2003, 1448に掲載されている。Laschetの評釈が，BGH Report2003, 1345.

V　結合義務としての利益の分配？

ferenzrabatte）」）としてアポロ本部に振り込んでいた。つまり，アポロは2段階で交渉を行っていた。まず本部は全アポロシステムの購買力を基礎として，フランチャイジーのためにも，全システムに対する一元的な割引を供給者に対して押し付ける。しかる後に，差額割引をアポロ本部に支払うことを，本部は供給者と合意する。ところが，この差額割引の実施が偶然に明るみに出てしまい，フランチャイジーはアポロに対して差額割引の引渡しを請求するに至った。

　幾つかの高等裁判所で正反対の判決が下された後に，連邦通常裁判所（BGH）は原告フランチャイジーを勝訴させた[1]。訴訟では，カルテル法上の問題と並んで，アポロはフランチャイザーとして，全ての利益をフランチャイジーに再分配する義務があるのかという契約法上の問題が問われていた。BGH は，この事件に類似した2つのケース（「シックスト（Sixt）」，「ヘルツ（Hertz）」）で否定的な見解を示している[2]。そこで問題となったのは，レンタカーのフランチャイザーが，自動車メーカーから受け取った宣伝補助費を，現実に自動車が市場でレンタカーとして貸出されたときは，フランチャイジーに分配する義務があるのかだった。この事件の当時は，フランチャイジーが資材（自動車）を調達する際のフランチャイザーの援助義務の一般的なルールは（フランチャイザーのフランチャイジーに対する）給付義務を基礎づけるものではないと裁判所は論じていた。いずれにせよ，メーカーが明文でフランチャイジーへの再分配を禁じていた場合には，再分配義務はないというのである[3]。幾つかの高等裁判所も「アポロ事件」で似たような議論をしており，フランチャイズ契約による利益を個々のフランチャイジーに再分配するというアポロ本部の義務は，給付義務を基礎づけるものではないとしていた[4]。ところが，BGH は，援助条項（Unterstützungsklausel）の顧客に有利な解釈（ドイツ民法305c 条 2 項）[11] からは「いずれにせよ」全ての購入利益の再分配を求める給付請求権が発生すると判決した。

　ただし，BGH は，以上の問題を，普通取引約款の解釈，しかも，ドイツ民

---

1)　OLG Bremen WRP 2002, 224; OLG Düsseldorf WRP 2002, 235; OLG Frankfurt 23.7.2002-11 U (Kart.) 55/00（未公刊）; OLG Frankfurt 23.7.2002-11 U (Kart.42/00)（未公刊）. 判決の結果の詳細は，Haager, NJW2002, 1463, 1465を参照。
2)　BGH NJW 1999, 2671-"Sixt"; BGH 17.7.2001- Ⅶ ZR 59/01（未公刊）-"Hertz"; OLG Stuttgart 16.2.2001-2 U 218/99（未公刊）. 以上に対して肯定する傾向にあるのが，OLG München WiB 1997, 1009。Böhner NJW 1998, 109ff. も参照。
3)　BGH NJW 1999, 2676.
4)　OLG Düsseldorf WRP 2002, 238; OLG Bremen WRP 2002, 224.

1 「アポロ」

法305c条2項の不明確条項の解釈としてだけ取り上げている。アポロ（のフランチャイズ）契約は，以下の条項を含んでいた。

　6.3条：「アポロはパートナーをその業務展開とシステムに則した営業に関して支援し，理想的な事業の成果の達成のために利益（Vorteile），アイデア，及び，改善を与える。」

　これを見れば，普通取引約款の以上のような援助条項の多少とも空虚な文言から，高等裁判所の見解が分かれていることも説明がつく。このような問題を，裁判所は［契約］条項の解釈に解消するのが常だからである。しかし，実際的な理由からも，法的問題の解決で結局は普通取引約款の解釈問題だけに依存するのは，あまり意味のあるやり方ではない。というのは，フランチャイザーに交渉力があれば，BGHのアポロ判決以後はこのような利益再分配条項は希釈化されたり，全く削除されてしまったりする可能性が十分に考えられ，遅かれ早かれ判例は再度問題を取り上げる結果になるからである。そして，実際にも，アポロ判決の後の「ヘルツ」判決では，普通取引約款に援助条項がなかったためにBGHも再分配請求権を否定している[5]。

　ここで問題を契約の解釈だけから考えるのは，不十分であり，全てをフランチャイザーの交渉力に依存させる結果となる。正しい態度は，フランチャイズ契約の客観的な構造に立ち戻ることである。最終的に決定的なのは，当事者が市場，契約，および，組織の関係に機能的に依存していることである。このような条項を普通取引約款が様々な形で規定していても，それが作成された市場と組織の関係の文脈で解釈してこそ，このような条項は意味を持ってくる。

　ところが，ここで援助条項の解釈だけが問題だと考えるなら，双務契約的な結合からフランチャイズ契約が成立したネット効果（Netzeffekte）を体系的に考慮していないという結果になる[6]。再分配請求を拒否した裁判所の判決理由から，その中で前提とされているフランチャイズの範型を再構成してみれば，独立した販売段階（供給者――フランチャイザー――フランチャイジー）の間の孤立した契約関係というもはや適切とはいえない売買契約のイメージが明らかになる[7]。つまり，供給者はフランチャイザーと孤立した双務的関係にあり，さ

---

[5] BGH BB 2006, 1071-Hertz. これに対する適切な批判が，Böhner KritV 2006, 227ff.
[6] ネット効果と結合効果に関しては，Teubner, Netzwerk als Vertaragsverbund (2004), 第1章Ⅲ，Ⅳ，および，第3章Ⅳを参照。その様々な法分野への影響に関しては，Lemley/McGowan, *California Law Review* (1998), 479を参照。

V　結合義務としての利益の分配？

らにフランチャイザーはフランチャイジーとの孤立した双務的関係に基づいて，購入利益を入手するために，供給者との関係で駆使する事実上の購買力を有しているということになる。フランチャイズネットへの準垂直的な統合〔という構造〕は，以上の範型からは全く視野に入ってこない。そうなると，自分の取引先のフランチャイジーとの関係では，フランチャイザーが，自分が交渉した割引を再分配するか否か，するとしたらどの程度でかを自由に決定できるのは，自明の理となりかねない。双務的なフランチャイズ契約で援助や利益の再分配に関する規定がおかれていても，フランチャイジーが交渉した利益を再配分すべき給付請求権を基礎づけるのは相当に困難である[8]。

しかし，本来の問題は，フランチャイズ・システムの多角的結合がネット効果を発生させ，ネット効果が契約結合自体から参加者への再分配請求権を基礎づけるのかだったはずである。だから，不明確条項に関するルールと共にフランチャイズのシステムとしての性格を説くBGHも，実質的にはそのような論証を行っている。確かに，アポロ判決でBGHは普通取引約款６．３条の解釈から結論を出してはいる。そうなると，フランチャイズネットの市場，組織関係での機能的依存性に正確に立ち戻ることは必ずしも期待できない。しかし，そうであっても，BGHは解釈に当たって，まずは，「強い購買力を持つフランチャイズシステムに自身が所属すること」から生まれたフランチャイジーの正当な期待を引き合いに出している。このことで「システム」それ自体がはっきりと連結点とされ，それに相応しい「システムの期待」に焦点があてられているのである。いずれにせよ，BGHは，ネット化（「フランチャイズシステム」）の契約上の多角性を強化する側面を客観的解釈に組み込んで，ネットワークの論理とネット効果に依拠する論証の可能性を開く傾向にある。その後に始めて，システムの期待に続いて，BGHはその結論を安定させるために（「いずれにしても」）ドイツ民法305c条2項の不明確条項に依拠している。結論として，BGHは，フランチャイザーのアポロが商品供給者と交渉した購入利益，特に，価格割引の全てを，現実にフランチャイジーに再分配する義務があると考えている[9]。ただし，BGHは，以上の結論の手がかりを普通取引約款の中に求めている。

---

7)　OLD Düsseldorf, WRP 2002, 235.
8)　前掲注4)の引証を参照。
9)　BGH WRP 2003, 1448, 1450; 前掲注4) OLG Frankfurt.

1 「アポロ」

ところが，純然たる解釈の問題から離れて，経済的な構造を視野に入れると，以下のことが分かってくる。販売システムが完全に垂直化されていれば，再分配義務は自明の理である。例えば，共同注文があったときに発生する内部組合（Innengesellschaft）のような最も緩やかな会社法的な統合でも，共同注文を組織した者が購入利益を個々の注文者に再分配する義務が発生する[10]。人的会社，資本会社にも，一層のこと同様の理が当てはまる。アポロと個々の取引相手〔フランチャイジー〕の間に会社法的な結合があった場合は，アポロが会社の購買力によって供給者と交渉して取得した購入利益は，法的な「帰属」によって「自働的に」会社自体に流入し，会社の利益分配のルールに従って関係者の間で購入利益の分配が行われたであろう。アポロが購入利益の一部でも自分の下にとどめたり，他の社員の知らないうちに後になって供給者から自分に払い込ませた場合は，それだけで会社法に違反する行為である。事実として，特定の状況下に限ってではあるが，フランチャイズを民法上の組合（BGB-Gesellschaft）と法性決定するものもある[11]。その結果は，アポロがいつもと同様に外部には登場していても，組合契約上の忠実義務に基づいてフランチャイザーは再分配の義務を負うことになる。

ところが，このケースの難点は，フランチャイズ関係は孤立した交換契約を集めたものとも民法上の組合とも法性決定できず，契約と組織の「中間」または「それを超えた」面倒で特別な地位を占めていることにある[12]。このことを真剣に受け止めるなら，フランチャイズネットを「契約結合（Vertragsverbund）」と性質決定することで問題の解決を前進させるのかという根本的な疑問が持ち上がってくる[13]。つまり，双務契約の「フランチャイズシステム」への結合は，多角的結合の購買力によって取得した購入利益の全てを，フランチャイズネットの参加者に再分配する本部の義務を基礎づけうるのかである[14]。

---

10) 一括注文の代理法的，会社法的な問題に関しては，K. Schmidt, JuS 1988, 444, 445ff. が詳細である。

11) フランチャイズ一般に関しては，Baumgarten, Das Franchising als Gesellschaftsverhältnis (1993), 114ff.; Kessal-Wulf, Die Innenverbände (1995), 249ff., フランチャイズの特別な類型に関しては，Martinek, Franchising, 1987, 231ff.; ders., Moderne Vertagstypen II, 1992, S.78ff.; ders., ZHR 1997, 94ff.; ders., in: Dieter Ahlert (Hrsg.) Handbuch Franchising und Cooperation (2001), 327ff.; Müller-Graff, JITE 1988, 141を参照。

12) ネットワークの法的な性質決定に関する様々な提案に関する詳細は，前掲注6）Teubner 第2章I～III, および，KritV 2006, 105ff. に掲載の諸論文を参照。

109

V 結合義務としての利益の分配？

2　構造の矛盾：双務的交換 vs. 多角的結合

　差額割引事件は，市場の矛盾する要求に対する反応としてのハイブリットネットワークが登場する展開の好個の例である。ネット内の内部の決定は，同時に双務的な交換と多角的な結合の矛盾する要請である[15]。行為の期待の矛盾性の本質的な原因は，将来の市場の発展に関する経済活動を行う者の不確実性である。この不確実性は，その利益の方向性が対立するにもかかわらず，それが上下関係か，平等の協調関係なのかにかかわらず，長期の交換契約での互いに密接に協調した行動を展開することを当事者に強制する[16]。システムの構築と自律性の緊張関係という矛盾した状況が[17]，法的には当事者間の強化された行為義務に法的に反映されている。通常の交換契約でもドイツ民法242条[2]の忠実義務（Treupflicht）は存在するが，そうはいっても，交換の行為の論理に従えば，契約当事者の一方が第三者と交渉して獲得した利益を相手方に再分配する義務を負うという程度にまで忠実義務が及ぶことはない。ちょうどその反対が，純粋の結合関係である。しかし，それなら結合関係にはどのような要請が妥当するのか。

　伝統的には行為の論理の競合は，とにかくも必ず二者択一の決定によって解決されてきた。フランチャイズを交換契約か民法上の組合のいずれかに法性決

---

13)　踏み込んだ根拠づけは，前掲注6）Teubner 第3章Ⅳ Ⅴ．同旨が，Larenz/Wolf, Allgemeiner Teil des Bürgerlichen Rechts, 8. Aufl. 1997, S.470; Amstutz, FS Rey, 2003, S.174ff.; Amstutz/Schluep, Innominatvertäge, 2003, S.888ff. このことが実質的に意味するのは，Gernhuber, Das Schuldverhältnis, 1989, S.710ff. が発展させ，後に様々な形で特別法に取り込まれ，最後にはBGB358条[7]に規定がおかれた結合契約というカテゴリーが，フランチャイズ・システムやそれに類似した契約ネットに拡大されたことである。

14)　アポロ事件を手掛かりとするネットの結合義務の問題に関しては，前掲注4）Teubner 第4章を参照。

15)　ネットの形成の出発点としての外部の要求の矛盾した性格については，Cameron/Quinn, in: Quinn/Cameron (ed.), Paradox and Transformation (1988), S.1ff.; Buxbaum, JITE 1993, 701; Messner, Die Netzwerkgesellschaft, (1995); Reiß, Zeitschrift Führung und Organisation (1993), 224; Funder, Paradoxien der Reorganisation (1999); Sauer/Lang, Paradoxien der Innovation, 1999; Luhmann,Orgaisation und Entscheidung (2000), 375, 407ff.; Sydow/Windeler, in: Sydow/Windeler (Hrsg.), Steuerung von Netzwerken (2000), 6ff.; Hirsch-Kreisen, Zeitschrift für Soziologie (2002), 107を参照。

16)　Kulms, Schuldrechtliche Organisationsverträge in der Unternehmenkooperation (2000), 227ff.

17)　前掲注2）Böhner, 109.

2 構造の矛盾：双務的交換 vs. 多角的結合

定するという学説の提案も，以上の伝統に従ったものである。アポロ事件での高等裁判所の相互に矛盾する正反対の判決が示すように，その結果は，良く知られる市場と組織の厳格な分離であり，しかも，市場と組織の区別は同様に厳格に分離された契約法と会社法の規定に根拠を持っている。しかし，市場と組織，契約と会社という強化された二分法は，適切な解決を妨げることになる。つまり，このような二分法は，互いに矛盾する方向性の一方だけを適用し，他の方向性を表面に出てこない暗闇の中に追いやることを強要する。

経済的，社会学的分析は，以上のネットワークの矛盾を何度も析出している[18]。それどころか，アポロ事件のようにネットワークが外部と関係する問題状況では，双務的交換と多角的結合の衝突がはっきり表面化している。そこから脱出する方法が，ネットワークの複雑な行為の論理である。

「『協調』が『市場』と『ヒエラルヒー〔組織〕』の間の機能の欠缺を補充すべき局面では，協調が市場モデルの高度の有効性という魅力，経済活動に固有の投資の生産・コミュニケイションの利益，上下関係の経済活動の信頼性，および，穏やかに結合されたネットワークの調整利益を結合させる必要がある。以上のような課題を書き出してみると，これは表面上は，経済取引理論上の解決不可能な問題であるようにも見える。その基本的な問題は，独立構造の中で様々な部分システム・アクターを調整する，しかも，同時に独自の決定の可能性を許す，ないしは，独自の決定の余地を認める，つまり，不確実性を許す，又は，付加的なリスクを甘受するという要請の矛盾性である」[19]。

組織理論では，これに当てはまる概念が「脱集中化（Enttotalisierung）」である。外的なパラドックスに対する反応として，ネットワークは脱集中化され，外界の多様性に対処するために，「ネットに固有の制度と機能の中に外界の多様性を写し取る必要がある」。つまりは，同一の相手方と「敵対的な関係（ここでは，双務的な交換対多角的な協調，G.T）を育てなければならないことが判然とするが，それがパラドックスとなるのは，部分的・時間的な区分を無視して集中化を行ったときに限ってである」[20]。経験的な研究は，交換の論理と協調の論理の内的分離と再結合を基礎とした区分は，十分に現実的であることを示

---

18) 踏み込んだ記述と議論に関しては，前掲注6）Teubner 第2章Ⅲ，および，Schacherreiter, Das Franchise-Paradox (2006), 10ff.
19) Semlinger, in: Staehle/Sydow (Hrsg.), Managementforschung 3 (1993), 332.
20) Neuberger, in: Schreyögg (Hrsg.), Funktionswandel im Management (2000), 207ff.

V 結合義務としての利益の分配?

している。成功を収めている企業ネットワークでは,同じアクターが,仕入,品質,数量,価格の「交換部門」では自発的に形式的な交換の論理を保持しながら,信頼を基礎とする協働の論理で,「結合の分野」では研究,開発,共同の計画,構造を組み合わせている[21]。「脱集中化」の戦略は,一貫した行為の論理という集中性を放棄して,企業内部に新たな内的分化を制度化することを目指している。その結果,ネットのアクターには,〔網の目状の〕ネットの結び目(Knoten)の個人化とネットの集団化が同時に要求されており,状況に応じて両者のバランスを図る責任と責任軽減の要請が課されている。その結果として発生するパラドックスに対処するために,企業は「脱集中化」,つまり,全体を一元化する論理から各人を遠ざけ,個々のアクターは機能的統一体,および,自律的なアクターの多数性として制度化される必要がある[22]。単なる個人化,又は,単なる集中化にすぎない契約や組織とは異なり,ネットワークは社会の二重の方向性を構成することで,新たな行為のシステムとして発展してきた。その結果,脱集中化としてのネット化が意味するのは,外部の矛盾を内部化し,矛盾を緊張関係として正当化し,最終的には内部の分化によって状況に応じた解決をもたらすことである。

3 結合義務の基準としてのネットワーク

以上に関しては,契約結合の法では,目的(Zweck)の概念が重要な役割を果たしている。つまり,目的とは,合意された目的を目指す単純な行為義務ではなく,企業の内部的な視角から外部の要請に内部の行為の論理を結合するものである[23]。まさにネットワークこそが,内部の調整という困難な問題のために,そのようなシステムと外部環境を結合する「範型」とされているのである[24]。このような行為の論理を受け入れ,その論理を制度として支え,消極的な帰結を緩和する地位に相応しい法的なカテゴリーは,交換契約の「契約の目

---

21) Bieber, Technikentwicklung und Industriearbeit (1997), 特に, S.124f.
22) 以上の意味で,前掲注20) Neuberger, 209を参照。複数の単一(unitas multiplex)のパラドックスの解消に関しては,前掲注16) Luhmann, 30ff. を参照。
23) 複合的な債権関係における外部の市場のリスクと内部の組織のリスクの関係を明示的に目的概念を通じて構成するのが,前掲注16) Kulms, 193ff., 227ff.
24) ネットワーク内の統合の影響について詳細に分析するのが,Abel, in: Weyer (Hrsg.), Soziale Netzwerke (2000), 163ff.

3 結合義務の基準としてのネットワーク

的（Vertragszweck）」や私法上の団体の「会社の目的（Gesellschaftszweck）」とははっきりと区別される独自の「結合目的（Verbundzweck）」又は「ネット目的（Netzzweck）」であろう。だから、多くの学説が会社の目的と結合・ネット目的をはっきり区別するよう要請することの意味は、極めて大きいことが分かる[25]。とはいっても、「共通の」（会社）目的と単に「統一的な」（結合）目的とを区別してもさして意味はない。結合目的と会社の目的とを区別するのは、共通・統一という基準ではなく、共通の目的の定式による団体と契約に関する二重の方向性の存在である。法的に明確に規定された結合目的、又は、ネット目的の内部調整という方向性には拘束力があるから、そこでの紛争を一面的に交換契約的にも、一面的に会社法的にも「一元化する」ことは禁じられている。つまり、法的なカテゴリーとして結合目的は、ネットワークの個人的要素と団体的要素の矛盾した性格を明示的に受容している。

だから、結合目的の中心的な成果は、外部環境からネットワークに持ち込まれた解決不可能な矛盾を、ネットワークの内部で、様々な平面とサブシステム、ネットワークの結び目、ネットワークの関係、ネットワークの本部、ネットワークの全体の解決可能な相克に翻案したことである[26]。ネット目的のファクターを正確に記述するためには、以上の課題を正確に履践する、つまり、時的、社会的、実質的な行為部門の内的な分化を通じて、本来矛盾する要請を、状況に依存した一義的な行為の期待へと置き換える必要がある。本稿の以上の問題設定が意味することは、ネットワークの内部での、目的概念が契約の論理の支配を命じる行為の分野と結合の論理の支配を命じる行為の分野の区別である。しかし、それは、純粋に「個人主義的な」契約の分野と純粋に「集団的な」結合の分野を厳密に隔離することではない。それは混合契約での組み合わせ理論の結果にすぎず、それではネットワークの適切な評価は不可能である[27]。混合契約を実質的な分野によって区別し各分野ごとに異なった法性決定を与える理論

---

25) ネット目的、又は、結合目的を独自のものとして記述しているのが、前掲注13) Larenz/Wolf, 470; Rohe, Netzverträge (1998), 358ff., 407ff., 437ff.; Krebs, Sonderverbindung und außerdeliktische Schutzpflichten (2000), 315; Bayreuther, Wirtschaftlich-existentiell abhängige Unternehmen im Konzern-, Kartell- und Arbeitsrecht (2001), S.289; Lange, Virtuelle Unternehmen (2001), 81ff.; Schimansky, Der Franchisevertrag nach deutschem und niederländischem Recht (2003), 113, 125, 167.

26) 前掲注19) Semelinger, 332.

27) これに関しては、前掲注6) Teubner 第2章Ⅳを参照。

V 結合義務としての利益の分配？

は[28]，ネットワークではうまくいかない。以上の理論は，ネット内で契約的に作成された問題の分野と会社法的に作成された問題の分野を厳密に区別する。確かに，フランチャイズでは，個人の行為（販売）と集団の行為（宣伝，経営戦略，包装，共通のルール）を分けて考えることは可能である。しかし，それでは，個人の行為をネット利益と結合させ，集団の行為をフランチャイジー個々人の利益と関係させているフランチャイズの特性を適切に評価することはできない。両者を分けることは可能だが，やはり，両者は個人目的の追求と共同化の二重結合に服している[29]。一方の分野での第一次的な方向性は認められても，第二次的な方向性が再び現れることが必要とされている。契約の分野では，第二次的な方向性である結合が顧慮されなければならない。結合の分野では，第二次的な方向性である契約が顧慮されるべきである。具体的には，個人的，又は，集団的な方向性の一方が第一次的な局面を確認することはできるが，それでも，アクターは同一行動で個人的な取引目的を追求すると同時に集団的なネット利益をも実現させる必要がある。

その結果，法的な定式は，以下のようになる。結合目的の状況に応じた具体化は，ネットワークの中で，結合の高度の忠実義務（「結合義務（Verbundpflicht）」）の存在する状況と，交換契約の通常の忠実義務（Treupflicht）の存在する状況とを区別することになる。ただし，その際に，一方の忠実義務は他方のそれを考慮して調整される必要がある。つまり，契約の分野での忠実義務を結合分野での高度の忠実義務と分けて考えることである。その際に注意すべきは，結合義務は会社法上の忠実義務と同一視されてはならず，結合義務は「脱集中化」に基礎を持っていることである。結合の分野と契約の分野の区別は，会社法上の社員の「自益権」と「他益権」の違いに類似するが，同一ではない。なぜなら，この分類は，高度に集団的な方向性を持つ分野を，第一次的には個人指向で二次的に集団指向の分野と切り離すからである[30]。団体法では，自益権として投票権，情報請求権，解約権が認められているが，業務執行権と代理権は承認されていない。ところが，ネットワークの法では，契約の分野でのネット構成員の自益的行為として，業務執行と代理の等価物が一義的に正当化されてい

---

28) これに関しては，前掲注3）Gernhuber, 162f. を参照。
29) 詳細は，前掲注11）Baumgarten, 170ff. を参照。
30) 団体法での自益権と他益権の区別に関しては，Ulmer, Münchener Kommentar, 4.Aufl. (2004), §705, Rn.196, 226, 231ff.; OLG Frankfurt NJW-RR 1995, 421, 422.

る。その違いは上述したネットと団体の違い，つまり，自律と結合の完全な組み合わせが原因である。以上の組み合わせを適切に評価するためには，それは契約，法規定，裁判官による規範設定によるものだが，状況に応じた自律と結合の細かな制御を引き受ける結合義務と比較可能な対象としては，資金のプールの合有や法人は適切ではない。結合義務はネットワークを保障し，裁判官による契約の修正を可能にし，解体の可能性を増大させる[31]。

　だから，結合目的は，双務的な交換契約の多角的ネット化から発生する内部関係での高度の忠実義務を創設するための決定的な基準となる。さらに，再びここで，継続的債権関係とネット化という2つの局面をはっきりと区別する必要がある[32]。既に双務契約でも対立的な関係に協調を上書きできる限りでは，継続的債権関係の法理論に表現されている高度の忠実義務が発生する。以上に関しては見解の対立はないから，継続的債権関係での忠実義務の個々の部分に関する考察は必要ないであろう。本稿での問題は，むしろ多角的ネット化の中の争いのある側面である。つまり，ネットワークで契約の領域と団体の領域が交錯することで，どのような高度の忠実義務が発生するのかである。およそ高度の忠実義務は，ネットの利益を本部から構成員に配分すべきことまでに及ぶのか。この局面で，結合目的，又は，ネット目的というカテゴリーはその本来の機能を発揮する。結合目的は，個々の利害関係者を超えたネットワークの継続の利益とその協力のための法的なカテゴリーである[33]。

4　強化された忠実義務としての結合義務

　このようなネットに固有の忠実義務の正確な範囲は，状況に即してだけ決定できる[34]。その特性は，結合の領域でのネット化が，当たり前の交換契約のよ

---

31)　純粋の団体法上の組織のルールとの関係では，いわば忠実義務の等価的な補償という以上の方向から議論しているのが，前掲注16) Kulms, 231, 261.
32)　前掲注25) Rohe, 438f. さらに，同様に「ネット効果としての」義務と「両極的な」義務をしばしば区別している。
33)　システム理論の見地から前掲注13) Amstutz, 174ff. は,「ネット機能の基準」を通じての法的な置き換えを提唱して，このことを明確に析出している。
34)　ネットワークの高度の忠実義務に関する詳細は，前掲注25) Bayreuther, 176ff.; Stoffel, Gesetzlich nicht geregelte Schuldverträge (2001), 262ff. 特に，── VO Nr2790/1999 Nr. L336/21によって施行された ── 集団免責指令に付け加えられた，1992年1月1日のフランチャイズの行動基準，1988年11月30日のVO Nr.4087/88を参照。

V 結合義務としての利益の分配？

うな通常の忠実義務どころか，継続的債権関係で発生する高度の忠実義務を質的に変化させることにある。以上の特性は，アポロ事件で問題となった再分配義務で顕在化するに止まらず，ネットワークでは特別に高度となる幾つかの忠実義務では典型的なものである。

だから，フランチャイズを通常の交換契約ではなく，両極的な継続的債権関係だと考えれば，既にはっきりと強化されているネット本部の情報義務は，多角的ネットワークではさらに高度化されることになる。問題の核心は，給付結合の機能可能性を保持するために，結合の領域内の情報の水準を高度の水準にまで押し上げ，1回は達成した標準化を保持することである。以上の理は，地域的な特殊性を超えて全体システムの統一的な給付水準を保持することが決定的に重要なフランチャイズには，特別な程度で当てはまる[35]。それは，よく言われている統一的なイメージに対する外側への宣伝の問題だけでなく，積極的なネットワーク効果，つまり，総てのフランチャイジーの同一条件での成果の達成が必要だという内部の標準化の要請でもある[36]。その結果，個々のネットの結び目がネット経営に不可欠な情報の水準の不達成が明らかな場合には，本部はいわば補償的に今ひとつ高度化した水準の情報を義務づけられることになる。情報義務の範囲の基準は，達成されるべき統一的な給付水準であり，その給付水準は単なる両極的な継続的債権関係と比べて情報義務の範囲をはっきりと高度化させている[37]。情報義務と対になっているのが，第三者に対する秘密保持義務である[38]。ネットワークで典型的なリスクの高度化は，本部とフランチャイジーの活動領域が密接に関わり合っているから，関係者の情報への接近が容易になるのは避けがたく，第三者に対する情報の秘密保持が緊急の課題となることにその原因がある。

---

[35] ネットワークの個々の情報義務に関しては，OLG München BB1988, 865; OLG München NJW 1994, 776; OLG Hamm NJW-RR 1994, 243, 244を参照。以上に関して一般的には，前掲注11) Martinek (1987), 314; ders. (1992), 87; Böhner, NJW 1994, 635ff.; Braun NJW 1995, 504ff.; Vom Dorp, Wirtschaftliche Beratung (1995), 285ff.; Emmerlich, JuS 1995, 761ff., 763; 前掲注25) Rohe, 424, 438f.; 前掲注34) Stoffels, 264.

[36] ネットワーク効果と標準化の関係については，前掲注6) Lemley/MacGowan, 55ff. を参照。

[37] 前掲注25) Rohe, 438f.

[38] 以上に関しては，Zirkel, NJW 1990, 349; Steinmann, BB 1993, 873ff.; Lange, Das Recht der Netzwerke (1998), 104, 215, 378; 前掲注25) Rohe, 406; Wellenhofer-Klein, Zulieferungsverträge im Privat- und Wirtschaftsrecht (1999), 164f., 183.

4　強化された忠実義務としての結合義務

　私法では，集団構造の前提の下で，特に，労働法，団体法，会社法で，競争法上の差別扱いの禁止の基準以上の効力を持っている平等扱いの義務は[39]，ネット本部とネット参加者の関係にも当てはまる[40]。積極的な平等扱いの命令の関係する状況の範囲は，構成員が統合される本来の結合の領域が大きくなればなるほど一層大きくなる[41]。単なる商業代理人には平等扱いの命令は当てはまらないが[42]，製造者が独自の販売ネットを構築しその中に自分の商業代理人を厳格に組み込んでいれば，話は自ずと違ってくる[43]。このことは，指定代理人やフランチャイズのネットにはますます当てはまる[44]。

　ネット化は平等扱いの義務に今ひとつ特別な質を付け加える。なぜなら，ネット効果としての総ての面での関係化を実現させるべきネット全体の給付水準の統一性は，様々なネットの構成員の平等扱いを要請するからである。本部の指図権と対になっている法的な平等扱いの原則は，団体の領域では，構成員の自律性に条件づけられた遠心的な傾向を補っている。特に，平等扱いの原則が効力を持つのが，本部の給付の不足が予見不可能だった場合である。この場合には，総てのシステム参加者には，割合的な購入権が与えられるべきである[45]。一定の状況の下では，平等扱いの原則は，いずれにせよ，それが顧客との外部関係でネット効果の達成に必要な限りでは，二重システムの異なったグループ，つまり，フランチャイザーの支店，および，フランチャイジーとフランチャイジーの関係でも効力を持ってくる。

　以上に類似した義務の強化は，ネット参加者の本部に対する忠実義務でも発生する。なぜなら，ネット参加者の本部に対する忠実義務は，ネット効果の影

---

39)　以上に関して古典的な文献が，Raiser, ZHR 1948, 75ff.; Hueck, Der Grundsatz der gleichmäßigen Behandlung im Privatrecht（1958）を，現在の法状態に関しては，Ulmer, Münchener-Kommentar, 4. Aufl.（2004），§ 705, Rn.244ff. を参照。
40)　Ulmer, Der Vertragshändler（1969），380ff., 437; 前掲注25）Rohe, 478f.; 前掲注38）Lange, 322; 前掲注16）Kulms, 253; 前掲注25）Rohe, 441.
41)　前掲注38）Lange, 322.
42)　BGH BB1971, 584. もっとも既にライヒ裁判所（RG）は，納品可能性が制限されている場合には，商業代理人の総ての委任で，「関係に則した」配慮義務を認めていた。RG JW 1914, 403, 404.
43)　Hopt, ZIP 1996, 1533ff., 1538f.
44)　販売仲介法の個人法的な方向性を批判する，前掲注11）Martinek, 99を参照。
45)　適切なのが，前掲注25）Rohe, 441, 478. ただし，「契約の清算の病的なケース」では平等原則の（余りに）制限的な適用を説いている。

V 結合義務としての利益の分配？

響によりネット全体に対する忠誠義務（Royalitätspflicht）へと変化するからである[46]。このことは，もちろん，ネットの構成員の所有権，損失と利益のチャンスの原則的な自律性とは容易には折り合わないものだが，団体の領域でのネット本部の指図や措置への広い範囲での服従を条件づけている。服従が正当化されるのは，それをネットワーク効果の達成が要求する場合に限られる。フランチャイズでは，このことは普通ではない高度の平準化を惹起している[47]。そのことで始めて，よく知られているマクドナルド事件に見るように，それが何度も繰り返された場合は，本部の統一基準からの僅かな乖離（グリルの温度が低かったことが4回確認されたこと）ですらフランチャイズ契約の解約を正当化することも理解できる[48]。通常の交換契約でも会社法的な関係でも，多角的な標準化の強制は存在しないから，このような厳格な要請を正当化することはできない。

最後に，忠実義務はネット参加者についても本郡についても解約権の修正をもたらす[49]。その結果，継続的債権関係のように通常の解約期間が契約相手方にとって期待不可能だからではなく，ネット全体，つまり，他の参加者に期待不可能な負担を与える場合は，多角性の側面ゆえに，ネット参加者は長期の解約期間の遵守を義務づけられる。このような解約の制限の実定法上の基礎は，不利な時期の通常の解約権を廃除するドイツ民法627条2項[3]，671条2項[4]，723条2項[5]である。フランチャイジーの機会主義的な行動に対する極めて厳しい措置，例えば，関係に特有の投資を契約によって強制することとの関係では，解約権の制限は，ネットワークとの関係での比例性原則の要請に合致した義務を意味する[50]。もちろん，同時にネット目的は本部への忠誠の要求に対する限界をも画している。ベネトンのショック宣伝の判例で明らかにされたのが，フランチャイズでの極端な集権化の傾向にもかかわらず，それが結合全体の売

---

46) 協調契約での高度の忠実義務に関しては，前掲注38) Lange, 425f; 前掲注25) Lange, 180f.; Wiedemann/Schultz ZIP 1999, 1, 4; 前掲注16) Kulms, 231ff.
47) 前掲注25) Lange, 415, 444f.; 前掲注25) Bayreuther, 378ff.
48) BGH NJW 1985, 1894. 結論としては，告知は認められなかった。これに関しては，Böhner, NJW 1985, 2811ff. を参照。
49) 以上に関しては，Ulmer, FS Möhring (1975), 295ff., 307; Oetker, Das Dauerschuldverhältnis und seine Beendung (1994), 314; Jickeli, Das langfristige Vertrag (1996), 320; 前掲注38) Lange, 600f; 前掲注16) Kulms 243f.; 前掲注25) Schimansky, 187ff. を参照。
50) 関係に特有の投資に関しては，Klein/Saft, *Journal of Law and Economics Contracts* (1985), 352.

り上げの機会を害するときは、フランチャイジーは本部の統一的な宣伝企画を我慢する必要はないという理である[51]。

5　結合義務としての利益の分配？

　以上の概観だけでも、通常の忠実義務に対して双務契約のネット化が契約当事者の忠実義務をいかに量的・質的に強化するのかが見て取れる。アポロ事件は、このような大きな文脈で見ていく必要がある。アポロ事件はネットでの高度化した忠誠義務に関する難解な問題を提起している。つまり、差額割引事件で、ネット目的は、本部に対して自分が受け取った購入割引を総てのフランチャイジーに再分配することを要求しているのかが問われることになる。一般的には、ネット目的は本部がネット利益をネット参加者に分配することを条件付けているのかである。先にも論じたように、これは、フランチャイズ契約の援助条項の解釈としてだけでなく、ネットワークの一般的な構造の問題である。

　これも既に論じたように、準会社法的に利益を結合に帰属させるのでは話にならない。なぜなら、ネットワークというカテゴリーによって、交換目的との違いだけでなく、会社目的との違いも法制度へと昇格させられているからである。ネットワークでは、団体法のように個人の利益に対する集団の利益の優先が単純には妥当せず、契約と組織に対するネットワークの特別な地位を経済的視点から形作っている「利益配分」の原則が効力を持つからである[52]。会社法では会社利益に準拠する義務が存在するが、ネットではまさにネット指向の集中化された構成部分と非集中化された構成部分の組み合わせを十分に利用する法的義務を見て取ることができる。以上の原則は、既にネットワーク組織の非集中化自体に制度化されており、多数の双務契約という法形式にも反映されている。しかし、それ以上に、特にネット本部に集中的、非集中的なネット指向の組み合わせを義務づけるのが、ネット目的の特別な機能である。その結果、結び目〔フランチャイジー〕の個々の利益を本部が顧慮すべきこと、つまり、

---

51)　BGHZ 130, 196; BGH NJW 1995, 2490, 2492. もちろん、この場合には因果関係が問題になる。

52)　経済的観点からのネットに典型的な利益の分配に関しては、Brickley/Dark, Journal of Financial Economics (1987), 411f.; Norton, *The Journal of Business* 1988, 202ff.; Dnes, in: Joerges (ed.) *Franchising and the Law* (1991), 134ff. を参照。

V　結合義務としての利益の分配？

必ずしも本部自身の利益ではなくネット全体の利益に合致した結び目〔フランチャイジー〕のための促進義務が大きな程度で要求されていることになる。

　この局面で，ジャストインタイム供給関係の法に目を転じてみるのは極めて有益で示唆が多い。なぜなら，利益の分配義務は，フランチャイズだけでなく，ジャストインタイムでも，というよりも，特にジャストインタイムでは焦眉の問題だからである。ジャストインタイムが供給者の負担による中心企業のコスト低下のための単なる価格戦略となってしまえば，この制度全体が固有の生産性の利点を失ってしまうことになる[53]。日本を範型とするジャストインタイム・システムは，状況に依存した供給者と生産者の利益分配という管理者の理念に主導されている。つまり，中心企業は，ネットワークの全体のプロセスで素材の側面（研究開発，組み立て，品質保証，兵站）と価値的な側面（供給条件，価格）を統制する。同時に中心企業は，最初から定まっているのではなく，状況に応じて決定される製造された価値全体の公平な分配の配慮も行う[54]。「システム供給者は自分の組織を理想的に形成するよう自律的に作業すべきであるが，同時に利益の分配は複雑にではなく『適正に』行われる必要がある」[55]。コストと収益の柔軟で「適正な」分配の側面は，特に組織科学の文献で，まさにジャストインタイム・システムの機能の前提として析出されている[56]。もちろん，力関係が利益分配のプロセスを決定するのが現実ではある。しかし，だからこそ，現実の魅力又は不利益を超えた次元で，その生産性を向上させるジャストインタイムに固有の生産性の力としての協調が保持される必要がある。だから，共同で作り出した生産性の向上に由来する利益の私物化は，常に形を変えてあらわれる紛争の多い敵対的なプロセスである[57]。敵対的な協調と非対称的な依存関係というパラドックスの困難な調整を実現するためには，それに則した法的な制度化が必要である。この調整は，ジャストインタイムでは普通は

---

53)　ジャストインタイムでの利益の分配に至るまでの高度の協調の要請に関する詳細な制度的分析は，前掲注38) Lange, 43ff. 以上の協調関係の法化の社会科学的な観点からの優れた観察が，Casper, in: Hall/Soskice (ed.), Varieties of Capitalism (2001), 397ff.
54)　前掲注21) Bieber, 122ff.
55)　前掲注38) Lange, 51.
56)　Sydow/Windeler/Krebs/Loose/von Well, Organisation von Netzwerken, 1995, S.80ff.
57)　Bieber/Sauer, in: Medicus/Wendeling-Schröder (Hrsg.), Zulieferer im Netz, 1991, 228ff.; Bieber, in: Malsch/Mill (Hrsg.) ArBYTE Modernisierung der Industriesoziologie? (1992), 271ff.; 前掲注21) Lange, 121ff.; Pohlmann/Apelt/Buroh/Martens, Industrielle Netzwerke (1995).

5　結合義務としての利益の分配？

合意され状況に応じて実行される共通の価格・利益探求の原理にその私法上の基礎を持っている[58]。部分的な法律関係とは異なり，しばしばシステム供給者，ないしは，それ以外のネット参加者には，売上ではなく利益に関与する契約当事者だと法的な性質決定がされている[59]。ネット指向の利益分配義務の法的な承認は，ジャストインタイム・ネットでは，安定した協調関係による生産性を複数の企業にまたがる組織で維持することに重要な部分で寄与している[60]。それによって，生産者が販売のリスクを一方的に供給者に転嫁することがないことが保障されている。同時に，そのことで，市場の状況が思わしくないときには，供給者の「利益割合」を下方修正することも，又，可能となる[61]。

フランチャイズシステムに話を戻すと，アポロ事件で顕在化したように，特に，本部がネットの外側の契約相手方に対してネット利益にものを言わせ，ネットの特定の外部関係で，最終的にはフランチャイジーとの個別の契約で具体化すべきネット全体に有利な条件を交渉することに成功した場合に，利益配分の問題が浮上してくる。その重要な部分は，差額割引の事件のように，例えば，大量購入割引という形での有利な購入条件である。しかし，それに止まらず，フランチャイズシステムは，ネット全体の財政状態に基づいて，金融業者から有利な与信を与えられる。個々のフランチャイジーでもシステムの成果が現実になるという期待が存在する場合は，供給者の与信も寛容に与えられる[62]。その商品がフランチャイジーの全体によって成功裏に販売される製造者から，フランチャイズ本部に宣伝補助金が支払われることもしばしばである。そして，この場合にも，宣伝補助費が全額フランチャイジーに交付される必要があるのかという問題が持ち上がる[63]。

以上が，「アポロ事件」での結合利益に対して，どのような意味を持っているのか。該当する普通取引約款の条項の解釈だけに依拠することは，移行期に

---

[58]　以上に関しては，多くの引証のある前掲注16) Kulms, 129, 248.
[59]　Mack, Neuere Vertragssysteme in der Bundesrepublik Deutschland (1975), 143; 前掲注16) Kulms, 248.
[60]　以上が望ましい現象というだけでなく，判例の傾向として観察しうることは，前掲注21) Casper, 397ff. の分析が，特にジャストインタイムという広汎に普及した革新的な契約の形態の生産性に裁判所が方向づけられていることを析出して，明らかにしている。
[61]　前掲注16) Kulms, 249.
[62]　Weber JA1983, 349; 前掲注25) Bayreuther, 380.
[63]　OLG München WiB 1997, 1109; OLG Stuttgart 16.2.2001-2U218/99; BGH 17.7.2001Ⅷ ZR59/01. を参照。以上に関して一般的には，前掲注2) Böhner, 109ff.

V 結合義務としての利益の分配？

だけ意味を持つにすぎない。なぜなら，BGH の新しい判例以後は，普通取引約款は「調整され」，約款では再分配義務は緩和され，削除され，排除されているからである[64]。もちろん，普通取引約款の変更は，フランチャイズのような継続的債権関係では相手方の賛成があってこそ可能である。しかし，非対称的な力関係が存在する限りは，フランチャイズ本部は変更を希望すれば容易にその希望を押し通すことができる。事実として，まさにアポロ事件では，訴訟係属後に再分配条項はフランチャイザーに有利に変更されている。再分配条項があっさり削除されたときは，フランチャイザーの忠実義務が割引の再分配義務を含むのかが，客観的な法に基づいて決定される必要がある。遅くともその場合には，フランチャイズ・システムのネットとしての性格が法的に重要になってくる。契約の実務が割引の再分配を明文で排除したときは，ドイツ民法307条[6]の裁判官による普通取引約款の法的規制の問題が持ち上がってくる。フランチャイザーがフランチャイジーに購入義務を課しながら，それにもかかわらず購入割引を完全に実施しなかったときは，いずれにせよ不当な不利益扱いを認定すべきである。既に上述したように，確かに，BGH はアポロ判決では〔フランチャイジーの利益〕促進条項の解釈で不明確条項ルールに依拠して判決を基礎づけているが，そうはいっても，客観的なネットの構造の方向での理由づけも行っている。BGH の判決で決定的なのは，「強力な購買力を持ったフランチャイズ・システムに所属したこと」によるフランチャイジーの正当な期待だった。

その結果，ここでもネット目的が決定的な試金石となってくる。上述したように，本部が単に交換契約の領域だけでなく結合の領域で行為している限りは，ネット目的は本部に状況に応じたネット全体の促進という高度の義務を課している。アポロ事件では，本部の購入交渉では，結合の領域が二重に関係している。第1に，注文は本部の自身の需要やその直営販売店の需要ではなく，結合全体，つまり，個々のフランチャイジーの調達の必要に応じたものである。確かに，本部はフランチャイジーの直接代理人として登場したわけではない。本部は独立して自分の名前で供給者と売買契約を締結している。しかし，本部は（自分の名前で）フランチャイズ・システムのために供給者と基本契約（Rahmenvertrag）を合意している。「差額割引は，被告〔本部〕がフランチャイジーの

---

[64] 以上に関しては，Flohr, BB 2009, 2159-2164.

5　結合義務としての利益の分配？

購入のために供給先と交渉したにもかかわらず，フランチャイジーに再分配しなかった購入割引の一部である」ことを，BGHはアポロ判決で明らかにしている[65]。だから，この状況は，間接代理に接近してくる。フランチャイジーの受託者（Treuhändler）として，本部は自分の名前で，しかし，フランチャイジーの利益と計算で基本契約を締結している[66]。第2に，本部は購買力の結合という本来の結合効果を利用しているが，それはフランチャイジーと本部の直営店をネット化することで始めて実現されたものである。つまり，BGHの言葉を借りるなら，「強力な購買力を持ったフランチャイズ・システムに所属することでフランチャイジーが期待してよい……購入利益」である[67]。だから，先行する取引段階［供給者］との本部の交渉は，一義的にネットワークの結合の領域に整理できる。そうなれば，しかも，フランクフルト高裁が極端な形で定式化したように，本部はフランチャイジーの「指図に服する受託者」である[68]。このような「反対方向の」指図への依存性は，それ以外で存在する本部のフランチャイジーに対する指図権と全く矛盾するものではない。特に「共生的契約（symbiotische Verträge）」という考え方で明らかにされてように，しばしばネット化ではこのような相互的な対称的な利益擁護関係が存在し，同時に一方，および，他方の方向でその領域に特有の指図権が基礎づけられている[69]。

本部が割引の差額をフランチャイジーに明らかにせず，「キックバック」という悪しき慣行に従って，フランチャイジーに知らせず後に供給者に差額を自分に支払わせたことで，既に本部の義務違反が認定できる[70]。合意した割引に関する情報義務を本部に課すことで，このことをBGHは明らかにしている[71]。本部は結合の領域で行為しているから，双務契約と比較するとはっきりと強化された情報義務が本部には課されている。しかし，ネット目的の要請は，

---

65)　BGH WRP 2003, 1448, 1451.
66)　受託者の間接代理に関して一般的には，Heinrichs, Palandt, 62. Aufl. (2003), vor §104. Rn.25; vor §164, Rn.6.
67)　BGH WRP 2003, 1448, 1451.
68)　OLG Frankfurt 11U (Kart.) 55/00, 24 （未公刊）.
69)　Schanze, in: Joerges (ed.), *Franchising and the Law* (1991), 69; ders, JITE 1993, 691ff.; Zwecker, JA1999, 164.
70)　自動車製造者のフランチャイズの自動車レンタカー企業への宣伝補助金が問題となった類似の事件で，ミュンヘン高裁 WiB 1997, 1109はフランチャイズ本部に宣伝補助金に関する情報の開示を命じている。
71)　BGH WRP 2003, 1448, 1450.

V 結合義務としての利益の分配？

単なる開示義務には止まらない。

細かい部分では，ここではネット目的は，ネット効果による可能な限りの効率性の向上を実際に加入者の下で実現させることを要求している。なぜなら，購入の領域での結合利益をフランチャイジーの販売に影響させることは，フランチャイズ・システムの経済的意味の一環だからである。BGHの言葉では，「競争相手の販売者との競争では好個の購入条件が『理想的な事業の成果』にとって決定的な意味を持つことは自明の理だからである」[72]。まさにこのような購入利益こそが，フランチャイズに属していない小売商に対してフランチャイズ・システムの加入者に与えられる結合の機会の実現である。ただし，ネット全体の効率性の向上が有効に機能するのは，大量購入割引に基づいてフランチャイジーが販売で現実に安価な提供ができるときに限られる。この局面で付加的に先に論じたジャストインタイムでの利益分配の原理を引き合いに出すことができ，それはネット化に由来する利益をネット参加者に分け与える義務が一般的に存在することを支持している。本部が割引の大半を自分で受け取っていれば，システム全体の効率性を目的とするネットワークの義務に本部は違反していることになる。

以上のルールには，契約結合の典型的な法効果である上述した独自の二重の帰属性が実現されていることになる[73]。ネットでの行為，リスク，損害，利益は，誰に帰属するのか。個々の参加者か，本部か，あるいは，まずはネット全体に帰属し，それに続いて割合的に〔参加者に〕分配されるのか。一般的には団体への帰属を規定している会社契約とは異なり，フランチャイズ契約では原則として一方で本部と他方で参加者への帰属が規定されている。これに対して，「契約の競合」[74]を規律する原則としてのネット目的は，契約の領域を超えて結合の領域に踏み込んでいる場合は，以上の「自働的な」帰属を変更している。先に示したように，大量購入割引は結合の領域に属する。その結果，ネットに固有の二重の帰属が機能する。だから，最終的には，割引は自働的に本部に帰属するのではなく，1回は「ネット利益」として結合の全体に帰属し，しかる後に，平等原則に従って参加者の間に，かつ，参加者と本部との間では公平の観点から分配されることになる。

---

72) BGH WRP 2003, 1448, 1451.
73) 前掲注6) Teubner 第3章V.
74) 以上に関しては，前掲注13) Amstutz, 174ff.

5　結合義務としての利益の分配？

　結論として，本部がフランチャイズ・システムのためにフランチャイズ・システムへの供給者と交渉した割引の総てを，フランチャイズ本部はフランチャイジーに再分配する義務が存在するといえる。そのことは，最近の判例とは反対に，普通取引約款が規定する様々な援助条項だけを根拠とするものではない。再分配義務は，単なる複数の契約を超えたフランチャイズの参加者のネット化に基礎を持つフランチャイザーの結合義務に他ならない。

　以上の結論は交換契約的な解決とは大きく違っており，はっきりと会社法的な解決に接近している。しかし，そうはいっても，やはりネットに固有の性質を持っており，会社法とは大きく違っている。会社法では利益は自働的に団体に帰属し，しかる後に，利益分配のルールによって社員・組合員に分配される。これに対して，協働のための結合義務に介在されて再び相対化されている非集中的な基礎が，ネットワークでは貫徹されている。フランチャイザーは即座に自分の「会社法的な」取り分を主張することはできず，フランチャイザーに認められているのは，大量購入割引に対する適切な分け前を，いわば間接費（overhead costs）としてフランチャイジーに主張することに限られる。この点に，ネットワークでの利益分配（profit sharing）と団体での利益プール（profit pooling）との違いが表現されているのである。

　〔訳者付記〕　本論文のタイトルは，Profit sharing als Verbundpflicht? Zur Weiterleitung von Netzvorteilen in Franchise-Systemenであり，トイブナー教授が明治大学での講演のために用意された原稿である。本稿で中心的に取り上げられているアポロ事件判決，および，それ以外のドイツの判例，さらには，学説の状況に関しては，藤原正則「ネット契約としてのフランチャイズ契約？――最判平成20年7月4日判時2028号32頁を契機として，ドイツでの同様の事件との対比で――（一）（二）」北法60巻6号1393頁以下，61巻1号1頁以下，および，その簡略版の同「フランチャイズ契約と多角的法律関係」椿寿夫・中舎寛樹編『多角的法律関係の研究』（日本評論社，2012年）374頁以下を参照されたい。

V　結合義務としての利益の分配？

〔訳注〕ドイツ民法の参照条文
［１］**ドイツ民法305ｃ条**　(1)約款の規定で，当該の事情，特に，契約の外見からは，約款使用者の契約相手方がそれを計算に入れる必要がないほどに通常とはいえないものは，契約の構成部分とはならない。
　(2)　普通取引約款の解釈に関して疑義がある場合は，約款使用者に不利に解釈される。
［２］**ドイツ民法242条**　債務者は取引慣行を考慮して信義誠実が要請するように給付を行う義務を負う。
［３］**ドイツ民法627条**　(1)第622条の意味での労働関係ではない雇用関係では，一定額の俸給の継続的雇用関係が存在しない場合は，労務の給付義務を負う者が，特別な信頼関係を基礎として委ねられるのが普通である高度の労務を給付する必要があるときは，第626条の要件を具備しない場合でも告知が可能である。
　(2)　労務の給付請求権者が他の方法で調達可能な方法でだけ，労務の給付義務を負う者は告知が可能である。ただし，不利な時期の告知のための重大な事由がある場合は，この限りでない。給付義務を負う者が，以上の事由なく不利な時期に告知するときは，給付の請求権者に対して告知によって生じた損害を賠償する必要がある。
［４］**ドイツ民法671条**　(1)委任者は何時でも委任を撤回でき，受任者は何時でも告知できる。
　(2)　受任者は，委任者が事務の処理を他の方法で行える方法でだけ告知できる。ただし，不利な時期の告知のための重大な事由がある場合は，この限りではない。受任者が，以上の事由なく不利な時期に告知するときは，委任者に対して告知によって生じた損害を賠償する必要がある。
　(3)　重大な事由がある場合は，告知権を放棄していたときでも，受任者は告知することができる。
［５］**ドイツ民法723条**　(1)組合の期間の定めがないときは，各組合員は何時でも告知することができる。期間が定められたときは，重大な事由がある場合は，期間の経過前でも告知することができる。重大な理由が存在するのは，特に，
　　１．他の組合員が組合契約により課されている本質的な義務に，故意又は重過失により違反した場合，又は，以上の義務の履行が不能となった場合。
　　２．組合員が18歳に達したとき。
　成年に達した者は，自分の組合員の地位を知り，又は，知りうべき時から３ヶ月の間に，第２号の規定によって告知の意思表示をしなければならない。組合員が組合の目的に関して第112条の規定によって独立の営業を営むための授権をされたとき，又は，組合の目的がもっぱら組合員の個人的需要を満たすためであるときは，告知権は存在しない。以上の要件が存在すれば，告知権が定められたときも，告知は期間を遵守せずが可能である。
　(2)　不利な時期に告知することはできない。ただし，不利な時期の告知に対する重大な事由がある場合は，この限りではない。そのような事由が存在しないにもかかわらず，組合員が告知したときは，それ以外の組合員は，告知によって発生した損害の賠償を請求できる。
　(3)　告知権を排除する，又は，前２条の規定に反して制限する合意は無効である。
［６］**ドイツ民法307条**　(1)普通取引約款の規定が約款使用者の契約相手方を信義誠実に反して不当に不利益を与えているときは，当該の規定は無効である。規定が不明確で理解しがたい場合も，不当な不利益扱いに当たる。
　(2)　疑わしいときは，当該の規定が以下の場合は，不当な不利益を与えているとみなされる。

　　　　　　　　　5　結合義務としての利益の分配？

　　　　1．法規定とは異なった約款の規定が，法規定の中心的な基本思想と折り合わないとき，
　　　　　又は，
　　　　2．契約の本性から発生する権利・義務を，契約目的を危殆化させる程度に制限してい
　　　　　るとき。
　(3)　本条1項，2項及び，第308条と第309条の規定は，法規定と異なった，又は，法規定
　　を補充するルールが合意された普通取引約款の規定にだけ適用される。
　　　　それ以外の規定は，本条1項2文と1項1文により無効となる可能性がある。
［7］**ドイツ民法358条**　(1)消費者が事業者による商品の供給又はそれ以外の給付の交付に関
する契約の締結を目的とする意思表示を有効に撤回したときは，以上の契約と結合した消
費者与信契約の締結のための意思表示にも拘束されない。
　(2)　消費者が消費者与信契約の締結のための意思表示を有効に撤回したときは，消費者が
　　事業者による商品の供給又はその他の給付の交付に関する契約の締結を目的とする意思
　　表示にも拘束されない。消費者が結合契約の締結に向けた意思表示を本款の基準に従っ
　　て撤回できるときは，前項だけが適用され，第495条1項の撤回権は排除される。ただし，
　　消費者が本項2文の場合に消費者与信契約の撤回の意思表示をしたときは，その意思表
　　示は前項により結合契約の撤回として事業者に対しても効力を有する。
　(3)　与信の全部又は一部が他の契約の融資を目的とし，かつ，与信契約と他の契約が経済
　　的一体性を構成するときは，商品の供給又それ以外の給付の交付に関する契約と消費者
　　与信契約は結合している。経済的一体性があるとみなされるのは，特に，事業者が自身
　　で消費者の反対給付に与信するか，又は第三者の与信では，与信者が消費者与信契約の
　　準備又は締結に事業者を利用したときである。不動産又は不動産と同様の権利の取得の
　　ための与信で，経済的一体性があるとみなされるのは，与信者が自身で不動産又は不動
　　産と同様の権利の取得を斡旋するか，又は，与信者が与信を用意しただけでなく，計画
　　の立案，宣伝，又は，遂行に際して，譲渡人の機能を引き受けるか，又は，譲渡人を一
　　方的に援助することで，売却益の全部又は一部を取得して，事業者と協働して不動産又
　　は不動産と同様の権利の取得を促進したときに限られる。
　(4)　第357条は結合契約に準用される。ただし，前項の場合は，消費者与信契約の解消に
　　基づく消費者に対する利息と費用の請求は排除される。撤回又は返還が有効となった際
　　に既に与信が事業者に交付されていたときは，与信者は消費者との関係では，撤回又は
　　返還の法効果に関して，結合契約からの事業者の権利義務を取得する。
　(5)　撤回又は返還の権利に関する説明では，本条1項及び2項1文2文の法効果が指示さ
　　れなければならない。

VI　トイブナーの社会理論と法律学

尾﨑一郎

1　トイブナー理論の特徴
2　本書の要約
3　トイブナーの法社会学
　―― アクチュアリティと法の優位 ――
（1）柔軟なシステム概念
（2）法の優越性
4　トイブナーの社会学的法律学
　―― 不可能を可能にする ――

1　トイブナー理論の特徴

　社会の中に，法とは異なり，法が十全に把握しているとは言えない，自律的な領域（セクター）が存在する。例えば科学や経済や宗教である。そこでは当該領域特有のコードや規範で相互行為やコミュニケーションがなされており，法（あるいは法と政治の包括的なカップリング）による直接的な介入や統制が有効でない。そもそも法あるいは法律学が用意する教義学的／解釈論的枠組み（ドグマ）は，それら自律的諸領域のありようを正確に把握することに失敗している。例えば，国家（国家法）という単位やハイアラーキカルな統治構造や二当

※　本稿における本書収録論文の引用
Ⅰ　二値編成複合性の立憲化
　―― 国民国家を超えた社会的立憲主義について ――（以下「立憲化」論文）
Ⅱ　越境する企業の自己立憲化
　―― 企業行動指針の私的性格と国家的性格の結合について ――（以下「企業」論文）
Ⅲ　「わたしがベルゼブルの力で悪霊を追い出すのなら，…」
　―― ネットワーク機能不全の悪魔学 ――（以下「悪魔学」論文）
Ⅳ　社会制度としての鑑定〔専門家意見〕
　―― 第三者の契約内部化 ――（以下「鑑定」論文）
Ⅴ　結合義務としての利益の分配？
　―― フランチャイズ・システムでのネット利益の再分配 ――（以下「ネット契約」論文）

VI　トイブナーの社会理論と法律学

事者間の契約関係といった旧来の枠組みに固執するあまり，トランスナショナルな拡大が著しい経済活動・市場取引や，水平的なネットワークを形成する多様なアクターの利害調整といった問題にうまく対応できていない。結果的に国家の政策は失敗し，法規制は限られた有効性しかもたず，グローバルな市場の拡大や情報・移動技術の発展・普及がもたらす副作用を十全に制御できずにいる。このような社会の有り様（あるいは社会と法との関係の有り様）に対して法はどのように応答すべきなのか。法になにができるのか。

　トイブナー（敬称略・以下同様）が本書で追究している以上のような問題は，彼自身も「立憲化」論文で示唆するように，（その質を劇的に変化させたとはいえ）決して「グローバル化」著しい現代に限定された話ではない。国民国家の最盛期にすでに社会全体の分立化と，分立したものの自律化は，進行していた。そもそも法自身，一つの自律的なオートポイエーシス・システムとして，他の社会領域のコードとは異なるコードで作動することで，高度なドグマーティクの体系を手にしていた。当該ドグマーティクは，社会の他の領域（自律的諸システム）のコードを直接的に把握，統御することができない。逆もまた真であり，例えば経済システムのコードは法システムを直接侵食することはできない。だからこそ法律学は法律学たり得ていたという皮肉な見方も可能であろう。いずれにしても，法自身が社会を十全に掌握し規律しているというのは（あるいは国家法の概念体系を洗練させていけば社会を十全に掌握できるはずだというのは），法学内部の幻想に過ぎない。エールリッヒが社会の「生ける法」の把握の重要性を主張し，生ける法と裁判規範や実定法との関係の理論化を目指したのも宜なるかなである。「概念法学」批判が勃興し，利益法学，自由法論といった主張（その内容は論者により様々ではあるが）が生まれ，その結果，一方で法社会学という社会科学が，他方で利益衡量論や「法と経済学」といった（ア・プリオリなドグマや検証可能性を欠いた概念を極力排除し，利益状況を始めとする社会の実態に対する明敏な感受性ないし洞察力を示すことを標榜する）現代の社会学的法律学の発展が，もたらされた。そこでも（あえて米国における言い方を借りるならば）問題は常に法と社会の「ずれ（gap）」であり，セルズニックがいう自律的法（autonomous law）の社会に対する応答性（responsiveness）の確保であり，法ドグマ（や法的決定者の主観・党派性）に惑わされない客観的な社会の把握である。国家のハイアラーキカルな統治構造を基軸に置く法ドグマが多元的で水平的なグローバル秩序にうまく適合しない現代，なお一層先鋭化しているこれ

らの問題に立ち向かうトイブナーの多彩な論考は，まさにそうだからこそ，古典的なまでに「法社会学」的であるか，「社会学的法律学」的である。北海道大学来訪時の打ち合わせにおいて彼は「社会学的法律学の嫡流を自認している」と語っている。

他方で，トイブナー理論の一目瞭然たる現代的特徴は，ニクラス・ルーマンの社会システム理論，とりわけ後期ルーマンの，作動上の閉鎖性（かつ，法システムの場合は規範的閉鎖性と認知的開放性）を有するオートポイエーシス・システムの理論，の導入である。抽象的かつ難解なことで知られるルーマンの諸概念を大胆に導入した法社会学的ないし社会学的法律学的論考が展開される。社会の諸領域が自律的なシステムとして分立し，その結果法と法以外の諸システムの関係が問われる，という基本発想は，トイブナー理論の通奏低音となっている。逆にトイブナーの議論が法学者にとってルーマン理論への導入となっている面もある。ルーマン理論についての予備知識がないと読解は困難であるが，ともかくも，概念の難解さに惑わされずに読み続ければ，トイブナーが，ルーマン理論の単なる応用者ではないことにも気づかされる。それは，本書に収載された論考で言えば，ネットワーク，レジーム，ウルトラサイクル，動的不均衡といった多様な概念を次々と付加していることにも現れているし，後述するようにシステムの概念や法の可能性についてルーマン理論から自由に（しかし考えようによっては深刻に矛盾する形で）逸脱していることにも現れている。単なるルーマン理論家と見なすとトイブナー理論の自由で大胆な飛翔の魅力を捉え損ねてしまうだろう。関心は一貫して法にある。

2 本書の要約

本書の諸論考を簡単に振り返ってみよう。

前半（「立憲化」論文，「企業」論文）は，グローバル化の時代において，経済，科学，メディア，保健，多国籍企業のような自律的諸セクターが，国家中心主義の発想に囚われ続ける法と政治を尻目に，飛躍的で超国家的な拡大を続け，その結果，世界的金融危機や重大な環境汚染，人権侵害といった副作用（セクターの自己破壊と外部性の双方を含む）もまたもたらされているが，それに対する有効な法的対応をなし得ていないことに関わる論考である。そうした副作用はどのように統御できるのか。そもそもグローバルな社会はどのような有り様

131

VI　トイブナーの社会理論と法律学

を示しているのか。トイブナーは，各国家単位での法規制に固執することも，逆に単一憲法による世界大の法と政治の包括的カップリングの成立を期待することも，誤っているとする。無際限に拡大しているかのように見える経済，科学，メディア，保健，企業といったセクターは，実はそれぞれに「国家なき自己立憲化」を実現している。すなわち，それぞれに自己構成的（konstitutive/constitutive）な統御の機制や規範や内部コードを成立させている。だからこそグローバルに拡大しつつ，制度，組織，アクター，関係，ルールの集合体としてのレジームを形成できたのである。グローバルな秩序とはこのような Konstitutionalismus/constitutionality の島々が存在する多元的な秩序なのだ。例えば，世界大での商取引を可能にしている lex mercatoria はそのようにして生まれた。あるいは多国籍企業は私的な内部ルールによる統治の仕組みを作り上げている。問題は，他方でそれぞれのセクターが固有の合理性を追求する余り，暴走したり自己破壊をもたらしてしまう可能性があることである。現に，リーマン・ショックのような金融危機や多国籍企業の活動による広範な環境汚染，人権侵害などが生じている。どうやって制御するか。それは一元的でハイアラーキカルな統治構造による法的介入ではない。むしろ，各セクターが制限的（limitative）な自己統御をなすという自己立憲化のもう1つの側面を一層促進すべく，外部から刺激ないし圧力をかけることである。その役割を担うのは，各セクターの外部，すなわち国家権力だったり，各種の法的規範だったり，他の社会領域だったり，する。法と法以外のセクターとが働きかけ合い刺激しあう結果として，両セクター内部の自律的コードのメタ・レベルで作動する「ハイブリッド」（異種混交的）な二値コードによる立憲化（Konstitutionalisierung/constitutionalization）が進行するはずである。このメタ・コードは，各セクターのコードの上位で適合か違背かを区別する二値的で自省的／再帰的（reflexive）なコードであるがゆえに，constitutional なものと呼ぶことができる。しかしそこで達成されるのは，国民国家を前提とする古典的なものとは異なる，社会的立憲主義（gesellschaftlicher Konstitutionalismus/societal constitutionalism）である。

　以上のような内容の前半は，全体として，グローバルな秩序と法の役割についての法社会学的考察といった趣である[1]。

　後半（「悪魔学」論文，「鑑定」論文，「ネット契約」論文）は，一転して，ドイツ内部の近時の法律学ないし法実務上の難問，すなわち，日本では多角的法律関係の問題として議論されている，法律的には別々だが経済的な一体性ないし

2　本書の要約

連関を有してもいる複数の契約の諸アクター間の法的権利／義務をどのように判断するかという問題，を扱う。具体的には，1つには，フランチャイズ契約において，フランチャイザーがフランチャイジーに対して負う義務の範囲（「ネット契約」論文），もう1つには，売主と契約を結んで商品についての鑑定を行った（専門）鑑定者が，当該商品の買主に対して負う責任の有無，である（「鑑定」論文）。例えば，前者は，フランチャイザーが商品製造者から得た購入割引をフランチャイジーに開示し再分配する義務があるか，後者は，鑑定結果を信用して購入した買主が被った損害に対して鑑定者は賠償する義務を負うか（買主は直接鑑定者に賠償請求できるか），といった，判例，学説とも判断が分かれている問題である。鑑定者の責任は不法行為の範囲を狭く解しているドイツ法特有の問題としての側面が大きいが，フランチャイズ契約の問題は日本でも同様の問題が学説上も裁判上も議論されている[2]。既存の法律学（学説／判例）の枠組みに立脚して，フランチャイズ契約について，例えば事務処理契約と雇用契約と用益賃貸借契約といった伝統的契約類型の混合と捉えて，そこから結論を導いたり，鑑定者の責任について，第三者に対する契約上の責任の問題と構成した上で判例にいう「近い関係」が当該第三者との間にあったかどうか，あるいは契約締結上の過失があったかどうかを問うたりする，というドグマティカーの奮闘を，トイブナーはアクター間の関係の客観的構造を正確に把握しないものとして批判する。彼が代わりに提示するのは，「別々のものの複合（Coincidentia oppositorum）」としての「契約結合（Vertragsverbund）」[3]たる「ネットワーク契約」としてのフランチャイズ・システム概念であり[4]，純然たる独

1）　トイブナーによるグローバルな法秩序の理解については，G. Teubner, "Global Bukowina: Legal Pluralism in the World-Society," in Gunther Teubner (ed.), *Global Law Without A State* (1996); グンター・トイブナー（村上淳一訳）「グローバル化時代における法の役割変化——各種のグローバルな法レジームの分立化・民間憲法化・ネット化——」ハンス・ペーター・マルチュケ＝村上淳一編『グローバル化と法——〈日本におけるドイツ年〉法学研究集会——』（信山社，2006年）所収など，参照。

2）　藤原正則「ネット契約としてのフランチャイズ契約？——最判平成20年7月4日判時2028号32頁を契機に，ドイツの同様の事件との対比で——（一, 二・完）」北大法学論集60巻6号，61巻1号（2010），同「フランチャイズ契約と多角的法律関係」法律時報82巻2号（2010）が，日独の理論状況を精緻に分析している。

3）　グンター・トイブナー（村上淳一訳）「別々のものの複合：契約でも組織でもないネットワークの法」法曹時報57巻9号（2005［2004］）参照。村上教授は Vertragsverbund を契約複合と訳している。

133

立鑑定でも当事者鑑定でもなく，不動産の売買というひとまとまりの「プロジェクト」に関与する制度として，プロジェクト関与者に対して（のみ）責任を負う（従って上述のケースでは鑑定者は買主に対して責任を負う），プロジェクト鑑定という理解である。これらの，既存の法律学にはない概念に基づく社会学的考察を経て，結論としてはフランチャイザーや鑑定者の責任を認めるという裁判所の新しい判断に沿った判断を提示している。

このような内容の後半は，全体として，現代的現象としての多角的法律関係についての社会学的法律学の実践という趣が強い。

以上のような議論は大まかに見れば首肯できる点も多い。現代社会の核心的な特質を巧みに捉えているという実感を得る読者も多かろう。しかし，細かく議論を読むと理解が困難な点がなくはない。トイブナーの学問的方法の根幹に関わる問題でもあるので，本書の議論に即して，それらについて指摘したい。

3　トイブナーの法社会学 ── アクチュアリティと法の優位 ──

まず，現代社会における法（法システム）の位置づけについてである。先述したように，トイブナーは，社会において各種の自律的な領域が分立していると捉え，各領域の自省性とオートポイエーシスを前提とする。この点でルーマンの理論と道具立てに大きく依拠しているが，少なくとも次の重要な2点でルーマン理論から逸脱しており，そこが彼の議論の魅力であると同時に難点となっている[5]。

（1）柔軟なシステム概念

オートポイエーシス・システムとしての機能的部分システムの概念をいわば拡張ないし流用して，システム，組織，ネットワークなどひとまとまりの自律

---

4) 「悪魔学」論文が，契約か組織／団体かという二分法では捉えきれない「ネットワーク」の概念についての社会学的考察である。ネットワークの機能不全を「悪魔祓い」するために新しい法的概念が必要であることを説く。関連して，G. Teubner, Netwerk als Vertragsverbund: Virtuelle Unternehmen, Franchising, just-in-time in sozialwissenschaftlicher und juristischer Sicht（2004）.

5) 念のため断っておくと，ルーマン理論からずれていること自体が問題なのではなく，ルーマン理論からのずれ方を見ることで，トイブナーの議論の若干の混乱と暗黙の前提とが明らかになるというのが，本節の主旨である。

3 トイブナーの法社会学――アクチュアリティと法の優位――

的領域(ないし関係)があるとき,そこに自省的,オートポイエーシス的なコミュニケーションを見出し,それと法(あるいは他の自律的コミュニケーション)との関係を問うという柔軟な立論をしているのがトイブナーの特徴である。

実際,まず「立憲化論文」では,法と法以外のそれぞれに作動上の閉鎖性を有し独自のコードで作動する自律的社会的セクターとの関係が基本的に論じられており,かつそこでは直接的な介入はできず外部から刺激を与えるというルーマン的問題構成が一見踏襲されている[6]が,そこで列挙されている社会セクターには,メディア,保健,多国籍企業など,ルーマンのいう「機能的部分システム」とは言いがたいものが含まれている[7]。

「企業」論文では,さらに概念の拡張が明らかである。まず「第2テーゼ(憲法構造)」では,私企業における憲法(Verfassung/constitution)とは,「法システム」とそれ以外のシステム,具体的には経済システムという「二つの相互に閉ざされた社会システム」の構造カップリングであり,それ自体としては統一的な社会システムを構築していない一種のハイブリッド(異種混交体)であり,二つの完全に異なった憲法的制御のための擬制的な統一形式なのである,という「立憲化」論文を敷衍した説明[8]がなされる。そのような「憲法コード(Verfassungscode)」は,「表面上統一的な定式として現れるが,それは行為の連関に応じて,経済的なメタ・コード化か,あるいは法的なメタ・コード化のいずれかとなる」。「経済的関係において,メタ・コード化は,企業の社会的な責任

---

[6] 機能システム同士の構造カップリングおいて,カップリングがシステムに引き起こすのは刺激でしかなく,構造カップリングは,システムの相互刺激の特定の道筋を強化すると同時に環境の他の部分を無関連にすることである,とルーマンはする(ニクラス・ルーマン(馬場靖雄他訳)『社会の法1,2』(法政大学出版局(2003[1993]))580頁,同(馬場靖雄他訳)『社会の社会』(法政大学出版局(2009[1997]))1069頁など)。

[7] ルーマンが全体社会のサブシステムとして分出した(二値コードで作動する,オートポイエティックな)「機能システム」として通常挙げるのは,法,経済,政治,宗教,科学(学術),教育,芸術である。トイブナーによるシステム概念の拡張につき,グンター・トイブナー(村上淳一訳)「法の自己塑成(アウトポイエーゼ)は如何に経験的か?」思想852号(1995)冒頭の訳者「解説」参照。ただし,当のルーマン自身が,社会運動をオートポイエーシス・システム的に捉えたり(ニクラス・ルーマン『社会システム理論(下)』(恒星社厚生閣(1995[1984])730-734頁),組織(Organization)をオートポイエーシス・システムとしたり(N. Luhmann, Organization und Entscheidung (2000)),マスメディアをオートポイエティックな機能システムの1つと位置づけたり(ニクラス・ルーマン(林香里訳)『マスメディアのリアリティ』(木鐸社(2005[2004]))41頁)と,概念を柔軟に用いている例がないわけではない。この最後の点は,毛利康俊教授の教示を得た。

135

Ⅵ　トイブナーの社会理論と法律学

を自省するのに役立ち，また環境適合的な経済的行為の戦略を探求する。企業内部の法との関係で，メタ・コード化は，個別法と憲法との区別をもたらし，個別の法的行為を，それが企業憲法において定められた評価及び原則に沿うかどうかを制御する。」というのだ。ここで論じられているのは基本的に（法システムと経済システムという）「機能システム」間の関係であるとまだ理解できる。ところが，続く「第3テーゼ（憲法制度）」では，自律的領域間の関係を論じつつ，局面は，作動上の閉鎖性を有した「強い意味での」機能システムではなく，二つの「独立した法空間」ないし「異なる閉鎖的なネットワーク」の関係としての，「自律的で私的に秩序づけられた強行的な企業内法と，国家的に規制された規範的な行為勧告」の関係，へと拡張されている。企業内法と国家法的勧告とは，いずれも，強い意味での機能システムではない（というよりは，いずれも法システム内の法的コミュニケーション（「法空間」）である[9]）が，両者は序列的関係になく，妥当において完全に独立であり，規範化においても接合しない，ただ外部から「妥当を訴え，鼓舞し，動機付け，迫ることができるだけ」の水平的な「ウルトラサイクルの関係にある」という。「ハイパー・サイクルは，ある一つの閉鎖的なネットワークの内部で，相互循環的に結びつけられた作動循環が存在するときに形成される。これに対してウルトラ・サイクルは，閉鎖的なネットワーク間において，相互的な刺激の循環が形成されるときに存在する」[10]。

「ウルトラサイクル」は「摂動循環」（Perturbationskreislauf）とも言い換えられており，さらに，国家法的勧告が企業内法に「憲法的刺激（Verfassungsimpulse）」ないし「憲法的学習圧力（konstitutionelle Lernanstösse）」[11]を与えることで生じる「学習プロセス」は「まず他の機能システムに迂回する」という[12]。つまり，「ウルトラ・サイクル的「翻訳プロセス」においては，むしろシステ

---

8) 「立憲化」論文で言及されている，「憲法的モメント（constitutional moment）」（Bruce Ackermanの概念）におけるハイブリッドな立憲化の実現，については，Gunther Teubner, "A Constitutional Moment?: The Logics of 'Hitting the Bottom'," in: Poul Kjaer, Gunther Teubner & Alberto Febbrajo (eds.), *The Financial Crisis in Constitutional Perspective: The Dark Side of Functional Differentiation* (2011). が独立の論文として論じている。
9) トイブナーは「企業内法（Binnenrecht der Unternehmen）」ないし「企業内法コード（unternehmensinterner Rechtscode）」とか「異なる法秩序（Rechtsordnung）」とか「独立した法空間（Rechtsräume）」といった表現を駆使しており，いずれにしても法であると位置付けられている。

3　トイブナーの法社会学——アクチュアリティと法の優位——

ムの境界が超越され，法文書，政治的社会的権力の圧力，知的共同体的の認識作動と，経済的サンクションの間で摂動循環が生じる。国家的コードのソフト・ローが，モデルを描き監視を行う専門知の語法に翻訳される時，国際機関，NGO，多国籍企業の間の政治的交渉に基づく組織間権力へ翻訳される時，世論の評価メカニズムに翻訳される時，金銭的な刺激とサンクションに翻訳される時，そして最後に企業内コードというハード・ローの法律用語に「訳し戻される」時，原初的な規範内容は大幅に変更される。」と説明される（傍点引用者）。ダイレクトにではなく，間接的／迂回的に国家の法コードが企業内の法コードに影響を与え変化させるというのだ。

こうした分析の現実記述としての当否は別として，そもそも第2テーゼの，法システムと経済システムのハイブリッド・メタ・コーディング（「二つの完全に異なった憲法的制御」）としての私企業の憲法構造（(Verfassungsstrukturen)と，第3テーゼの，企業コードと国家的コードのウルトラサイクル結合としての憲法制度，すなわち，法システム内で「ウルトラサイクル」ないし「摂動循環」を形成している独立の法空間同士における（しかし「まず他の機能システムに迂回する」）憲法的学習強制ないし憲法的刺激，とを理論上どう関係づけて理解すればよいのか，判然としない。例えば，第2テーゼにおける法と経済のハイブリディティは，法空間同士の関係についての第3テーゼではどこに位置付け

---

10) 1994年の講演，グンター・トイブナー（佐藤岩夫訳）「超循環的なできごととしての法化」日独法学21号（2003）40頁の説明では，「法と社会の部分システムのこのような超循環的な結合は，操作的に閉じられた新しいシステムの形成へと導くのではなく，関係するシステム間の分離と自律性に依拠しており，それどころかまさにシステムの作動（社会的行為と法行為）の原理的な差異を，他者触媒のために利用するのである。したがって［ここで観察されるのは，］法と社会を構成要素とするような，法——社会関係のハイパー循環（Hyperzyklus）ではなく，法システムと社会の他の部分システムの境界を尊重しつつも同時にそれを乗り越えるという超循環（Ultrazyklus），システムとニッシェ（Nische）との間の循環的な促進関係，一種の生態学的再帰性なのである。」となっている。ウルトラサイクルとは，システムの作動上の閉鎖性と構造カップリングの厳格性を緩和し，「分離と自律」を前提としつつもそれを乗り越えるような再帰的・循環的関係である。それが，「企業」論文では「閉鎖的なネットワーク」間の「相互の刺激の循環」に拡張されている。
11) 原文では Verfassung と Konstitution とが（形容詞等も含め）併用されているが，訳者の楜澤教授がトイブナー教授本人に照会したところ同じものを指しているとのことであり，本書でも区別せず「憲法」（ないし立憲化）と訳している。ちなみに英語論文では constitution に統一されている。
12) 「摂動（Pertubation）」の語自体はルーマンも用いている（『社会の社会』前掲注6) 123頁)。

Ⅵ　トイブナーの社会理論と法律学

られるのか？　具体的な現象としては，私企業が内部的に自律的，自己制御的なルール（「企業行動指針」）を生成させており，それは法的コードとしても経済的コードとしても読むことができる（≒トイブナー的な意味で憲法的である），ということと，私企業が用意するそのような私的ルールと，国家ないし国際機関等が用意する国家法的諸ルール，さらには専門知，世論，政治過程，経済取引などそれぞれに自律性を有した領域とは，水平的に間接的な影響を及ぼし合うことでそれぞれに変化する，ということとを，言っているのであると思われる。しかし，そのような事態を把握するのに，システム概念を拡張し，自省性／再帰性，オートポイエーシス，作動上の閉鎖性といった概念の厳密性が失われている[13]。また，オートポイエーシス・システムの理論との関係ないし整合性が明確とは言えないハイブリッド・コーディング，ウルトラサイクル，摂動循環のような諸概念が併用されている。その結果，かえって理解の困難化と議論の混乱とが引き起こされているように読める。検証可能性，実証性の欠落云々といった，これら概念（とりわけルーマン理論）にしばしばなされる批判自体は筆者は共有しないが，少なくとも概念の拡張や併用にあたってはその根拠や適用範囲が明示される必要があるのではないだろうか。さもないと，議論のclarification よりは mystification が先行することになってしまう。

　いずれにせよ，本書を始めとするトイブナーの諸議論を通読して分かるのは，法システムと経済システムであれ，法空間1と法空間2であれ，あるいは地域文化1と地域文化2であれ，レジーム1とレジーム2であれ，ネットワーク1とネットワーク2であれ，ともかく容易には混ざり合わないなんらかの自律的な領域が多様なレベルで現に分立し時にコンフリクトを起こしているという現代社会理解と，それら領域同士は境界線を維持しつつも相互に刺激し変化（「摂動」）を促し合いながら相互干渉し「ハイブリッド」で（つまり融合したり一方が他方に包摂されたり書き換えられたりすることのない異種混交の形の）自生的でミクロな秩序を生み出すであろう（垂直的で国家的な構造によって統御しようとしてもできないであろう）という基本発想とが，一貫して維持され，適用さ

---

[13]　オートポイエーシス・システムがいかに進化できるかという問題にトイブナーはオートポイエーシス概念の非妥協的な堅牢さを緩和することで対処しようとしている，とルーマンは指摘する（『社会の社会』前掲注6）787頁）。関連して，ディルク・ベッカー編（土方透監訳）『システム理論入門：ニクラス・ルーマン講義録1』（新泉社（2007［2002］））128頁のルーマンの発言参照。

れているということである。グローバルな法秩序もまさにそのようなものとして捉えられている（前掲注1））。ルーマンの厳格な社会システム論よりもアクチュアルな射程の大きい議論であることは確かなようであり，大きな魅力になっている。そして，すぐ後で述べるように，このような発想に係留されて法に大きな役割が付与されているのが，トイブナー法社会学のもう1つの特徴である。

（2）法の優越性

ルーマンがいうように近代化の過程で各機能システムの分出（Aufdifferenzierung）が進行し，それぞれに作動上の閉鎖性を有したオートポイエーシス・システムへとなっていったのであるなら，そうしたシステムの1つである法は，まさにそうであるがゆえに，社会の部分システムのワン・オブ・ゼムということになる。それは，紛争処理とか行動統制（を通じた社会全体の統御）といった「働き／遂行（Leistung）」を担うスター選手のようなものではなく（そもそも，当該働きに関しては法以外のオルタナティブな手段が有力に多数存在する），規範的行動予期の抗事実的安定化（による複雑性の縮減）を他のシステムにはない固有の「機能（Funktion）」とする機能システムである（『社会の法』前掲注6）167–172頁）。「全体社会は法によって統合されるという，伝統的な予期に従うなら，法の分出は機能喪失として現れてくることになる」（同166頁）[14]。しかし，そのような相対化ないし矮小化（？）をトイブナーは潔しとしないようである。それは，すでに示唆したようにシステム（あるいは諸領域）の自律性・閉鎖性（あるいはシステム間の架橋不可能性）についてルーマンより柔軟に捉え，かつ，社会統御という働きに引き寄せながら，システム間，領域間の架橋ないし調整の大役を他ならぬ法に託していることに現れている。

日本でも紹介されたように[15]，かつてそのような大役は，トイブナーを中心に展開したドイツ「法化」論の文脈で次のように語られた。すなわち，いかなる諸部分システムにおけるコミュニケーションであれ，それは同時に全体社会の一般的コミュニケーションでもあり（allgemeingesellschaftliche Kommunikation），そのことを媒介としてシステムの相互干渉作用（Interferenzleistung），

---

14) 周知のように，前期ルーマンでは，法は社会システムの「構造」と位置付けられており（ニクラス・ルーマン（村上淳一＝六本佳平訳）『法社会学』（岩波書店，1977［1972］）第三章），全く構成が異なる。

VI　トイブナーの社会理論と法律学

すなわち架橋が可能なはずである。規範的閉鎖性と認知的開放性を相伴う法システムは，その認知的開放性を高め自己調整能力を高めた自省的法（reflexives Recht）となって，他の社会諸システムとの干渉作用により，社会を統御することができるはずである。具体的には，「強度の未規定性」を有した一般条項の活用により，システム間のコンフリクトを調整することができるはずである，というのが，トイブナーの見立てであった[16]。しかしこの見立ては，一般的コミュニケーションを想定すること自体がオートポイエーシス・システムの分立を説くルーマン理論の破壊であるとして，ハーバーマスにより手ひどく批判されているし[17]，ルーマン自身が，作動上閉ざされた機能システムの分出とそれらの構造カップリングという有り様を前にしてもなお法（というオートポイエーシス・システム）による社会（の諸オートポイエーシス・システム）の統御や統合の可能性を模索するトイブナー的志向性に対して懐疑的である[18]。無論，そのような，システムのオートポイエーシスや作動上の閉鎖性を厳密に解する限り出て来にくい法への強い期待は，法（システム）の特権性を暗黙のうちに想定していることの裏返しでもある。

　このようなスキームに続いて前面化してきたのが，本書の論考が語るような，社会的立憲主義，すなわち，ハイブリッドなメタ・コーディングとしての憲法（による自己統治の仕組み）の生成（立憲化）である。トイブナー自身が繰り返し述べるように，これは，国民国家の法治体制ないし法／政治の構造カップリングという枠組みに呪縛された狭義の（あるいは古典的な）憲法／立憲体制概念

---

15)　関連文献は多数あるが，山口聡「多様な法的問題としての「法化」から社会理論としての「法化」論へ —— ドイツ「法化」論再検討 ——（一）（二・完）」阪大法学43巻4号（1994），44巻4号（1995）が，トイブナー理論を含むドイツ「法化」論の概観として優れている。本段落の記述は同論文から多くの示唆を得ている（特に，（二）83-121頁）。トイブナー流の法化論とは一線を画するルーマン理論により忠実なシステム論的法化論の最近の展開について，毛利康俊「ざわめきとしての法 —— システム論的法化論の再定位のために —— 」法社会学67号（2007）。

16)　グンター・トイブナー（土方透・野﨑和義訳）『オートポイエーシスシステムとしての法』（未來社（1994 [1989]））5章，6章。

17)　ユルゲン・ハーバーマス（川上倫逸＝耳野健二訳）『事実性と妥当性（上）』（未來社（2002 [1992]）73-78頁。

18)　N. Luhmann, Einige Probleme mit „reflexivem Recht", Zeitschrift für Rechtssoziologie 6（1985）; derselbe, Steuerung durch Recht?: Einige klarstellende Bemerkungen, Zeitschrift für Rechtssoziologie 12（1991）；『社会の法』前掲注6）165-166頁（特に注43における辛辣な批判），『社会の社会』前掲注6）1067-1068頁など参照。

3　トイブナーの法社会学──アクチュアリティと法の優位──

とは全く異なるものである。彼の語るのをそのまま受け止めるなら，それは，「企業憲法」がまさにそうであるように，例えば法システムと経済システムという相互に自律的なオートポイエーシス・システムに同時に関わるハイブリッドなコード化である。ハイブリッドであるが故に，法システムにおいては法的なコード化として，経済システムにおいては経済的なコード化として読まれることになる。そのようなものをトイブナーは憲法（Verfassung/constitution）と名付けている。先述したように，国民国家における憲法典が下位法典との関係でそうであるように，自律的なコード群に対してそのメ・タ・・レベルで適用される，二値的（適合か違背かを区別する）で自省的（reflexive）なコードであるがゆえである。しかし，このような意味で憲法なる語を用いることは，ルーマンの憲法理解とは異なっている。

　ルーマンが理解する「憲法」とは，法システムと政・治・シ・ス・テ・ム・の構造カップリングの形式のことであり，その二者の関係にとどまっている[19]。ちなみに，政治システムと経済システムは租税と関税によって，法システムと経済システムは所有権と契約によって，学術システムと教育システムは大学という組織形態によって，政治システムと学術システムは学術的訓練と専門家の助言によって，教育システムと経済システムは成績・修了証明書とその発行によって，それぞれ構造的にカップリングされているとされる。これらのいずれも機能システム間のカップリングの「形式」（Form）である（『社会の社会』前掲注6）1070-1077頁））。つまり，ルーマン理論からすれば，法システムと経・済・シ・ス・テ・ム・，ひいては法と関連する諸機能システム，との構造カップリングに関わるハイブリッドなメタ・コード化を憲法という語で指示するのは，明らかに概念の拡張ないし汎用化になっている。

　もちろんトイブナーは，ルーマンの憲法理解を踏襲しつつ，自覚的にこの拡張を行っている[20]。そのことが暗に示すのは，彼が，政治システムとの関係だけでなく，他の社会システム（経済，科学など）との関係でも，構造カップリングを通じて法が，憲・法的コードを生み出し得るという想定をしているということである。彼は，次のように述べている。「立憲化（constitutionalization）の最終地点は，政治において（in）であれ，科学，その他の社会セクター（social

---

19)　『社会の法』前掲注6）607-620頁参照。
20)　G. Teubner, "A constitutional Moment?" 前掲注8）p. 27。

VI　トイブナーの社会理論と法律学

sectors）においてであれ，1つの独立の憲法的コード（an independent constitutional code）すなわち二値的なメタコードが，まさに，法とそれら関連社会システムとの構造カップリングにおいて（within）生成（develop）し，さらに，そのシステムの内部過程が当該[憲法的]コードに自らを関連づけ（orientate）たときに，初めて到達されるのだ。」("A Constitutional Moment?"（前掲注8）p. 31）。このような主張が成り立つためには，法（システム）にそのような力がなければならないが，それは確かなことだろうか？　なぜ他ならぬ法システムにそのような力が備わっていると言えるのだろうか？[21]

また，ルーマンは，憲法について，「法的に見れば，自己論理的なテクストにすぎない。すなわち，自身を法の一部として予定しているテクストなのである。」（『社会の法』前掲注6）610–611頁）といい，「法システムが憲法／その他の法という線に沿って分化している場合でも，やはり閉鎖性原理は例外なしに妥当する。この原理は，憲法をも包括するのである。さもなければ憲法は法でなくなってしまうだろう。」（同99頁）と述べ，「合憲／違憲が，適法／不適法から区別されはじめるや否や，憲法の地位が際立ったものになってくる。今や，あらゆる法は，憲法違反となりうる。……唯一の例外は憲法そのものである，というわけだ。」（同612–613頁），「……国家を構成し規定する憲法は，両方のシステムでそれぞれ異なる意味を持つことになる。法システムにとって憲法とは，最上位の法であり，基本法である。政治システムにとっては憲法は，政治の道

---

[21]　細かいことを言うと，構造カップリングの内部 within において1つの独立のコードが develop するというのも，奇妙な言い方である。ルーマンの言い方では，法システム内では基本法として政治システム内では政治の道具としてそれぞれにはたらく制度（institution）として憲法なるものが生成し（『社会の法』前掲注6）616頁，306頁：『社会の社会』前掲注6）1077頁では装置（Einrichtung）という言い方もしている），両システムの構造カップリングが可能になったということになる。従って，このカップリングの関係においても，法システムにおいては法のコードが，政治システムにおいては政治のコードが作動することにかわりはない。まさにそのことを可能にする制度が憲法である。翻って，カップリングにおいて1つの独立のコードが生成するというのは一体なんのことを指しているのだろうか？　法システムと諸社会システムのいずれにも属さないシステム外的実体として1つの「統一的形式」としての「コード」が生成すると言っているのだろうか？　あるいはルーマンと同様のことを，誤読を招きやすい表現で述べているに過ぎないのだろうか？　結局これは先に論じたことにも関わるが，（コミュニケーションを要素とし二値コードで作動する）ルーマン的な意味での機能システムではなく私企業という組織の中で生成するルールを実体的にイメージし，それに法的な文脈でも経済的な文脈でも読みうるようなハイブリッド・コードとしての性格を付与せんとしてルーマン理論の概念を拡張的に用いたがゆえに生じた議論（記述）の混乱であると思われる。

具である。」（616頁）と述べるなど，少なくともそのメタ規範性はあくまで法システム内部での構成として語っているように読める。これに対してトイブナーは，先の引用からも分かるように，法システム内部のコードのみならず例えば経済システム内部のコードに対しても上位で適用されるハイブリッド・メタ・コードとして憲法的コードを捉える。ルーマン同様，憲法が各システムにおいてそれぞれ異なる意味を持つことを認め，先の引用にもあったように，憲法コードは，経済システムにおいては，「経済的なメタ・コード化」として現れるということになるという。額面通り受け取るならば，経済システム内のコミュニケーションにおいても，法システムにおける上位法（基本法・憲法）と下位法に相当するようハイアラーキカルな形式が生成することになるはずだが，それはそもそもどのようなものなのだろうか？「経済的関係において，メタ・コード化は，企業の社会的な責任を自省するのに役立ち，また環境適合的な経済的行為の戦略を探求する。」と表現されているが，単に組織内のルールに照らして経済活動に伴う社会責任や環境への影響が自己評価される，と言うのではなぜいけないのだろうか。法システムのイメージ（憲法と下位法の組み合わせ）が不用意に他のシステムに適用された記述になっていはいないだろうか？[22]

このような概念拡張ないし飛躍は，国家を単位とする法と社会の包括的カップリングに該当するものがないグローバル社会における法秩序の可能性の探究という本書（とりわけ前半）の基本関心からすれば自然なことなのかもしれない。いずれにしても，トイブナーがオートポイエーシス・システムの理論の厳密な構成を緩和した上で，法に経済や政治や科学にはない特別な役割を期待していることが示唆されている[23]。

もちろん Verfassung/constitution という語から法学色を払拭して，基本的なルール／成り立ち／仕組み／体制といったぐらいの意味で使うことも理屈の上では不可能ではないし，単語自体そのような語義を元々有している[24]。例え

---

[22] 結局，多国籍企業や各種レジーム内部の自己規律ルール／機制や lex mercatoria の生産／適用体制をそのようなハイブリッドなメタ・コーディングとして読むべきだ，という主張として読むべきなのだろうか？法的な側面も経済的な側面も有したシステム／組織／レジームの内部的・自省的統御体制として。しかし，脱国家的，脱中心的・多中心的，動的，自律的統治体制／規範の生成というような通常なされる記述を超えて，そうした定式化を行うことで，なにがよりよく解明されたことになるのか，例えば lex mercatoria の正統性という国際法の難問によりよく答えたことになるのか，といった疑問を法律家の読者は抱くであろう。

Ⅵ　トイブナーの社会理論と法律学

ば，トイブナー同様，グローバル社会を多中心的で脱国家的で非ハイアラーキー的な統治体制として捉える政治思想家であるネグリ（とハート）が（アメリカ合衆国の「立憲プロジェクト」をモデルに）語るのはネットワーク的構成権力としての constitution である[25]。法学的モメントは最小化されている。しかし，仮にトイブナーがそのような概念構成を自覚的に採用しているとしても，その筆致から当該ニュアンスを読み取るのは困難である。例えば「企業」論文の第3テーゼでは，明らかに（規範的予期の抗事実的安定化というルーマン的意味においても，社会統御というはたらきを重視するトイブナー的意味においても）「法」であるところの憲法（的規範）に対しても Verfassung の言葉を用いており，払

---

23) 以上指摘したような比較的形式的な側面を超えて，トイブナーは，法に実体的で重大な役割をネットワーク論に関して付与している。すなわち，「ネットワーク法制は，むしろ，制度の自律や基本権や手続的公正や法治国家性や政治的答責性といった原則を，公的・私的な混合配置において発展させていかなければなるまい。」（「別々のものの複合」前掲注3）37頁）とし，「いくつかのシステムを結ぶシステム間ネットワークにおいては，……法規はネットワークの結び目の自律を大幅に支えなければならないだけでなく，それらの結び目が―― 滔々たる集権化の流れにもかかわらず ――省察能力を保てるような仕方で，自律を支えなければならない。省察能力とは，自己の社会的機能について考えるところと自己の［システム外の］環境への寄与とのバランスを自己の立場でとっていく能力である。学術と政治と経済の間のシステム間ネットワークにおいて，これは，混合ネットワークの境界内における，政治的・経済的干渉に対する学術の自由の準憲法的保障に帰着する。実際，この理念は一般化できるものである。」（同38頁）とするのである。システム分化が進んだ polycontextural な世界において，なお，システムやセクター間の関係が（各システムの自省＝省察）を介して調整されるためには，そうした省察を可能にする表現ないし学問の自由が確保されなければならず，それはとりもなおさず，社会的立憲化，つまりは法によって確保されなければならないということである。この点について，戒能通弘「G・トイプナーの法思想」同志社法学55巻2号54-59頁参照。問題は，法にそのような力が本当に残されているか，ということである。
24) とはいえ，constitution の項目をOEDで見ると，ローマにおける勅法や命令等を指すラテン語 constitutio としての語義が，より古いようではあるが。ちなみに，ルーマンの理解する，憲法という語の歴史的ルーツないし原義と，法システムの分出に伴うその現代的用法の定着については，『社会の法』前掲注6）610頁，『社会の社会』前掲注6）1295頁，N. Luhmann, Verfassung als evolutionäre Errungenschaft, Rechtshistorisches Journal 9 (1990).
25) アントニオ・ネグリ＝マイケル・ハート（水嶋一憲他訳）『＜帝国＞―― グローバル化の世界秩序とマルチチュードの可能性 ――』（以文社，2003［2000］）209-236頁。彼らが描くのは，「合意と提携の諸々のネットワーク，媒介と紛争解決の諸々のチャンネル，諸国家のさまざまな力学な調整」による，「異種混交政体（Hybrid Constitution）」（！）である。法が中心にないことを除けば，トイブナーの思い描くグローバルな秩序と酷似していると言えるのではないか。

144

3　トイブナーの法社会学——アクチュアリティと法の優位——

拭は貫徹されていない。やはり，法なるものに他のシステムとは異なる特権的な位置付けを与え役割期待を抱いているからこそ，当該タームを用いていると理解するのが自然であると思われる。法学者特有の法中心主義ないし法の過大評価と断じてしまえば他愛のない話になってしまうが，グローバルな社会における（ハーバーマスが模索するような単一で）包括的な法と政治のカップリングを潔癖に拒絶し，社会の自律的諸セクターの「構造カップリング」なり，「摂動循環」なり，「毛細状の憲法」なり，近時彼が注目しているらしい概念として，「いくつもの矛盾する合理性の間を架橋」し，「相互干渉」を許す[26]「ネットワーク」なりに秩序の源泉を追求するのであれば，自らの社会学的理論が法の概念（あるいは法中心主義）の磁力に呪縛されていないこと（あるいは，呪縛されているが，それでもよいこと）の論証をすべきであろう。

顧みるに，『社会の法』の最後に語られるルーマンの次の言葉は十分に示唆的かつ frightening である。「もうひとつだけ述べておくならば，機能システム間の構造的な比重において現在支配的であるシステムが，長期においても現在見られるままであり続けるだろうなどと，仮定することもできないのである。パーソンズの一般行為システムの理論とは異なって，われわれは機能分化を，行為概念の分析の論理的帰結としてではなく，進化上の産物と見なしている。したがって次のこともまったくありうる話なのである。確かに現在のところ法システムが優越している。そしてまた全体社会そのものも，大半の機能システムも，法のコードが機能していることに依拠しているのである。しかしそれはヨーロッパ的例外（eine europäische Anomalie）に他ならず，したがってこの法システムの優越は，世界社会の進化のなかで衰退してゆくかもしれないのである。」（737-738頁）[27]。

---

26)　トイブナー「別々のものの複合」前掲注3）37頁。
27)　彼は，こうも言う。「さらに言うまでもなく，全体社会においてはこの［システム間の構造カップリングを可能にする］装置のうちいくつかが高度に傑出しているのである。所有権，契約，憲法，知の伝達（テクノクラート）などの制度は，目下のところ全体社会の記述においてまさにそのような地位を占めている。そのかぎりでは機能分化の理論は，［特定の装置こそが全体社会にとって重要であるはずだという］その種の要求を相対化し，多数の機能的に等価な形式に注意を促すために役立つのである。」（『社会の社会』前掲注6）1077頁（強調引用者））

145

4　トイブナーの社会学的法律学 —— 不可能を可能にする ——

　次に，本書の後半で主として採用されている社会学的法律学の方法についても検討が必要である。先に要約したように，トイブナーは，ネットワークといいプロジェクトといい，既存の法律学の道具立てではうまく捉えられない（かもしれない）事象を，システム理論を中心とした社会学的な道具立てと考察で解明した上で，法実践上の（つまり裁判上の）結論を導いている（あるいは正当化している）。しかし，これは，ルーマンのシステム理論的前提を受容するならば，学問／科学（学術）システム（社会学的考察）と法システム（法的論証）の異なるコミュニケーション・コードを不用意に接続している（あるいは前者のコードで後者のシステム内コミュニケーションに直接的な介入をしている）ことになりかねない。少なくとも社会学的観察からただちに法的結論を導くことは飛躍であるはずである[28]。無論これは，トイブナー1人の問題ではなく，それ自体が社会についての構成的解釈枠組みでもある法（学）が，社会科学的（例えば社会学的な，あるいは経済学的な）考察の成果（とりわけそれが法学者／法律家自身によってなされたのではない場合）を，どのように取り込めるか（無媒介に取り込むことは許されるか）という，近代以降の法律学方法論の積年の難問に関わっている[29]。

　実は，トイブナー自身が，「ネットワーク」について論じた別の論文で，（「別々のものの複合」前掲注3））社会学的法律学の「不可能性」を述べている[30]。それは，論理的見地からすれば「白い烏」のような自己矛盾であり，実践的見地

---

[28]　関連して，『社会の法』前掲注6）27-34頁において，ルーマンは，法社会学的な議論は，法システム内部の「観察」ではなくて，法システムにとっては環境に含まれるところの学術システムにおける，法システムについての観察であるとし，他方で，法理学や法哲学その他の「法理論」は法システム内部の観察であるとして，区別している。各システムの作動上の閉鎖性を説くルーマン理論からは当然の態度である。ただし，同書で展開されるような「学際的な領域で展開される」社会学は，「現在の社会学においてほとんど試みられていないほどの抽象性」をあえて引き受けるものであり，法社会学なのか法理論なのかのようにどの専門分野に属するか論じることにはあまり意味がないともいう。つまり，法のパラドックスという，法の外的観察と内的観察が交差し，両観察がそれぞれの一貫性を反省し，観察の観察を反省する地点，を論じるからであり，この点で法社会学と法理論が互いに接触することになる，からである（ニクラス・ルーマン「12頭目のラクダの返還 —— 社会学的法分析の意味 —— 」G. トイブナー編（土方透監訳）『ルーマン　法と正義のパラドクス —— 12等目のラクダの返還をめぐって —— 』（ミネルヴァ書房，2006［2000］）所収62頁）。ルーマン理論の真骨頂ということであろう。

4　トイブナーの社会学的法律学——不可能を可能にする——

からすれば法システムの規範的閉鎖性によって拒絶される，としている（1-2頁）。他方で，彼は，「法が自己の社会的環境を観察するための伝統的な二つの観点——裁判による現実構成と立法による現実構成——の視野狭窄が，新種の社会現象の適切な扱いをシステマティックに排除している」とも批判する。「裁判を刺激し，確実な法解釈論［レヒツドグマーティク］による論拠を欠く法律家的冒険」を誘うような，新しい「社会学的法律学」の試みが必要であるとし，それは，いわゆる法と学問／科学システム（「学術システム」）の学際的（インターディシプリナリー）なコンタクトではなく，「法解釈論の能力と社会認知的能力の独特の組み合わせ」によって得られるものだとする。すなわち，社会科学の理論と経験が法を指導するというようなものではなく，法と「社会のさまざまな分野で見られる，規範性をもった「自己制御」とのコンタクト」がなされるのであり，「社会的自己制御の法解釈論への「翻訳」は，社会科学的概念の法への採用という形で行われるのではな」く，「私法は，自己固有の論理の内発的展開によってのみ，従来とは全く異なる構造の新たな形成へと誘われ

29）　ルーマンはもはやこれを，概念法学対利益法学の論争としてではなく，法システムにおける，自己言及的実践（規範的自己参照）と他者言及的実践（認知的外部参照）の拮抗ないし形式的差異の問題と位置付けるべきだとする（『社会の法』前掲注6）527-531頁，ニクラス・ルーマン「法律家的論証——その形式を分析する——」グンター・トイブナー編（村上淳一＝小川浩三訳）『結果志向の法思考——利益衡量と法律家的論証——』（東京大学出版会，2011［1995］）所収32-33頁）。言い方を変えれば，他者言及的実践とは，法／不法（Recht/Unrecht）のコードで法的なコミュニケーションをすることが同時にもたらす法／非法（Recht/Unrecht）の区別（システムと環境の区別）自体の，外部参照を通じての，自らの内部的コミュニケーションへの内部転写（再参入／reentry）という形式である（ギュンター・トイブナー＝ペエール・ツムバウゼン「法疎隔化——12頭目のラクダの社会的付加価値によせて——」G. トイブナー編『ルーマン 法と正義のパラドクス』前掲注28所収282-285頁参照）。そのような形式を通じて，法外的な知は法システム内部の作動として法的論証に組み込まれる。それはその通りなのだが，問題はそれを具体的にどうやるか（どうやれば法的論証に組み込んだことになるのか）である。この点を，ルーマン的法的論証概念に引きつけながら具体的に論じている最近の議論として，小川浩三「論証の論証——日本における法学的論証と結果志向——」グンター・トイブナー編『結果志向の法思考』所収）。関連して，法解釈論争や法の経済分析の位置づけなどに関わらせて大まかにこの問題について論じた拙稿として，尾崎一郎「トートロジーとしての法（学）？——法のインテグリティと多元分散型統御——」新世代法政策学研究3号（2009）。
30）　同内容（但しシステム理論的な色彩を緩和している）の独立の論文として，Gunther Teubner, "Sociological Jurisprudence–Impossible but Necessary: The Case of Contractual Networks," in Robert Gordon and Morton Horwitz (eds.), *Law, Society, and History: Essays on Themes in the Legal History and Legal Sociology of Lawrence M. Friedman* (2011)（2003年のドイツ語バージョンもある）。

147

Ⅵ　トイブナーの社会理論と法律学

る。」というのだ。「ネットワーク」という概念の法学への直輸入ではなくて，「契約複合」という解釈的構成の一層の展開が，その例であるとされる（以上1-3頁）。「ネットワーク」が法概念ではないがゆえに，法律家たちが「終局的連関」「分離に拘わらぬ一体性」「経済的一体性」「多当事者的シュナラグマ（synallagma）」「付帯性」「消費のため［カウサ・コンスメンディ］」といった「神秘的な定式」を用いていることの背後には，社会学的法律学の自己撞着が隠されているが，これは，「距離を取って観察するシステム理論からすれば，すべてが，自律的な法と自律的な社会実務の構造連結［ストラクチュラル・カップリング］として理解される。」とも言う（以上26-27頁）。

　以上のような説明を文字通り受け取るなら，トイブナーの言う社会学的法律学とは，もはや，社会学の知による法律学の「指導」，ましてや直接的書き換えや無媒介な接続，ではなくて，自律的な社会実務に見出せるような「法外在的な社会モデル」（2頁）によって法律学が刺激を受け自己変容を促される，そのような「構造連結」（構造カップリング）のことであり，彼の「ネットワーク」論（そして「プロジェクト」論）は，まさに，法律学に刺激を与え変容を促すような法外在的モデルの展開ということになるだろう[31]。厳密に考えると，法システムと構造カップリングの関係にあるのは他の社会システムであるはずだから，上に言う「自律的な社会実務」とは経済システムや教育システムなどのことであり，「法外在的な社会モデル」とはそれらシステムによる自己記述か，もしくはそれら自己記述についての社会学（学術システムの作動としての）による記述，ということになろう。ともあれ，従って，本書後半の諸論文は，さしあたり法律学的論証としてではなくて，外部から法律学に刺激を与えるための法外在的な議論として読むとすっきりと理解することができる[32]。

　しかし，こう見ると，法学が外部の情報を刺激として受け取り内部の論理で再構成することを期待／想定して外部的社会記述を積み重ねる，というある意

---

[31] ここでは読者の期待に反して「ハイブリッドな知」のような大胆なことは言われず，ずっと謙抑的である。かといって，ルーマンのように，システムによる自己と環境の区別の内部転写という，他者言及に関わるシステム内部の作動に問題を還元するような（前掲注29参照）ことも言われないのだが。

[32] 「悪魔学」論文にもヒントは見出せる。そこでの言い方を流用するなら，法律学の「内的感受性」を高め自省的な内的変容を促すような，「判断力へのやさしい強制」ないし刺激を与えていくことを，社会学的考察（ないし法外在的な社会記述）は目指すということになるだろう。

4 トイブナーの社会学的法律学——不可能を可能にする——

味常識的（謙抑的？）な方法を「社会学的法律学」と言い換えているに過ぎないとも言える。先行する論証や概念，法規との整合性や親和性，規範的統合性を重んじる法律学のドグマティカー達を動かすために，多少どぎつい挑発者，攪乱者としての役割を演じることはあるにしても，所詮は法の外で騒いでいる（法システム外のコミュニケーション）に過ぎないのだ。少なくともそれは「法律学」ないし法学ではない。法学内部の論証たり得るためには，せめて，法学内の論証の蓄積に回帰的に接続された認知的外部参照でなければならない。つまり，法学内部の諸概念による媒介によって認知がなされねばならないだろう（ルーマン「法律家的論証」前掲注29）33-34頁）。「既存の法概念との整合性（区別できるのか，どのように区別できるのか）が確保されなければならない」（小川「論証の論証」前掲注29）209頁）。単に，法律学と法外在的な社会モデルの「構造連結」があることを言うだけでは，自己矛盾たる社会学的法律学の「不可能性」は克服されたことにはならない（無論トイブナーも克服を僭称していない）。トイブナーの主張に従うなら，不可能性は，結局法律学が刺激をどのように受け取りドグマティクに再構成していくか（を見守る）という実践の問題に先送りされることになる。ある種の「法と経済学」のように，一定の理論前提とモデルによって一気に法のドグマないしコードを書き換えてしまうというような野心は，当然出る幕がない。

　前節で見たような「社会学」的考察の大胆さや用いられる諸概念の斬新さといかにも対照的な，法学方法論に関するこの穏健さは，法思考において増大しつつあるとされる「結果志向」という「パラドクス」への応答についても同様に示される[33]。すなわちそこでは，社会科学的分析の予見能力に限界があることを指摘し，裁判の予見を説いたかつての社会学的法律学や結果の予測を確実にする理論モデル（「合理的な経済行為のモデル」）を模索する昨今の法と経済学に釘を刺した上で，法的決定（裁判）によって実際に生じた結果に限定してそれを将来の決定のために学ぶにとどめることと，社会的現実においては法規は行動の予期として読まれるのではなくて，経済・政治・教育といったそれぞれの言語ゲームにおいて読みなおされ再構成されるのであることに法が気づくことという，穏当で常識的な要請を説くにとどまっているのである。

　しかし，このような表向きの穏やかさを真に受ける必要は良い意味でも悪い

---

[33]　グンター・トイブナー「結果志向」トイブナー編『結果志向の法思考』前掲注29）所収。

Ⅵ　トイブナーの社会理論と法律学

意味でもないようである。というのは，社会学的法律学の不可能性を言いながら，現実には，社会学的分析に続けて，その成果をふまえつつ，新しい法解釈論的提案を行っているからである。それが，ネットワークに関する「二重帰責（帰属）[Doppel Zurechnung]」の論理[34]であり，プロジェクト鑑定における「第三者責任」の論理[35]である。これらの解釈論的提案は，「ネットワーク」や「プロジェクト」の社会学的解明が（単なる刺激ではない）直接的根拠になっているように読める。確かに，「ネット契約」論文，「鑑定」論文では既存の法解釈学上の諸学説との関係づけも語られてはいるが，そこでは結局自説との距離の大小を示すのが中心で，先行する解釈論が自説の根拠として回帰的に解釈／援用／修正されたり，区別の射程が厳密に示されたりしているようには読めない[36]。目指されているのが「確実な法解釈論［レヒツドグマーティク］による論拠を欠く法律家的冒険」であるなら，むしろ当然なのかもしれない[37]。あるいは，トイブナーが，外部からの刺激者（社会学者）と刺激を受けての新解釈提案者（法学者）の一人二役を演じているようにも読める。「不可能性」は軽々と乗り越えられている。

さらに，「鑑定」論文が報告された北大の研究会での質疑応答についても付

---

34)　「ネットワークの責任と具体的に関与した結び目の責任との，分散的で多元的で選択的な組み合わせが，適切な責任形式だと思われる。」（「別々のものの複合」前掲注3）36頁），「［大量購入によりメーカーから得られた］割引は自働的に本部に帰属するのではなく，一回は「ネット利益」として結合の全体に帰属し，しかる後に，平等原則に従って参加者の間に，かつ，参加者と本部との間では公平の観点から分配されることになる。」（「ネット契約」論文124頁））。

35)　「法的には，第三者に対する責任を契約に取り込んだ場合は，委託者に対する専門家の契約による一面的な忠実性とのバランスをとるものが創出されたことになる。以上のようにして，契約上の忠実性自体は正当であるにもかかわらず，鑑定は中立的で不偏性のある方向性を回復することができる。……第三者に対する責任の導入により，一方で契約への忠実性，他方で鑑定の独立性という一見すると調整の余地のない根本的な対立が，一方，又は，他方の方向で解決されるわけではない。対立は解決されたのではなく，転換されたのである。」（「鑑定」論文92頁）

36)　「われわれは次のように述べてきた。立派な根拠は常に，テクストの可能な解釈として提起されなければならない。そしてそのテクストは，疑念の余地のない法の妥当を引き合いに出せなければならないのである，と。あらゆる法的論証は，自己が現行法と整合しているということを証明しなければならない。そして，そのために適した（あるいは，適合させられた，つまり正しく解釈された）テクストを踏まえることによって初めて，論証は根拠の特質を活用でき，論証の結果を包摂論理のかたちで表しうるのである。」（ルーマン『社会の法』前掲注6）514頁）

150

4　トイブナーの社会学的法律学——不可能を可能にする——

け加えておきたい。すなわち，幾人かの民法学者（ドグマティカー）が，「プロジェクト契約」概念について，法解釈論的な観点から検討する質問を相次いでしたのに対し，「結局，不法行為と構成しようが，契約と構成しようが，その実どうでもよいのであって，要は，こういう社会関係を見れば，こういう結論にならざるを得ないのだ」と，ある意味率直に，社会学的考察による法的推論の置き換えの要請ともとれる姿勢を披瀝したのである。さらに，あるアクターのある行為が他のアクターに対して責任があるかないかを決めるのは当該アクターないし行為が「プロジェクト」に関係あるかどうかだ，と言うテーゼを逆に取れば，あるアクターないし行為が当該プロジェクトに関係あるというのはなにで決まるかと言えば，その人に責任を負わせるかどうかによっているのだから，結局循環論法ないしトートロジーに陥っているのではないかという筆者の質問に対して，トイブナーは，トートロジーであることを一旦は認めながら，それでもドイツでは，契約について，「契約の目的」というのを当事者の意識とか理解とは別に，いわば客観的なものとして同定することで法的推論を行うということがなされており，それと今日の議論は似ており決してトートロジーではないのだと，答えた。要するに，裁判官が状況を見れば，「契約の目的」についてそうであるように，アクターが協働する「プロジェクト」についてもそれが「プロジェクト」だとわかるはずであり，その認定を根拠に関連アクターの責任の有無を判断できるというのである。確かに，ドイツの社会構造や法実務を前提とすると，そのような主張にも一定の説得力がある[38]。しかし，法解

---

37)　ただし小川浩三教授は，トイブナーのネットワーク契約論を，もう少し肯定的に，客観的事情の類型化による，単なる結果（利益）の衡量ではない概念化への道，すなわちルーマンのいう法システムの「万端性（Redundanz）」への道を開く試みとして，評価する（小川「論証の論証」前掲注29）227頁）。確かに教授が参照する「別々のものの複合」論文では，「判例と立法の展開」をふまえて，契約複合に関する三つの構成要件（「多面性（参照指示）」「複合目的（契約複合）」「経済的一体性（協力関係）」）を抽出，定式化しており（26-27頁），そのような方向性を窺える。しかし，それを，既存の契約法解釈論（あるいは組織／会社法解釈論）にどう区別しつつ組み込んでいくか（接合可能か），あるいはカナーリスやグルントマンが言うように既存の解釈論によって十分処理可能ではないか（藤原正則「ネット契約としてのフランチャイズ契約？」前掲注２）（一）48-49頁，（二・完）22-40頁参照），という問題は依然として残るはずである。この点，小川浩三教授が，同じ論文で一方において，日本のある判決が「制度的契約」という概念を媒介にして社会現象を把握しようと試みたこと（つまりは社会学的法律学的論証を行ったこと）について，法的論証として適切でも必要でもなかった（約款と個別的合意に関するルールで「本件を解決するには十分であった。」）と厳しく批判していることにも注意が必要である（202-209頁）。

VI　トイブナーの社会理論と法律学

釈論的な議論と実務における判断／決定の蓄積（つまりは事象を分節的に把握し区別し関係づける概念枠組みの洗練）がある「契約の目的」とは異なり，「新種の社会現象」を捉えるための新奇な（法外的）概念である「プロジェクト」の存否をもし本当にこのように裁判官による判断に委ね（責任認定の根拠とす）るのならば，しばしば，反証可能性なき非合理な直観論法と批判される利益衡（考）量論[39]同様，結局は，社会学的考察（ないし直観）による法的論証の置換と紙一重になりかねない。少なくとも，法学における「解釈的構成の一層の展開」よりはもう少し大胆に，社会学的知見という「論拠」の「直輸入」を目論んでいるように見えてしまう。いずれにしても，社会学的法律学の(不)可能性の問題は実務（あるいは一人二役的自作自演）へと先送り（「悪魔祓い」!?）されているようである。

ともあれ，「立憲化」論文における，社会諸セクターの自己規制的な自己立憲化を促すための外部からの刺激の議論でトイブナー自身が強調していたことを，同じく異なる自律的領域間の関係ということで，社会学による法学への働きかけという面に類推的に適用するなら，どうやったら，それ（外部からの刺激による法学の変容の誘発）がうまくいくかを ex-ante に知って計画的に行うことはできないのであって，法解釈論にもたらす「作用」や「結果」を ex-post にみながら個別具体的な文脈でコンテクスチュアルかつプラグマティックに社

---

[38] 関連して，質疑において明らかになり興味深かったのは，ドイツでは鑑定者というプロの権威はやはり依然としてあって，かつ彼らは中立的で不可侵な存在でなければならないという前提が強く支配しているということである。トイブナーは，これがアメリカだったら，買い手もまた鑑定者をつけて，鑑定者同士の争いになるだろうが，ドイツではそうはならず，売り主が鑑定を依頼した専門家の鑑定を買い手もまた信頼するので，だからこそ今回のような問題が起こるのだと，指摘した。

[39]「利益衡量という定式は，妥当している法ではないのである。この定式が関わるのは，事態を把握するという問題であって，決定を法的に根拠づけるということではない。あるいはそれは，完全にシステムの他者言及の領域に属しているということもできる。したがってそれは，あらゆる決定において求められなければならないことを，つまり他者言及と自己言及の媒介を行うわけではないのである，と。」（ルーマン『社会の法』前掲注6）529頁）。彼は，利益衡量なるものは，システム内の可変性（Varization）を増すが，万端性（Redundanz）を殆ど伴わないので，それを未来を先取りする紛争規制の一般的法原理と解することはできないとする（「法律家的論証」前掲注29) 29頁）。また，利益衡量論の位置づけが一つの核であった平井・星野論争の成果を，ルーマンの法律家的論証理解やマコーミックの行為結果主義／規則結果主義理解などに照らし合わせつつ発展的に継承するものとして，小川「論証の論証」前掲注29）219頁以下。関連して，歴史学的視座からの評価として，木庭顕『現代日本法へのカタバシス』（羽鳥書店，2011) 283頁。

4　トイブナーの社会学的法律学——不可能を可能にする——

会学的論述を積み重ねていくしかない，ということにはなりそうである。そのために必要な新概念（オートポイエーシス，自省，レジーム，ネットワーク，プロジェクト，摂動……）を社会学はふんだんに提供してくれ続けるだろう……。

これに対して，16世紀の痴愚の女神をしてすでに「学者連中のなかで，最前列を要求するのは法学者ですね [Inter eruditos Jureconsulti sibi vel primum vindicant locum]，なにしろこれくらい自分が気に入っている連中もいませんから。なんの関係もないことの上に無数の法律を積み重ねまして，まるでシシュポスの岩を夢中になって転がしているようなものですよ。難解な言葉の上に難解な言葉を，学説の上に学説を積みあげて，自分らの学問こそ最も困難な学問だというような感じを出しますね。事実，苦労したものはなんでもかんでも値打ちがあると考えているのです。」[40] と言わしめたほどに，学者の中でも特に自閉自足頑迷固陋な存在であったらしい人々の現代における末裔（とりわけ自称・他称のレヒツドグマティカー達）は，やはり「立憲化」論文（および，"A Constitutional Moment?"）の中でトイブナーが援用した俗語を逆用して，こう言うのだろうか。Let us hit the bottom!　まずは，本当に法律学が駄目になるぎりぎりのところまで，法ドグマの可能性を追究させてくれ，社会学的な挑発に乗り「冒険」する（悪魔祓いを願い出る）のはそのあとだ，と。

※　翻訳の引用については，訳語等を適宜変えている場合がある。
※　翻訳の書誌情報については原著作の情報は省略し刊行年を [　] 内に記すにとどめた。

---

40)　エラスムス（渡辺一夫＝二宮敬訳）『痴愚神礼讃』（中公クラシックス，2006 [1511]）151頁。

Ⅶ 時代と格闘する G. トイブナー
—— ノイズからの法律学 ——

毛利康俊

はじめに
1 出会いと別れを重ねて
　　—— G. トイブナーの主要業績と理論的諸源泉
2 野暮も時には
　　—— G. トイブナーはどういう意味でシステム論者なのか
3 すれ違うエスカレーター
　　—— 理論における抽象性コントロールの問題

はじめに

　G. トイブナーの書くものはどれも歯切れが良く，痛快である。しかし，それに惹かれて彼の著作をあれこれと読み継いでいくと，急速に彼の理論の全体像はぼやけてくる。それはなにも，彼の業績が，私法学に始まって，環境法学，グローバルな法秩序論，法学方法論，法社会学，法哲学にまで広がっているという，その広大さのせいばかりではない。

　彼の理論のアイデンティティがつかみにくいのだ。彼はルーマン派システム論を法理論に応用した人と見られることが多い (Vgl., Calliess, 2006)。しかし，生粋のルーマン派の論客からはむしろ別種の，ヴィルケ派の制御論的システム論の法理論家と見られている (Vgl., Japp, 1999)。アメリカの法理論の視点からは，彼はバークレイ・パースペクティヴのドイツ支店長とも見うるし (曽和 2011年, 第 6 章参照)，ドイツ私法学の文脈に限定して見れば，彼は R. ヴィートヘルターの衣鉢を継ぐものであろう (Vgl., Joerges/Teubner, 2003)。最近ではポストモダン法理論の一種と見る人が多いかもしれない (Cf., Barshack, 2006)。

　いわば彼の周りにはハレーションが生じている。あらかじめお断りしておくが，私はトイブナーの理論の専門家ではなく，どちらかと言えば N. ルーマン

の法理論的可能性に関心を寄せてきた。こういう私にとって、トイブナーは隣町の目立つ小父さん以上のものではなく、本紹介論文は限られた視点からの遠望たらざるをえない。ただ、遠望であることが逆にハレーションを押さえる一助になればと願うのみである。

1 出会いと別れを重ねて
——G. トイブナーの主要業績と理論的諸源泉

それにしても周囲にハレーションをかくも引き起こすトイブナーその人とは何者なのか。いずれ彼と直接に接触のある人によって修正されることを期待しつつ、以下、文献に現れた限りでの彼の足跡をたどってみよう。

1944年に生を受けたトイブナーにとって、やはり1968年は象徴的な年になるだろう。トイブナーが研究生活に入った頃と思われるこの年、後に彼に大きな影響を与える R. ヴィートヘルターの、『法学』(Wiethölter, 1968) が出版される。この著作にはフランクフルト学派の批判理論の影響が濃厚だと言われるが (Rhols, 1997)、時期からして当然のことながら、影響を与えたのは Th. アドルノや M. ホルクハイマーらの第一世代のものである。しかし、この頃からフランクフルト学派は J. ハーバーマスの主導のもと第二世代へと移行する。ハーバーマスは親離れのこの時期、ルーマンと論争している (Habermas/ Luhmann, 1971)。フランクフルト学派の世代交代は、ヴィートヘルターとこの学派との間に微妙な距離を生む。

また、トイブナーの理論の後の展開との関係で注意しておくべきなのは、ハーバーマス＝ルーマン論争が、ヴィートヘルター周辺は当然のこととして、ハーバーマス周辺でもかなり複雑な受け止め方をされていたことである。この論争は、フランクフルト周辺ではかならずしも二者択一の関係で捉えられていなかった。すなわちフランクフルト学派が社会総体にたいして批判的距離を保持するために方法概念を鍛え上げるのはよいとしても、批判対象たる社会の記述手段が貧困であり、またそれゆえに積極的な改革提案も貧困になるということが、政治的志向を批判理論と同じくする人びとからも問題視されていた。後にトイブナーの共同研究者となる H. ヴィルケは、まさにこうしたなかにあって社会の記述の点からシステム論への傾斜を深めた一人である (Vgl., Willke, 1999)。ハーバーマスは、第一世代の理性不信を脱却すると同時に、批判的社

1　出会いと別れを重ねて──G. トイブナーの主要業績と理論的諸源泉

会理論のなかに社会記述のための概念を実装するという課題を自らに課すこととなる。当時，システム論といえば保守主義的含意があると世界的に信じられており，したがってこの保守的含意を払拭しつつシステム概念を取り入れることができるかが問題とされた。ハーバーマスは一応，生活世界とシステムの二元論的構成を取る，『コミュニケイション的行為の理論』（Habermas, 1981）でこの課題を果たすこととなる。

　だが若きトイブナーはさしあたりはこのような動きを横目で見つつ，私法学で最初の堅実な業績をあげる。テーマは，一般条項にかんするものである（Teubner, 1971）。このときの彼は，社会科学的な方法でひとびとの規範意識を探り，それを一般条項の解釈に反映させるべきであると主張していた。この段階では，彼はある意味で典型的な社会学的法律学者であったと言えよう。この年はルーマンの『法社会学』初版（Luhmann, 1972）の出版前年であり，ルーマンからの大きな影響はない。この時期のルーマンはまだ行政学者，組織社会学者のイメージが強い。トイブナーのこの著作ではわずかに，規範を社会学的観点から捉える論文（Luhmann, 1969）に言及があるのみである。すでにヴィートヘルターへの参照は見られるが，影響の程度は明らかでない。ヴィルケへの言及はまだない。

　トイブナーにとって大きな転機になったと思われるのは，1974年までのバークレイ留学である。ここで，トイブナーは，組織社会学者としても有名な，Ph. セルズニックの理論に大きな関心を抱いたと言う（Vgl., Teubner, 1978, S. VIII）。彼はこの段階で，法の応答性という理念と，組織への関心，ひいては法を社会の部分秩序との関係で見ていく視点を摂取したと見てよい。

　トイブナーがバークレイで学位をとった年，ドイツではルーマンの『法システムと法教義学』（Luhmann, 1974）が出版されている。この著作でルーマンは，帰結を考慮した法的決定を厳しく批判している。トイブナーは帰国後ただちに，はっきりとルーマンを標的にして批判論文を書いている（Teubner, 1975）。トイブナーは，裁判所に科学的知見を注入する仕組みを整えれば裁判所は帰結を考慮した決定を下すことができるし，そうすべきであるというのである。まだこの段階では，ルーマンは批判の対象でしかない。この時期のトイブナーが，法，とりわけ司法による社会統制の可能性についてまだ楽観的であったことは，後の理論展開との関係で興味深い。

　トイブナーが帰国してまもなく，ノネとセルズニックの『法と社会の変動理

VII 時代と格闘するG. トイブナー

論』(Nonet and Selznik, 1978) が出版され，同年トイブナーは，ハビリタチオンアルバイトを完成させる (Teubner, 1978)。この著作でトイブナーは，「組織」の適切な法的取り扱いについて検討する。この時期にはすでに，制御論的システム論者，ヴィルケとの密接な共同研究がスタートしている (Vgl., Teubner, 1978, S. VII)。彼は，組織の内部の民主主義を確立することは，当の組織が社会適合的な振る舞いをするためにも有益だと主張する。

またこの時期，法解釈学の実質的内容について，トイブナーはヴィートヘルターの深い影響を受け始める。ヴィートヘルターは，法律学の政治的機能を考慮に入れる政治的法理論（politische Rechtstheorie）を提唱している。法律学は，自覚するといなとにかかわらずつねに政治的機能を果たしている。法律学が自己の政治的機能に無自覚であるならば，しらずして政治的悪に荷担してしまうかもしれない。また，社会の中では複数の合理性がつねに衝突しており，これらを機敏に調整することが法の任務である。合理性の衝突の在り方はきわめて流動的であるから，政治的法理論は，社会の観察に長けておらねばならず，そのために多様な社会理論を積極的に摂取しなければならない。社会にたいして批判的な距離を保つためにフランクフルト学派に学ぶのは当然として，経済学やシステム論に学ぶのも躊躇してはならない。また，社会の中の合理性の衝突を調整するために，国際私法から出発したヴィートヘルターは，抵触法の発想を法のあらゆるところで使おうとする (Vgl., Joerges, 1989a)。

トイブナーは，ヴィートヘルターのこの発想をシステム論の用語を用いながら活用し，いまや私法の一般条項を，複数のシステムの合理性の衝突を具体的状況に合わせて機敏に調整するための抵触法として捉え直す (Teubner, 1980)。

この頃，リオタールの『ポストモダンの条件』(Lyotard, 1979) が出版され，ポストモダン・ブームの到来の兆しがあるが，トイブナーはまだこれには反応しない。1970年代から80年代にかけて，ドイツの社会理論ではハーバーマスとルーマンの論争に対してどのような態度を取るかがまだ時代の課題の一つであった。この時期のトイブナーは，ルーマンの，機能，遂行，反省 (Funktion, Leistung, Reflexion) の三幅対に深い印象を受けたようである。ある社会システムの，全体社会への貢献が「機能」，他の社会システムへの貢献が「遂行」，自己の機能と遂行を認知し，自己の作動へその認知を反映させることが「反省」である (Vgl., Luhmann, 1979)。この概念を使えば，トイブナーが見るところの法の役割は，諸社会システムの反省を支援し導くことと概念化されることとな

1 出会いと別れを重ねて——G. トイブナーの主要業績と理論的諸源泉

る。これは後の，反省的法（reflexives Recht,「自省的法」「内省的法」「応答的法」などとも訳される）の構想にそのままつながる。

だが，1980年代初頭のこの時期，むしろヴィートヘルター周辺で決定的だったのはハーバーマスの主著の一つ『コミュニケーション的行為の理論』（Habermas, 1981）の出版である。この書物は，法化論の一つの発火点になった。ハーバーマスはこの書物で，社会的世界を理性的討議の行われる「生活世界」と権力や貨幣などのメディアによって討議が抑圧される「システム」に二分して捉える。これに対応して，法にも「制度としての法」と「メディアとしての法」があるとされる。そしてこの観点から，社会国家における法のアンビバレント，すなわち，自由の保障と剥奪のアンビバレントの発生機序を解明する。すなわち，メディアとしての法が生活世界にその保障（自由の保障）を超えて介入するとき，システムによる生活世界の植民地化（自由の剥奪）が生じる。そこで法は，生活世界の討議過程を手続的に保障するというところにまで身を引かなければならない。

新自由主義が世界を席巻し始めたこの時期，このハーバーマスの議論が，左派法学者たちにとって重要な問題提起となったことは想像に難くない。社会国家・福祉国家を単なる妥協的な体制として批判しているだけでは済まないのだ。この議論はヴィートヘルター周辺に飛び火し，ブレーメン－フランクフルト系の法化論が燃えさかる（樫沢，1990年参照）。当然ここでは，ハーバーマスのコミュニケーション的理性の構想とシステム論の導入の適否が問題となるだろう。

トイブナーもヴィートヘルター周辺の一員として（Vgl., Joerges und Teubner, 2003）積極的に法化論に参加する。生活世界といいシステムといい，社会の部分秩序であることに変わりはない。トイブナーにとっては，生活世界の討議過程を手続的に保障するという構想は，生活世界という「社会システム」の反省能力を支援し適切な方向に誘導するというシステム論的説明に何の抵抗もなく翻訳可能である。この段階でのトイブナーは，ハーバーマスとルーマンの収斂テーゼを唱えていた（Teubner, 1984）。

このトイブナーの法化論の総括は，反省的法と名づけられたみずからの法の構想に添うものである（Teubner, 1982）。これは，近代法は形式的法（社会の外枠の保障）→実質的法（社会への介入）→反省的法（部分秩序の手続保障まで後退）と進化するというものである。この法の進化論モデルは，もちろんノネ＝セル

VII 時代と格闘するG.トイブナー

ズニックの抑圧的法→自律的法→応答的法という図式を受けている（cf., Nonet and Selznik, 1978）。だが反省的法は応答的法の構想のなかのセルズニック的要素，すなわち部分的社会秩序の反省能力への信頼と方向づけという要素を取り出し強調したものになっている（cf., Selznik, 1994）。

さらにトイブナーは，反省的法の構想の理論的基盤を固めるため，システム論のより積極的な吸収に向かう。このころ共同研究者のヴィルケは，ルーマンの社会理論の諸概念を制御理論の観点から一から鋳直し，独自の制御論的システム論を打ち立て（Willke, 1982），ビーレフェルトに招かれた。ヴィルケはビーレフェルトへの着任後すぐにトイブナーを伴ってルーマンを訪ねている（Vgl., Willke, 1999）。ヴィルケは，システムの直接的制御ではなくシステムの環境を制御することで間接的に社会システムを導くという間接的制御の理論を提唱している。間接的制御とは法的に言えば手続規範による制御であるが，手続規範には部分的システム内の議論手続規範と部分システム間の交渉手続規範がある。後者はとくに関係プログラムと呼ばれる（実質的にはコーポラティズム的制度）。トイブナーの反省的法は，間接制御の適例と位置づけられる（Teubner und Willke, 1984）。

他方，1980年代後半ハーバーマス自身が法の理論について大きな転回を示したことが，トイブナーの理論展開にも陰を落とす。ハーバーマスの，制度としての法／メディアとしての法という法二元論にはいかにも無理があり，彼周辺の法律家すら納得させることができなかった（Vgl., Joerges, 1989b）。そこで彼は，民主的な討議によって得られた合意を法執行に転化させることで社会の全体の理性的な統合を果たすといいう方向へ舵を切った（Habermas, 1989）。

このようなハーバーマスの転回は，あくまで部分秩序の反省能力を信頼し法の謙抑的な態度を重視するトイブナーからは決して容認できることではない。トイブナーは，自らの理論の基礎をシステム論一本で固める途を選らぶ。一方このころのルーマンは，1980年代の初頭にオートポイエシス論への転回を宣言したあと（Luhmann, 1982），『社会の法』（Luhmann, 1993）に結実する準備的な論文を書き継いでいた。

トイブナーは，ルーマンよりも早く，オートポイエシス論を前提とした，法と組織をハイパーサイクルとしてのオートポイエティック・システムと位置づける理論を完成した（Teubner, 1987, 1989）。論文タイトルからもうかがわれるように，この理論は，法と部分秩序の双方について，その反省能力を強調する

1　出会いと別れを重ねて——G. トイブナーの主要業績と理論的諸源泉

ものになっている。また，この時期のトイブナーの法律学の実質内容については，ヴィートヘルターの影響の持続と，ヴィルケからの自立が顕著である。すなわち，ヴィートヘルター的な一般条項論が再説されるとともに（Teubner, 1989, Kap. 6），ヴィルケ的な関係プログラムからは距離を置き，システム内討議手続に期待をかける（Teubner, 1989, Kap. 7，具体的には共同決定法）。すなわち，この時期にいたって，トイブナーはほかの誰でもない独自のシステム論者として自立したのである。

　すると次に問題になるのは，かつてはフランクフルト学派へ片足を置くことで確保されていた社会総体に対する批判的姿勢を，今度はなにによって担保するかである。トイブナーは，1990年代に入るとポストモダン思想への接近を始める。ちょうどこのころ，ルーマンの理論とポストモダン思想の親近性が一般的に認識され始めていたことも，この傾向を後押しするだろう。すなわち，ルーマン理論の批判的側面をポストモダン思想によって拡大しつつルーマン理論を左派理論へとゲシュタルトチェンジせしめるトイブナーという，彼の自己イメージである。たとえば，機能的に分化した中心も頂点もない近代社会というルーマンのテーゼは，F. リオタールの「大きな物語」批判と多元的言語ゲーム論と重ね合わせられ，トイブナー流の法多元主義へと流れ込む（Teubner, 1992）。また，ルーマンのオートポイエシス論には社会システムの自己言及性の理論が含まれており，この観点は社会システムのパラドクス分析，すなわち，社会におけるパラドクスと脱パラドクス化の観察に途を開く。トイブナーは，社会のなかの諸合理性の衝突をアドホックに調整し続ける抵触法としての法というヴィートヘルターの法律学構想を，パラドクスの発見と脱パラドクス化の永遠の循環運動として捉え直す。ヴィートヘルターはパラドクスの発見においてJ. デリダと同じくらい鋭敏で脱パラドクス化の運動へ身を投じることでデリダよりポジティブだと言う（Teubner, 2003）。

　こうしたメタ理論的な自己了解の確立と同時に，1990年代以降のトイブナーは，部分秩序の反省能力の強化と方向づけという発想でもって，法の多様な分野に切り込んでゆく。たとえば，環境法（Teubner, 1994），グローバルな法秩序（Fischer-Lescano und Teubner, 2006），ネットワーク契約（Teubner, 2004）など。彼は実定法学者としても実に豊穣な時を迎える。そしてまた彼は，多様な部分秩序の記述に役立つのであればネットワーク理論などを続々と摂取するようになり，彼の法律学はますます疾走感を強める。

以上，トイブナーの足跡を駆け足で見てきたが，本稿冒頭であげたような彼の多様な印象はいずれもがトイブナーの一面を正しく捉えていることがわかる。しかしまた同時に，拡散する印象にもかかわらず，トイブナーの歩みのなかに彼の理論の核のようなものも看取できる。すなわち，①人びとの秩序形成能力への信頼，②それと表裏をなす，法への謙抑的姿勢の要求である。また，法的枠組みさえ適切に整えられるならば，人びとは部分秩序を形成する際に総体的な社会的文脈からの要求も組み入れることができるという，③部分秩序そのものにおける合理性衝突の調整可能性の重視である。そしてまた，ダイナミックに変容する合理的衝突の諸相を法がさばけるためには，柔軟で疾走感のある法律学が必要だという法律学観である。

　彼がこうした独自の法理論を打ち立てるに当たって，多くの理論のある部分は摂取しある部分は切除している。この摂取と切除の身振りに表れるのが彼の個性であってみれば，彼の理論の基礎を検討するとは，この摂取と切除の跡を見定めることに他ならない。その跡がもっとも多量に残されているのは，言うまでもなくシステム論についてである。

2　野暮も時には
——G. トイブナーはどういう意味でシステム論者なのか

　確かに，社会の統合を全域的な価値コンセンサスではなく，部分システムの反省能力にかける点で，トイブナーはT. パーソンズよりルーマンに近い。また，1980年代末以降の彼は制御の観点をあまり強調しなくなるので，この点でもヴィルケ寄りからややルーマンよりに位置取りを修正している。こういう意味で，トイブナーを広い意味でのルーマン派システム論のなかに位置づけることは間違いではない。では，トイブナーはルーマンとどこが違うのだろうか。

　「ルーマンのシステム論ではシステムの自律性の諸段階を適切に位置づけることができない。この弱点を克服するために，社会システムはハイパーサイクルとなることによってはじめてオートポイエティック・システムになり，最も自律的な段階に達する，と考えるべきである」。これが彼の表向きの主張である（Vgl., Teubner, 1989, Kap. 3）。だが，彼が彼自身の理論を形成するためにかくも異質な諸理論を力業で統合してきた様を見た人は，もはやこのテーゼを額面通りに受け止めるほど素朴ではありえない。

2 野暮も時には――G.トイブナーはどういう意味でシステム論者なのか

　まず，トイブナーにとって社会システムの自律性とは，当然のこと反省能力を必要とするが，因果的影響からの自律性も前提にされていることにも注意しよう。因果的影響から自律的であるから，法は間接的な関与しかできないとされるのであるし，仮に社会システムに反省能力があるとしても外的影響から一義的に振る舞いを規定されるのであればその反省を自己の振る舞いに反映させることができない。

　また，トイブナーのルーマンに対する論難には，

①オートポイエティック・システムは最も自律的なシステムのはずである。
②ルーマンは，社会システムはオートポイエシスを実現しているかいなかのどちらしかない，と言う。
③したがって，ルーマンは社会システムの自律性の程度を特徴づけることはできない。

という推論が含まれていることにも注意しよう。

　さて，もともとのオートポイエシス論とは何だったのか。図1を見て欲しい。

　触媒の周辺で合成，連鎖，解離の反応が一定の確率で生起するようにプログラミングしておく。すると相当の頻度で，細胞状のまとまりが形成され，要素は入れ替わり続けるものの，そのまとまりは相当期間にわたって存続する。

　オートポイエシス論に曰く，オートポイエティック・システムとは，自己の作動（ここでは合成，連鎖，解離）によって自己の要素を産出するシステムである。曰く，そのようにして要素のネットワークが存在していることが，次の作動の前提になる。曰く，その意味でオートポイエティック・システムは，作動の再帰的接合のみによって特徴づけられ存立するシステムである。

　こうした言葉だけ聞くと，オートポイエティック・システムはずいぶん謎めいたものに感じるが，シミュレーションからわかるようにその実態にはなんの不思議もない。ただし，このシステムの挙動をインプットとアウトプットで特徴づけることができないのも明らかだろう。したがって，旧来のシステム論の発想を捨ててかかる必要があるのも事実である。

　オートポイエティック・システムにはインプットもアウトプットもない。このテーゼを，オートポイエティック・システムというのは外界からの影響を受けつけないという意味だと理解する人がいる。しかし，前記のシミュレーションモデルで，オートポイエティック・システムが複数併存しているところを想像して欲しい。ラフな意味でなら，併存するオートポイエティック・システム

Ⅶ 時代と格闘する G. トイブナー

$$\text{合成：} \quad *+2\bigcirc \rightarrow *+\square \quad (3.1)$$

$$\text{連鎖：} \quad \underbrace{\square-\square-\cdots-\square}_{n}+\square\rightarrow\underbrace{\square-\square-\cdots-\square}_{n+1},$$

$$n=1,2,3,\cdots, \quad (3.2)$$

$$\text{解離：} \quad \square\rightarrow 2\bigcirc. \quad (3.3)$$

(「＋」は相互作用を，「→」は変換を，「－」は接合あるいはボンドを表す)

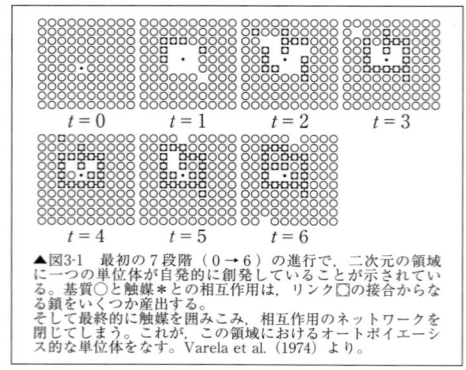

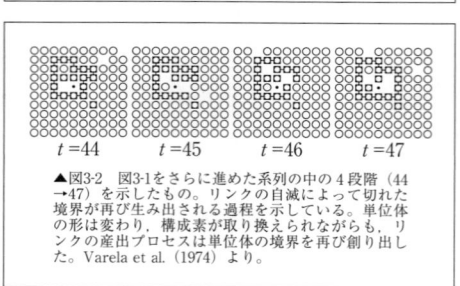

▲図3-1　最初の7段階（0→6）の進行で，二次元の領域に一つの単位体が自発的に創発していることが示されている。基質○と触媒＊との相互作用は，リンク□の接合からなる鎖をいくつか産出する。
そして最終的に触媒を囲みこみ，相互作用のネットワークを閉じてしまう。これが，この領域におけるオートポイエーシス的な単位体をなす。Varela et al. (1974) より。

▲図3-2　図3-1をさらに進めた系列の中の4段階（44→47）を示したもの。リンクの自滅によって切れた境界が再び生み出される過程を示している。単位体の形は変わり，構成素が取り換えられながらも，リンクの産出プロセスは単位体の境界を再び創り出した。Varela et al. (1974) より。

図1　オートポイエシスのシミュレーション
（ヴァレラ　2001年より転載）

同士の間には，むしろ常に必然的に相互影響が生じる。再び前記のシミュレーションを見てみよう。あるシステムにおいてどのような作動が可能であるかは，システムの周辺のそのときの素材（図では○）の配置による。そして，そのときの素材の配置には，必然的に併存するシステムの過去の作動に影響を受けている。これは他方のシステムから見ても同じことである。ただ，オートポイエーシス論者が「影響」という言葉を避けるのは，この言葉が因果関係を示唆するからである。厳密に因果ということを言うのであれば，原因たる事態が結果た

2 野暮も時には——G. トイブナーはどういう意味でシステム論者なのか

る事態に時間的に先行し，これらの事態の間になんらかの実在的関係が存在しなければならない。しかし，オートポイエティック・システム同士の間には，このような関係はない。システムの挙動に制約を与えるのは，あくまでその作動の瞬間における，素材の配置であるが，その配置は，当のシステム自身の過去の作動によっても規定されている。

　もちろん，一定の期間をとって一定の観点から観察すれば，どちらのシステムの在り方が他方に影響を与えている度合いが高いかを問うことができる。オートポイエティック・システムが存立するときには，素材の次元とは別の次元に要素によって張られる位相空間が創発していることに注意しよう。ラフな意味でも「影響関係」を分析したいならば，それぞれのシステムの再生産の様子と，そのことによって生じる素材の配置の変動を同時に視野に収めつつ，それらの具体的関連を観察していかなければならない。

　いずれにせよ，オートポイエティック・システムの自律性とは存立の自律性であって，外的影響からの自律性ではない。特定のオートポイエティック・システムがどのくらい外的な影響から自律的であるかは，状況次第である。ここですでにトイブナーの議論はルーマンのそれとすれ違っている。もともとオートポイエティック・システムの自律性とは存立の自律性であるから，all or nothing でよい。環境の影響からの自律性の程度は，存立を前提にした上での経験的研究の対象である。

　ところが，である。トイブナーは，オートポイエティック・システムは外的な影響からもっとも自律的なシステムであるという前提から出発し，法システムはハイパーサイクルになることによって，もっとも自律的な段階，すなわちオートポイエティック・システムになるという理論を打ち立てた。図3をごらんいただきたい。トイブナーは，法的行為，法規範の循環に，法手続き，法解釈学の循環がくわわり，ハイパーサイクルになることによって，法システムははじめてオートポイエシスの段階に達すると言う。すなわち，法システムの要素のどれがどれほど社会の一般的な文脈から自律したかによって，自律性の程度を段階的に把握できると言うのである。

　ここで，もともとのハイパーサイクル論との関係も見ておこう。この理論は，M. アイゲンによって生物進化論の文脈で提唱された。ポイントは，自己触媒的過程が複数存在し，ある自己触媒的過程が次の過程の触媒として働き，その過程がまた次の過程の触媒として働き……，それが一巡するということがあり

Ⅶ　時代と格闘する G. トイブナー

うることである（図2参照）。このようなことが実現すれば，きわめて複雑な秩序が構築される。

　これをトイブナーのハイパーサイクルと比べてみよう。たしかにサイクルがハイパーになっているところが共通している。しかしそれ以外の共通点を見いだすことは難しい。それぞれのサイクルは自己触媒的なのか？　サイクル同士の関係は触媒関係なのか？　サイクル同士のミッキーマウス的結合は全体が自己触媒的になることを保障するのか？　そもそも，理論の目的に共通点からして疑わしい。ハイパーサイクル論は，生物の驚くべき多様性にもかかわらず「生命」の基本的な仕組みがなぜこの地球上では共通しているのかを説明するための理論である。生命システムの外界からの因果的自律性は直接の問題関心ではない。

　もっと言えば，識者によればそもそもオートポイエシス論とハイパーサイクル論の発想は相性が悪いとのことで（廣野，1992年参照），本項2段落目の冒頭で確認したトイブナーのテーゼにははじめから無理がある。だが，その無理をとがめる必要はない。仮にある法理論がオートポイエシス論やハイパーサイクル論の論理に忠実であっても，その正しさが保障されるわけではない。逆もまたしかり。だからむしろ気にすべきなのは，ある人がどう見ても無理なことをしているならば，その人には無理を押してもすべき何かがそこにあったはずだということである。

　こうした観点から改めてトイブナーの法システムの絵を見ると，これは彼本来の志向を素直に表現していることがわかる。法的行為⇔法規範の循環は，通常の，人びとの法的行為からなる法システムの挙動である。それに対して，法手続きと法解釈学は，社会一般の文脈に適切な距離を取りつつ，その法システムの作動に反省性を導入する通路になる。また，トイブナーは「組織」についても同様の絵を書いている。つまり，トイブナーのオートポイエシス＝ハイパーサイクルの絵が言っているのは，次のことである。法も社会の部分秩序も強度の自律性を持っているから外部から直接に制御することはできないが，強度の自律性は反省能力の前提でもあり，反省能力を支援・強化することができれば，そのことによって，法も社会の部分秩序も社会適合的になりうる。

　では，トイブナーはどのようにしてこの法システムと社会の部分秩序の絵に到達したのだろうか。この絵が，オートポイエシス論からもハイパーサイクル論からも，ルーマンの理論からも帰結しないのは，すでに明らかである。とす

2 野暮も時には——G.トイブナーはどういう意味でシステム論者なのか

れば，彼は自分で法システムと社会の部分秩序を観察してその総括としてあの絵を描いたに違いない。

　以上のことからわかるのは，トイブナーとルーマンでは理論の構成方法が正反対だと言うことである。もともとのオートポイエシス論でもそうであったように，ルーマンにおいても，あるシステムがオートポイエティック・システムだと規定することは，そのシステムの作動の細目や環境との関係についてほとんどなにも語らない。それを語るには，必要に応じてさらなる規定を付加していくことになる（Vgl., Luhmann, 1993, S. 45; 訳書42-43頁）。ルーマンも，分析すべき問題が要求するならば法的手続き法解釈学を加えて法秩序を分析する。つまり，ルーマンの理論が抽象から具体へと降りていく理論であるのに対して（毛利2012年参照），トイブナーのそれは先に見たように具体から抽象へ上っていく理論である。

　どちらの理論構成法が正しいかなどと具体的問題の分析を離れて一般的に論じても意味がない。一般論のレベルで問題にする価値があるのは，トイブナーがルーマンとの理論構成法の違いを曖昧にしていることが，彼の理論に特有の盲点を韜晦する結果になっていないかである。盲点の存在そのものは問題ではない。目玉を対象にまっすぐ向けることには必然的に盲点が伴う。だが，彼の理論の解釈者の側はそこに気づけなければならない。

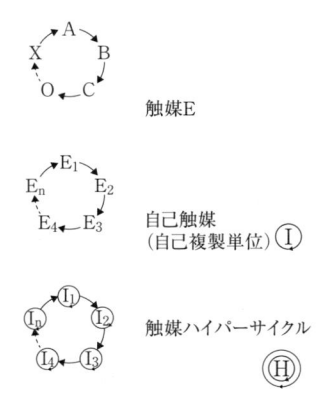

循環的反応ネットワークの位階は，この比較表示から明らかである（→化学的な変換，→触媒作用）。

図2　**本来のハイパーサイクル**（アイゲン／シュスター（1992）より転載）

Ⅶ 時代と格闘するG. トイブナー

Ⅲ．オートポイエシス的法
（ハイパー・サイクル的に結合
されたシステム構成要素）

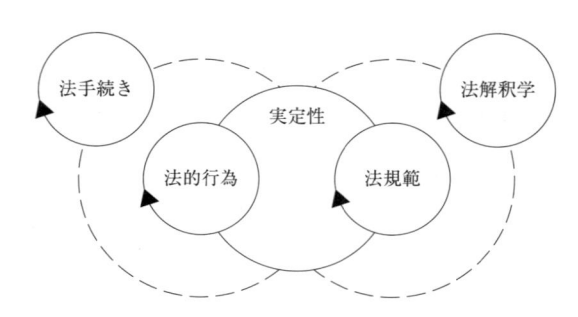

Ⅱ．部分的に自律的な法
（自己言及的に構成された
システム構成要素）

Ⅰ．社会的に拡散した法
（社会的に産出された
システム構成要素）

図3　トイブナーのハイパーサイクル（Teubner 1989の訳書より転載。一部改変）

3　すれ違うエスカレーター
──理論における抽象性コントロールの問題

　ルーマンとトイブナーの理論構成法の違いを，抽象性の合理的コントロール

3 すれ違うエスカレーター――理論における抽象性コントロールの問題

という観点から比較してみよう。

```
抽象概念  →  追加的区別の組み入れ  →  ・・・  →  具体的な現象
    ↘  ↘
         （他の理論，経験的研究も）
              ⎵⎵⎵⎵⎵⎵⎵⎵⎵⎵⎵⎵⎵⎵⎵⎵⎵⎵⎵⎵
                     合理性コントロール
```

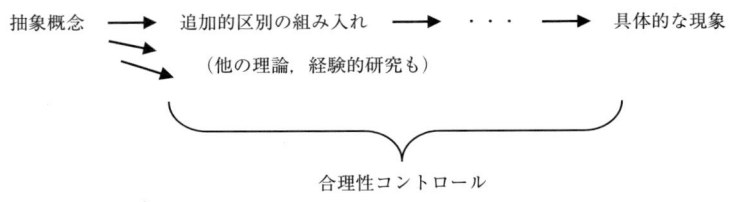

図4　ルーマンにおける理論の合理性コントロール

　ルーマンのような理論において，その合理性は具体的な現象へ到達するまでになされる追加的区別の組み入れが合理的に為されるかが問題になる。理論構成が合理的になされたかどうかは，結局，具体的な現象の解明がどれだけ適切に為されたかで判定するほかない（図4参照）。追加的区別は，作動はどのように接続するか，作動が接続するときなにが起こっているか，特定の現象にどのようなシステムが関与しているか，複数のシステムがどのように重なっているか（構造的接合，作動上の接合，相互浸透）などのことについて具体的な言明をなすためになされる。

　したがって，法と他の社会システムとの関係についても，事実の問題としていろいろな可能性があることは排除されない。たとえば，ヴィルケのような，関係プログラムが事実の上で存在しうることは否定されていない。ただ，ルーマンはそれを望ましくないと考えているだけであり，事実，ルーマンの直系の弟子にはそれを望ましいと考えている者もいるのである（毛利, 2006年参照）。

　これに対してトイブナーは個別的な事象の観察から抽象概念を導き，それを個別的な事象に当てはめている。このような理論においては，個別的な事象の観察から抽象概念を構成する段階が適切に為されるかどうかが，理論の合理性に決定的に重要である（図5参照）。たとえば，抽象概念の構成に際して適切な分類体系が基礎に置かれているか，対象の重要な側面が捨象されていないか，など。

　どちらの理論構成法も，それ自体としては良くも悪くもないだろう。それぞれなりに合理性コントロールが適切に為されているかだけが問題である。私がトイブナーに関して問題だと思うのは，彼が自分とルーマンの理論構成法の差異に無自覚なまま，ルーマンの諸テーゼに安易に乗っかっていることによって，彼自身の理論の合理性コントロールが甘くなっていることである。

169

Ⅶ　時代と格闘するG.トイブナー

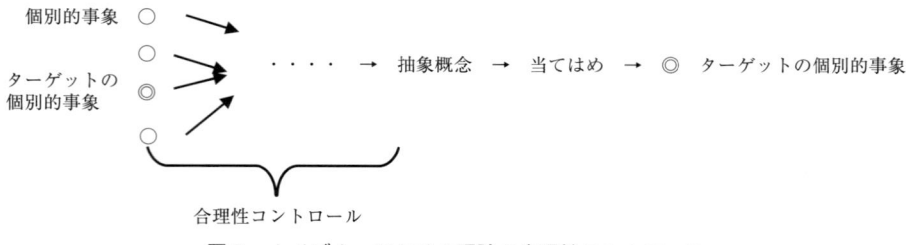

```
個別的事象　　○ ＼
　　　　　　　○ →
ターゲットの　　○ →　　‥‥　→　抽象概念　→　当てはめ　→　◎　ターゲットの個別的事象
個別的事象　　○ ↗
　　　　　　　　⌣
　　　　　　合理性コントロール
```

図5　トイブナーにおける理論の合理性コントロール

　たとえば次のように。ルーマンによれば，すべての社会システムはオートポイエティック・システムである。また，ルーマンによれば，近代社会は機能システムに分化した社会である。ルーマンにおいては，これは探求の出発点を定めるテーゼにすぎない。システム同士の関係をさらに精密に調べていかなければならない。ところが，トイブナーはオートポイエティック・システムを —— たとえばヴィルケ的な関係プログラムの実効性を失わせるほどの —— 強度に自律的なシステムと特徴づける概念だと捉えていた。そこで，ヴィルケのような関係プログラムの構想は，機能的に分化した社会という前提を真剣に捉えていないとして，はじめから現実味のないものとして排除される。ルーマン派の実際においては，関係プログラムを取るべきかどうかは，より精密な観察と分析を経た上で判断されるべき事柄である。ところがトイブナーにおいては，ルーマンのテーゼへの寄りかかりによって，重要な問題をまたぎ越すという効果が生じている。

　もちろん，このことはトイブナーの法解釈学上の学説が誤っているということを意味しない。私の見るところ，トイブナーは彼の理論によって妥当な，少なくとも有力な結論が導かれるような問題領域を慎重に選んで法解釈学上の議論を展開している。しかしもちろん，トイブナーの法解釈理論を検討する側としては，部分秩序の反省性の支援という方針以外の方策の存在可能性が，真剣な検討対象としては盲点に入ってしまうということには注意しなければならない。

　以上のような確認から，トイブナーがオートポイエシス論やハイパーサイクル論，ルーマン理論などを意匠として華麗に使い回していることは，軽薄な所行としてとがめられるべきことだという結論が導かれるだろうか。私は逆に，トイブナーの誠実さをそこに見る。そもそも彼は，様々な合理性のぶつかり合

う場として社会を見ていた。しかもそのぶつかり合いの様はどんどん変わっている。であるならば，法律学がそれを適切に扱うには —— 無意味に保守的にならないためには —— それ自身の変化にも相当の疾走感が必要になる。そのために数理科学で開発されたモデルのイメージを利用するのは，一つの方法だろう。数理科学は，イメージの宝庫ではある。ルーマン理論もまた然り。考えても見よう。民法の意思表示理論には当時の心理学の心のモデルの影響があるとはよく指摘されていることだろう。これに限らず，法律学は人間や社会のなんらかのイメージをつねに背景にしている。これが古びて問題の妥当な取り扱いができなくなっているのならば，適切なイメージを獲得するためになにを使ってもよいというのは一つの見識である。

　私がトイブナーの理論とその諸源泉の距離をことさらに論ったのは，彼の軽佻浮薄にも見える振る舞いの奥底に確かにある，実は真摯な法律家の魂を露呈させたかったからである。今さら取り繕ってもしかたがないので言ってしまうが，私はトイブナーにはそうとうな迷惑を被ってきた。トイブナーによって利用されたルーマン理論がルーマン理論そのものと同一視されることにより，法学界ではルーマンの理論をそれとして素直に読むことがもうできなくなってしまった。それでも私が彼のことを嫌いになれないのは，彼に真の法律家の魂を感じるからである。私自身は彼の志向性のかなりの部分に共感を覚えるが，彼のやり方でそれが実現できるかについては懐疑的である。だが願わくば，懐疑的立場からの遠望が逆にそれ故に彼を取り巻くハレーションを少しでも取り除き，彼の魂にそくした理解と評価がなされるための一助とならんことを。

参照文献

Barshack, Lior (2006) „Between Ritual and Theatre: Judicial Performance as Paradox", in: Oren Perez and Gunther Teubner (ed.), *Paradoxes and Inconsistencies in the Law*, Hart.

Calliess, Gralf-Peter (2006) „Systemtheorie: Luhmann/Teubner", in: Sonja Buckel, Ralph Christensen und Andreas Fischer-Lescano (Hrsg.), *Neue Theorien des Rechts*, Lucius & Lucius.

Fischer-Lescano, Andreas und Gunther Teubner (2006) *Regime-Kollisionen. Zur Fragmentierung des globalen Rechts*, Suhrkamp

Habermas, Jürgen (1973) *Legitimationsprobleme im Spätkapitalismus*, Frankfurt a.M（ユルゲン・ハバーマス著，細谷貞雄訳『晩期資本主義における正統性問題』岩波

VII 時代と格闘する G. トイブナー

書店，1979年）．
___ (1981) *Theorie des kommunikativen Handelns, Bd.1, Bd.2*（河上ほか訳『コミュニケイション的行為の理論（上）』1985年，藤沢ほか訳『コミュニケイション的行為の理論（中）』1986年，丸山ほか訳『コミュニケイション的行為の理論（下）』1987年，いずれも未來社）．
___ (1989) „Der Philosoph als wahrer Rechtslehrer", *Kritische Justiz 1989*, 138ff.（この論文は後に Habermas の *Die Nachholende Revolution*, 1990, Suhrkamp に収められ，木前利秋訳「真の法理論家としての哲学者」三島憲一・山本尤・木前利秋・大貫敦子訳『遅ればせの革命』岩波書店，1992年として邦訳されている）．
___ (1992) *Faktizität und Geltung*, Suhrkamp（ユルゲン・ハーバーマス著，河上倫逸・耳野健二訳『事実性と妥当性　上』未來社，2002年，『同　下』未來社，2003年）．

Habermas, Jürgen und Niklas Luhmann (1971) *Theorie der Gesellschaft oder Sozialtechnologie*, Suhrkamp（ユルゲン・ハーバーマス，ニクラス・ルーマン著佐藤嘉一・山口節郎・藤沢賢一郎訳『批判理論と社会システム理論』木鐸社，1984年）

Japp, Klaus Peter (1999) „Risikoreflexion-Beobachtung der Gesellschaft im Recht", in; Alfons Bora (Hrsg.), *Rechtliches Risikomanagement: Form, Funktion und Leistungsfähigkeit des Rechts in der Risikogesellschaft*, Duncker & Humbolt.

Joerges, Christian (1989a) „Politische Rechtstheorie-Impulse und Suchbewegungen", *Kritische Justiz* 1989.
___ (1989b) „*Politische Rechtstheorie* and Critical Legal Studies", in: Christian Joerges and David M. Trubek (eds.), *Critical Legal Thought: An American-German Debate*, Nomos.

Joerges, Christian und Gunther Teubner (Hrsg.) (2003) *Rechtverfassungsrecht. Recht-Fertigung zwischen Privatrechtsdogmatik und Gesellschaftstheorie*, Baden-Baden.

Luhmann, Niklas (1969) „Normen in sooziologischer Perspektive", *Soziale Welt* 20.
___ (1972) *Rechtssoziologie*, 1. *Aufl.* Rohwohlt（ニクラス・ルーマン著，村上淳一・六本佳平訳『法社会学』岩波書店，1977年）．
___ (1974) *Rechtssystem und Rechtsdogmatik*, Kohlhammer（ニクラス・ルーマン著，土方透訳『法システムと法解釈学』日本評論社，1988年）．
___ (1979) „Selbstreflexion des Rechtssystem: Rechtstheorie in gesellschaftstheoretischer Perspektive", *Rechtstheorie* 10.
___ (1982) „Autopoiesis, Handlung und kommunikative Verständigung", *Zeitschrift für Soziologie*, Jg. 11, Heft 4.
___ (1993) *Das Recht der Gesellschaft*, Suhrkamp（ニクラス・ルーマン著，馬場靖雄／上村隆広／江口厚仁訳『社会の法　1・2』法政大学出版局，2003年）．

参照文献

Lyotard, Jean-François (1979) *La Condition postmoderne: Rapport sur le savoir*. Paris: Éditions de Minuit (ジャン＝フランソワ・リオタール著, 小林康夫訳『ポストモダンの条件：知・社会・言語ゲーム』水声社, 1989年).

＿＿ (1983) *Le Différend*, Paris: Éditions de Minuit, (ジャン＝フランソワ・リオタール著, 陸井四郎・外山和子・小野康男訳『文の抗争』法政大学出版局, 1989年).

Nonet, Philippe and Philip Selznick (1978) *Law and Society in Transition: Toward Responsive Law*, Harper (P. ノネ, P. セルズニック著, 六本佳平訳『法と社会の変動理論』岩波書店, 1981年).

Rhols, Michael (1997) „Methode und Zivilrecht bei Rudolf Wiethölter (geb. 1929)", in: Joachim Rückert (Hrsg.) unter Mitarbeit von Frank Laudenklos, Michael Rohls und Wilhelm Wolf, *Fälle und Fallen in der neueren Methodik des Zivilrechts seit Savigny*, Nomos.

Selznick, Philip (1994), "Self-Regulation and the Theory of Institutions", in: Gunther Teubner et al. (eds.), *Environmental Law and Ecological Responsibility: The Concept and Practice of Ecological Self-Organization*.

Teubner, Gunther (1971) *Standards und Direktiven in Generalklauseln: Möglichkeiten und Grenzen der empirischen Sozialforschung bei der Präzisierung der Gute-Sitten-Klauseln im Privatrecht*, Athenäum.

＿＿ (1975) „Folgenkontrolle und responsive Dogmatik", *Rechtstheorie* 6.

＿＿ (1978) *Organisationsdemokratie und Verbandsverfassung*, Mohr.

＿＿ (1980) „Kommentierung des § 242", *Alternativkommentar zum Bürgerlichen Gesetzbuch*, Neuwied.

＿＿ (1982) "Reflexives Recht: Entwicklungsmodelle des Rechts in vergleichender Perspektive", *Archiv für Rechts- und Sozialphilosophie* 68, S. 13-59.

＿＿ (1984) "Verrechtlichung", in: Friedrich Kübler (Hrsg.), *Verrechtlichung von Wirtschaft, Arbeit und sozialer Solidarität: vergleichende Analysen*, 1984, Nomos (樫沢秀木訳「法化――概念, 特徴, 限界, 回避策――」九大法学第59号1990年).

＿＿ (1987) „Hyperzyklus in Recht und Organization. Zum Verhätnis von Selbstbeobachtung, Selbstkonstitution und Autopoiese", in: Hans Haferkamp und Michael Schmidt (Hrsg.), *Sinn, Kommunikation und soziale Differenzierung*, Suhrkamp.

＿＿ (1989) *Recht als autopoietisches System*, Suhrkamp (土方透・野崎和義訳『オートポイエシス・システムとしての法』未來社, 1994年).

＿＿ (1992) "The Two Faces of Janus: Rethinking Legal Pluralism", 13 *Cardozo L. Rev.* 1443.

＿＿ (1994) "The Invisible Cupola: From Causal to Collective Attribution in Ecological Liability", in: Gunther Teubner, Lindsaz Farmer, und Declan Murphz (ed.),

Ⅶ　時代と格闘するG. トイブナー

Environmental Law and Ecological Responsibility: The Concept and Practice of Ecological Self-Organization, John Wiley.
―― (2003) „Der Umgang mit Rechtsparadoxien: Derrida, Luhmann, Wiethölter"; in: Christian Joerges und Gunther Teubner (Hg.), *Rechtsverfassungsrecht: Recht-Fertigungen zwischen Sozialtheorie und Privatrechtsdogmatik*, Nomos.
Teubner, Gunther und Helmut Willke (1984) "Kontext und Autonomie", *Zeitschrift für Rechtssoziologie* 4.
Wiethölter, Rudolf unter Mitarbeit von Rudolf Bernhard und Erhard Denninger, (1968) *Rechtswissenschaft*, Fischer.
Willke, Helmut (1982) *Systemtheorie : eine Einführung in die Grundprobleme*, Gustav Fischer.
―― (1999) „Zur Differenz von Schreiben und Reden und Schweigen", in: Theodor M. Bardmann und Dirk Baecker (Hg.), *Gibt es eingentlich den Berliner Zoo noch? Erinnerung an Niklas Luhmann*, UVK.
アイゲン，マンフレート／ペーター・シュスター著，廣野喜幸訳 (1992)「ハイパーサイクル：自然の自己組織化原理」現代思想20巻8号．
樫沢秀木 (1990)「介入主義法の限界とその手続化『法化』研究序説」法の理論第10号．
廣野喜幸「訳者解説」現代思想20巻8号1992年．
毛利康俊 (2006)「リスク社会における科学評価のための法制度設計をめぐって：ルーマン派システム論アプローチの新展開とその周辺」西南学院大学法学論集第38巻3・4号．
―― (2012)「法的コミュニケーション：ルーマン派システム論から見た分析法理学」亀本洋ほか編著『現代法の変容』有斐閣近刊．
ヴァレラ，フランシスコ・J，染谷昌義・廣野喜幸訳 (2001)「生物学的自律性の諸原理」現代思想29巻12号．

著者・訳者等紹介

グンター・トイブナー

1944年4月	生
1970年	法学博士号取得（チュービンゲン大学）
1974年	カルフォルニア大学バークレイ校 M.A.（law and society）取得
1977年	教授資格論文提出（チュービンゲン大学）
1977年～1981年	ブレーメン大学　私法教授
1982年～1991年	欧州大学院大学（フィレンツェ）研究員
1993年～1998年	ロンドン・スクール・エコノミックス　比較法・法理論教授
1998年～	フランクフルト大学　私法・法社会学教授

著作

Netzwerk als Vertragsverbund : virtuelle Unternehmen, Franchising, Just-in-time in sozialwissenschaftlicher und juristischer Sicht, Nomos , 2004

Verfassungsfragmente : gesellschaftlicher Konstitutionalismus in der Globalisierung Teubner, Gunther, Suhrkamp, 2012

土方透監訳『ルーマン　法と正義のパラドクス』ミネルヴァ書房，2006年

村上淳一・小川浩三訳『結果志向の法思考：利益衡量と法律家的論証』東京大学出版会，2011年

2004年以降の主要な単著と邦語編著のみをあげる。これ以前の主要著作については，毛利・解題論文末尾の文献リストを参照。なお，トイブナー教授の膨大な著書・論文については，トイブナー教授献呈論文集（Soziologische Jurisprudenz : Festschrift für Gunther Teubner zum 65. Geburtstag / herausgegeben von Gralf-Peter Calliess et al., de Gruyter Recht, 2009）905～933頁に詳細な目録がある（ただし2008年刊行のものまで）。

*　　*　　*

瀬川信久（せがわ　のぶひさ）　早稲田大学法務研究科教授

尾﨑一郎（おざき　いちろう）　北海道大学法学研究科教授

綾部六郎（あやべ　ろくろう）　同志社大学法学部助教

樢澤能生（くるみざわ　よしき）　早稲田大学法学研究科教授

毛利康俊（もうり　やすとし）　西南学院大学法学部教授

藤原正則（ふじわら　まさのり）　北海道大学法学研究科教授

システム複合時代の法

2012(平成24)年11月21日 第1版第1刷発行
5590-4:P192¥3800 065-050-010-005

著 者 グンター・トイプナー
編 者 瀬 川 信 久
発行者 今井 貴 稲葉文子
発行所 株式会社 信 山 社

〒113-0033 東京都文京区本郷6-2-9-102
Tel 03-3818-1019 Fax 03-3818-0344
info@shinzansha.co.jp
笠間才木支店 〒309-1611 茨城県笠間市笠間515-3
笠間来栖支店 〒309-1625 茨城県笠間市来栖2345-1
Tel 0296-71-0215 Fax 0296-72-5410
出版契約 2012-5590-4-01010 Printed in Japan

Ⓒ 著者・編者, 2012 印刷・製本／亜細亜印刷・牧製本
ISBN978-4-7972-5590-4 C3332 分類321.300-a201 法社会学

JCOPY 〈(社)出版者著作権管理機構委託出版物〉
本書の無断複写は著作権法上での例外を除き禁じられています。複写される場合は、そのつど事前に、(社)出版者著作権管理機構(電話 03-3513-6969, FAX 03-3513-6979, e-mail:info@jcopy.or.jp)の許諾を得て下さい。

学術選書

1	民事紛争解決手続論	(0001)	太田 勝造 著	定価: 7,140円
2	人権論の新構成	(0003)	棟居 快行 著	定価: 9,240円
3	労災補償の諸問題（増補版）	(0004)	山口 浩一郎 著	定価: 9,240円
4	訴訟と非訟の交錯	(0006)	戸根 住夫 著	定価: 7,980円
5	行政訴訟と権利論（新装版）	(0007)	神橋 一彦 著	定価: 9,240円
6	立憲国家と憲法変遷	(0008)	赤坂 正浩 著	定価:13,440円
7	立憲平和主義と有事法の展開	(0009)	山内 敏弘 著	定価: 9,240円
8	隣地通行権の理論と裁判（増補版）	(0011)	岡本 詔治 著	定価:10,290円
9	陪審と死刑	(0015)	岩田 太 著	定価:10,500円
10	国際倒産 vs. 国際課税	(0016)	石黒 一憲 著	定価:12,600円
11	企業結合法制の理論	(0017)	中東 正文 著	定価: 9,240円
12	ドイツ環境行政法と欧州	(0018)	山田 洋 著	定価: 6,090円
13	相殺の担保的機能	(0019)	深川 裕佳 著	定価: 9,240円
14	複雑訴訟の基礎理論	(0020)	徳田 和幸 著	定価:11,550円
15	普遍比較法学の復権	(0021)	貝瀬 幸雄 著	定価: 6,090円
16	国際私法及び親族法	(0022)	田村 精一 著	定価:10,290円
17	非典型担保の法理	(0023)	鳥谷部 茂 著	定価: 9,240円
18	要件事実論概説 契約法	(0024)	並木 茂 著	定価:10,290円
19	要件事実論概説 II	(0025)	並木 茂 著	定価:10,080円
20	国民健康保険の保険者	(0026)	新田 秀樹 著	定価: 7,140円
21	違法性阻却原理としての新目的説	(0027)	吉田 宣之 著	定価: 9,240円
22	不確実性の法的制御	(0028)	戸部 真澄 著	定価: 9,240円
23	外交的保護と国家責任の国際法	(0029)	広瀬 善男 著	定価:12,600円
24	人権条約の現代的展開	(0030)	申 惠丰 著	定価: 5,250円
25	民法学と消費者法学の軌跡	(0031)	野澤 正充 著	定価: 7,140円
26	ドイツ新債務法と法改正	(0032)	半田 吉信 著	定価: 9,240円

価格は税込価格（本体＋税）

学術選書

27 債務不履行の救済法理	(0033)	潮見 佳男 著	定価： 9,240円
28 刑事訴訟法の理論的展開	(0034)	椎橋 隆幸 著	定価：12,600円
29 家制度の廃止	(0035)	和田 幹彦 著	定価：12,600円
30 人権論の間隙	(0036)	甲斐 素直 著	定価：10,500円
31 通行権裁判の現代的課題	(0039)	岡本 詔治 著	定価：10,290円
32 適合性原則と私法秩序	(0040)	王 冷然 著	定価： 7,875円
33 民事判決効の理論(上)	(0041)	吉村 徳重 著	定価： 9,240円
34 民事判決効の理論(下)	(0042)	吉村 徳重 著	定価：10,290円
35 比較民事手続法	(0043)	吉村 徳重 著	定価：14,700円
36 民事紛争処理手続	(0044)	吉村 徳重 著	定価：13,650円
37 労働組合の変貌と労使関係法	(0045)	道幸 哲也 著	定価： 9,240円
38 フランス社会保障法の権利構造	(0046)	伊奈川 秀和 著	定価：14,490円
39 子ども法の基本構造	(0047)	横田 光平 著	定価：11,000円
40 憲法学の倫理的転回	(0049)	三宅 雄彦 著	定価： 9,240円
41 雇用終了の法理	(0050)	小宮 文人 著	定価： 9,240円
42 家事調停論(増補版)	(0052)	高野 耕一 著	定価：12,600円
43 表現権理論	(0053)	阪本 昌成 著	定価： 9,240円
44 商標権侵害と商標的使用	(0054)	大西 育子 著	定価： 9,240円
45 報道の自由	(0055)	山川 洋一郎 著	定価：10,290円
46 低炭素社会の法政策理論	(0056)	兼平 裕子 著	定価： 7,140円
47 放送の自由の基層	(0057)	西土 彰一郎 著	定価：10,290円
48 所得支援給付法	(0058)	木村 弘之亮 著	定価：13,440円
49 18世紀フランスの憲法思想とその実践	(0059)	畑 安次 著	定価：10,290円
50 環境行政法の構造と理論	(0060)	髙橋 信隆 著	定価：12,600円
51 労働者代表制度と団結権保障	(0061)	大和田 敢太 著	定価：10,290円
52 国際知的財産権保護と法の抵触	(0063)	金 彦叔 著	定価：10,290円

価格は税込価格(本体＋税)

学術選書

番号	書名	番号	著者	定価
53	広範囲応答型の官僚制	(0064)	原田　久 著	定価: 5,460円
54	武器輸出三原則	(0065)	森本　正崇 著	定価:10,290円
55	英国M&A法制における株主保護	(0066)	冨永　千里 著	定価:10,290円
56	著作権と憲法理論	(0067)	大日方信春 著	定価: 9,240円
57	核軍縮と世界平和	(0068)	黒澤　満 著	定価: 9,240円
58	詐害行為取消権の法理	(0070)	中西　俊二 著	定価:12,600円
59	行政法学の方法と対象	(0071)	遠藤　博也 著	定価:12,600円
60	行政過程論・計画行政法	(0072)	遠藤　博也 著	定価:14,700円
61	行政救済法	(0073)	遠藤　博也 著	定価:12,600円
62	国家論の研究	(0074)	遠藤　博也 著	定価: 8,400円
63	フランス信託法	(0075)	小梁　吉章 著	定価: 9,240円
64	21世紀国際私法の課題	(0077)	山内　惟介 著	定価: 8,190円
65	対話が創る弁護士活動	(0078)	大澤　恒夫 著	定価: 7,140円
66	近代民事訴訟法史・ドイツ	(0079)	鈴木　正裕 著	定価: 8,925円
67	公的年金制度の再構築	(0082)	石崎　浩 著	定価: 9,240円
68	最低賃金と最低生活保障の法規制	(0085)	神吉知郁子 著	定価: 9,240円
69	雇用関係法Ⅰ	(0087)	秋田　成就 著	定価:15,750円
70	雇用関係法Ⅱ	(0088)	秋田　成就 著	定価:11,550円
71	国際法論集	(0089)	村瀬　信也 著	定価: 9,240円
72	憲法学の可能性	(0090)	棟居　快行 著	定価: 7,140円
73	労使関係法Ⅰ	(0095)	秋田　成就 著	定価:10,500円
74	支配株主規制の研究	(0098)	朱　大明 著	定価:10,290円
75	行政裁量とその統制密度(増補版)	(0100)	宮田　三郎 著	定価: 7,140円
76	民法の体系と変動	(0102)	小野　秀誠 著	定価:12,600円
77	戦後日本の経済外交	(2010)	高瀬　弘文 著	定価: 9,240円
78	北朝鮮外交と東北アジア	(2011)	高　一 著	定価: 8,190円

価格は税込価格(本体＋税)